道徳を超えたところにある法律家の役割
相談助言と依頼者の責任

Stephen L. Pepper
The Lawyer's Amoral Ethical Role,
Counseling, and the Responsibility of the Client.

スティーヴン・L. ペパー 著
住 吉 博 編訳

日本比較法研究所
翻訳叢書 43

PREFACE［序言］

　本書所収の諸論文は，法律家の倫理学について立ち入った理論を提示するものである．私のねらいとするところは，アメリカの法律家たちの業務に対する倫理的取り組みを説明すること，及びその倫理的取り組みを正当化することであった．法律家の倫理学についてすでにある諸理論や諸記述とは異なり，私の理解はアドヴァーサリィ・システム［つまり対決型裁判］を前提にしたものではなく，したがって，紛議決着ないしは訴訟が法律家たちの第一次もしくは基礎的職責である，とみることはない．ここで展開される見解は，法律家たちの第一次の役割は実定法規について依頼者の相談に与ることである，というものである．法は行動を制限するが，しかしまた行動を可能にしかつ援助もするのであって，法律家の中心的職責は，これら双方の局面において実定法規への接近をもたらすところにある．

　合衆国のほとんどの法律家は，第一次的には，リティゲイタ［すなわち訴訟専従のロイヤー］なのではない．合衆国のほとんどの法律家が，訴訟手続のための準備や審理に彼らの時間の大部分を費やすことはしていない．それゆえ，英語の"*lawyer*"は，日本語の"*bengoshi*"と訳される言葉ではなく，アメリカの法律家が引き受けている広範囲の任務を日本の読者に解ってもらうことは難しい．アメリカの法律家たちは，もっとも単純なものからもっとも複雑なものまで，証券事案から不動産事案，雇用事案，離婚や養子縁組のごとき家族法事案まで，合意の取りまとめ及び構成をしている．法律家たちはまた，紛議がその他の仕方で決着しないときには，紛議について及び訴訟において，依頼者の代理をする．しかし，法律家たちが第一次にしているのは，多くの異質の人びと，集団及び法人の間における協同を，調整し可能にすることである．法律家たちは，秩序の建築家なのである．

例を挙げれば，ある企業家が新事業を創業したいと望むとき，その企業家は，もっとも利益にかなう構造を決めるために，法律家に頼ってことに当たるであろう．あるいは，実業人たちのグループがある企業を目指して連合したいと欲するときには，彼らは，一人もしくは複数の法律家に相談することになるであろう．その法律家たちは，依頼者たちとの協議を承けて，計画を実現するための一個ないし数個の事業法人——通例は１会社または会社のグループを設立することになるであろう．その法律家たちは，会社の内部規則や設立基本文書や，会社が機能し始めるのに必須のその他の沢山の文書を起草することになるであろう．ロイヤーは，また，その企業の運営を開始し継続するのに必要な多数の文書，執行役員の委任契約書，企業経営及び運営のための施設を獲得する不動産契約書，企業の日常業務で使用する書式，その他いろいろの文書の起案をもすることになる．その起案に先立ち，法律家たちは，これら多様な合意の条項及び内実をめぐる折衝に関与することになる．そのうえ，法律家たちは，その企業の諸種の活動に適用される諸種の法及び規制に関して，経営陣に助言を与えることもする．

　このようにみてくると，法律家の仕事は多くの側面を持ちかつ多様なものなのであって，それは実定法規がそうなっているからである．（この関連で，二つの英語の言葉 "*law*" と "*lawyer*" とが同根であるのは指摘しておくに値する．）法律家の倫理学についての私の構想にとり基盤をなす統一テーマは，法律家が，その全役割において，大きな多様性をもつ法へのアクセスを依頼者に提供している，というものである．刑事裁判において被告をあるいは訴追側の州を代理することから，大規模住宅，事務所及び商店用共同ビルディングの構成企画に至るまで，法律家たちは，その依頼者に実定法規をもたらしているのである．

　私の研究は，法律家－依頼者関係の理論的モデルを構成し，法律家の倫理学についての合衆国における伝統的理解を解明もし，正当化もしようとするものであった．しかしそれのみならず，このモデルは，法律家が出会うであろう倫理問題について考慮するための基礎，そしてなされるべき選択にかかわる手引

きを提供するのである．後者の側面では，このモデルは，法律家が現在とる倫理的態度を説明するだけにとどまらず，しばしば直面することになる重要な倫理上の難問にかかわり，法律家たちはいかに身を処すべきであるのかについて，提言をするところにまで立ち入っている．

合衆国の法律家は，免許制の専門職業，規制された専門職業である．法律家の業務に従事するためには，認可を得ているロー・スクールを卒業して，バー・エグザミネイションに合格していなければならない．その後，ロイヤー［＝法律家］は，アメリカン・バー・アソシエイションにより起草された the Model Rules of Professional Conduct を基礎にしている精密な一群の倫理規則を遵守しなければならない．（いまだにいくつかの州は，アメリカン・バー・アソシエイションによって制定されていた相似の規則の一群である the Model Code of Professional Responsibility を基礎にした規則を適用している．）これらの規則のあるものが，以下の研究で論じられる．（例えば，Model Rule 1.2(d) は，「実定法規の許す限界までの相談助言：……」と題された論説の中でかなりの紙幅を割いて検討されている）．倫理の規則がしばしば本文において取り上げられ，あるいは脚注の中で言及されることになる．それでも，この研究においては，焦点が，ルールに結ばれているのではない．焦点は，法律実務の倫理のための概念的基礎に結ばれる．そのように，この研究は，それら諸ルール——もしくは将来において提案され考慮されることにもなるであろう代替ルールや代替原理——を理解し，適用し，評価及び批判するための基盤を提供するものであって，現行のルール集成についてあるいは何らか特定の現行ルールについて解明することや正当化することを意図したものではない．

この本に掲げた諸論説は，当初は単行のものとして別個に公刊されたものである．それで，各論説の目的及び前後関係を読者が知るたすけとなるよう記した序説的部分は，各論説に含まれている．

私の研究が日本の読者に提示されるのは大きな喜びである．この計画を立て，法律家及び法学研究者の新たな一団が私の考えているところを知り得るよう計らって下さった住吉教授に感謝している．この論説を読んだ人びとが，興味深

いものであり役立つものである，と判断されることを私は願っている．何であれ言いたいこと，あるいは提言したいことを聞かせていただけるならば，喜んで耳を傾けるつもりである　　　　　　　　　　　　　　　［住吉　訳］

［この PREFACE は，本書が初出であるので，以下にそのオリジナルを収録しておく．］

The articles which follow present a particular theory of lawyers' ethics. My goal has been to both explain and justify the ethical approach of American lawyers to their work. Unlike earlier theories and descriptions of lawyers' ethics, my understanding is not premised upon an adversary system and does not see dispute resolution or litigation as the primary or basic function of lawyers. The view developed here is that the primary role of lawyers is to counsel clients about the law. Law limits conduct, but it also enables and assists, and the central function of lawyers is to provide access to the law in both these aspects.

Most lawyers in the United States are not primarily litigators; most lawyers in the U.S. do not spend most of their time preparing for or trying lawsuits. Thus the English word *"lawyer"* does not translate to the Japanese *"bengoshi,"* and it is difficult to give a Japanese reader an understanding of the wide range of tasks undertaken by American lawyers. American lawyers arrange and structure agreements and transactions from the most simple to the most complex, from securities to real estate to employment to family matters, such as divorce and adoption. Lawyers also represent clients in disputes and in litigation if a dispute cannot be otherwise resolved. But they primarily arrange and enable cooperation among many disparate persons, groups and entities. They are the architects of order.

For example, if an entrepreneur intends to create a new business, he will work with a lawyer to determine the most advantageous structure. Or, if a group of business persons wish to join together in an enterprise, they will consult one or more lawyers. Pursuant to consultation with the clients, the lawyers will then create the business entity or entities to carry forward the project--usually a corporation or group of corporations. The lawyers will write the corporate bylaws and charter, and numerous other documents necessary for the corporation or corporations to begin functioning. Lawyers will also draft the many contracts necessary to begin and carry on the operations of the enterprise: employment contracts with the executives; real estate contracts to acquire the premises for management and operations of the enterprise; forms for use in the daily operation of the enterprise; and so on. Prior to the drafting, the lawyers frequently will be involved in negotiating the terms and content of these various agreements. In addition lawyers will advise management concerning the various laws and regulations which apply to the enterprise's various activities.

Lawyers' work in this understanding is multifaceted and diverse, as is the law itself. (It is significant to note, in this regard, the identical root in the two English words: "law" and "lawyer.") The unifying theme underlying my conception of lawyers' ethics is that in all their roles lawyers are providing clients with access to law in its great diversity. From representing the accused or the state in a criminal trial to structuring a large housing, office and retail real estate complex, lawyers are bringing the law to their clients.

My work has been to construct a theoretical model of the lawyer-client relationship which both explains and justifies the traditional understanding of lawyers' ethics in the United States. In addition, however this model provides a basis for deliberation about ethical questions which a lawyer may confront and guidance in regard to the choices to be made. In this aspect the model goes beyond explaining the current ethical stance of lawyers and moves to suggesting how lawyers ought to behave in regard to important ethical problems they frequently face.

Lawyers in the United States are a licensed, regulated profession. To practice law one must graduate from an accredited law school and pass a bar examination. Lawyers must then comply with an elaborate set of ethical rules based upon the Model Rules of Professional Conduct drafted by the Anlerican Bar Association. (Some states still apply rules based upon the Model Code of Professional Responsibility, a prior version of similar rules created by the American Bar Association.) Some of these rules are discussed in the work which follows. (For example, Model Rule 1.2(d) is discussed at length in the article titled "Counseling at the Limits of the Law. . .") Frequently rules will be mentioned in the text or referred to in the footnotes. The focus in this work, however, is not upon the rules. The focus is upon a conceptual foundation for the ethics of the practice of law. This work therefore provides a basis for understanding, applying, evaluating and criticizing the rules–or alternative rules or principles which might be proposed or considered in the future–and is not intended as an explication or justification of the current rules or any particular current rule.

Each of the articles which appears in this volume was originally published separately, intended to stand alone. Each therefore has an introductory section which should assist in orienting the reader to its purpose and context.

It is a great pleasure for me to have my work presented to a Japanese audience. I am grateful to Professor Sumryoshi for undertaking this project and for bringing my ideas to the attention of a new group of lawyers and legal scholars. It is my hope that those reading this treatise will find it both interesting and helpful. If you have any response or suggestions, I would be glad to hear from you.

Professor Stephen L. Pepper
College of Law
University of Denver

編訳者まえがき

1. 本書編訳の意図

　一　『道徳を超えたところにある法律家の役割，相談助言と依頼者の責任』とした本書の書名は，原論説の著者ペパー教授の了解を得て編訳者が選定したものである．なお，ペパー教授から，特に本編訳書のために書き下ろしの序言が与えられた．

　本書には，同教授の労作の中から，特定の問題意識に基づいて法律家業務の倫理に関しまとめられた5編の論説を選んで訳出したものを収録している．それら5編は，相互に密接な内面的つながりをもつとともに，日本の実務法律家のみならず，実務法律家に依頼するなどの交渉をもつ（見込みのある）人びとと，法律家志望者そして法律家に関心をもつ一般の人びとにも有意義な示唆を与えるもの，という判断に基づき編訳者が選出した．

　原論説の著者Stephen L. Pepper 教授は，現在デンヴァー大学のカレッジ・オフ・ローに所属しているが，教授のこれまでの経歴を略記するとおよそ次のとおりになる．

　Professor of law at the College of Law, University of Denver. A. B. 1969, Stanford University, J. D. 1973, Yale Law School.

　二　収録の順序にしたがい文中では第一論説……第五論説と表示して言及する5編の論説は，アメリカの法律家業務責任規範体系もしくはリーガル・エシックスを前提にして，そこにどのような主要論題が現存するのか，原理思考はいかに展開されるべきであるのか，基盤に据えられる価値はいかに認識されるのかについて，深くかつ周到な考究を進めて得られた成果であり，そしてまた論争に身を挺するために強力で輪郭の明白な主張を携えて試みられたものであ

る．それらを対象に選んで編訳を志したのは，アメリカでこれまで展開されてきた関連の言説が指向するところを知ることによって，日本の法律家体制をめぐる論議に何らかの建設的寄与が果たせれば，という願望を動機としている．収録の論説の中に展開されている記述，検討そして思索の具体相は大変に興味深いものであるし，言説展開の過程で参照し言及される多数の関連資料もまたわれわれにとって啓発的な情報であると考えられる．それらを紹介することによって，本書編訳者の願望がいくらかでも満たされるであろう．

　この期待にとっての背景事情として，周知のとおり，弁護士倫理問題だけに限らず日本の弁護士に関するもろもろの問題をめぐり，これまでされてきた提言の多くは，「アメリカの弁護士」を引き合いに出して試みられてきたという経過がある．当面の関心事である「弁護士倫理」あるいは「法曹倫理」に限っても，断続的にではあれ，アメリカン・バー・アソシエイション（略称ABA，邦訳してアメリカ法律家協会とかアメリカ法曹協会とか表記されることもある）により現在まで三次にわたり採択されてきた規範体系のモデルが，かなりの注意を集めて観察の的とされてきたのであり，現在も通用している日本弁護士連合会の会則である『弁護士倫理』もまた，ドイツや当時のECの同種規範集成をも参考にしてはいるが，とりわけ1983年にABAが採択したモデル・ルールズに手掛かりを求めて成ったもののようである．

　しかし日本の法律家体制をめぐる論議に建設的寄与を果たしたい，という当然の思いが編訳者の動機の最大部分を占めているのは上述のとおりであるが，これまた言うまでもなく，一方の日本の弁護士にとっての『弁護士倫理』問題と，他方のアメリカのアターニィにとっての『リーガル・エシックス』，『エシックス・オフ・ロイヤーリング』あるいは『プロフェッショナル・リスポンシビリティ』の問題とが，両者はそっくり同一の関心事に属する，などとみなす態度を編訳者は取るつもりはない．むしろ，編訳者の基本的認識は，対比をして双方を隔てる相違をまず確かめてみるところにこそ，比較研究の大きな意義が見いだされる，というものである．

　三　本書に提示されているペパー教授の考究にとり，基軸をなすトピックス

の一は，第二論説がそれをもっとも詳しく説いているとおり，社会における法律家の倫理的役割は，道徳を超越したもの——アモーラルなもの（念のために言い添えると，不道徳すなわちインモーラルとは区別されている）とする主張である．アメリカではこの点に関して，『モラリティ派』と『アドヴァーサリアル派』の対抗がみられる，というようにも記述されているが（住吉・福田訳／リューバン「アドヴァーサリィ・システムの弁明(1)」比較法雑誌33巻1号94頁参照），ペパー教授は，言われているアドヴァーサリアル派陣営の闘将であるとみられる．そして，次の第三論説ではすでにその標題の中にも言及があるリューバン教授の方は，モラリティ派の重鎮であって（上掲「アドヴァーサリィ・システムの弁明」は，その見解の要約を提示したものである——なお訳文の(2)は，比較法雑誌33巻2号収録），そうした論争の一つの相は，この第三論説からも窺い知ることができる．

機軸的トピックスでもう一つ重要なものは，法律家がその依頼者との間において対話する相談助言 counseling である．第一論説は，その相談助言がどこまで依頼者独自の利害に専心しうるか，という問いを導きの糸として展開されている．法律家業務の構成要素である相談助言が，それも主として裁判所手続の外部で遂行されるものとして，ここで言説の関心対象に選ばれているのは，まずアメリカの法律家の活動すなわちロイヤーリングが，かなり以前から軸足を訴訟から裁判外業務に移している状況に即応してのことである．さらに，第一論説はまた，そのような実務の動向を反映して制定された ABA モデル・ルールズのルール1.2（d）が提示する規範命題，『法律家は，法律家が犯罪的あるいは詐欺的であると知っている行動に依頼者が従事するよう相談助言をしないものとし，又はそうした行動について依頼者を支援しないものとする．しかし，何であれ提案されている行動の進行の法的結果については，法律家が依頼者と討議することは許されている．』を対象にした解釈論，という役割をも果たす研究でもある．

日本の弁護士にとっての『弁護士倫理』問題とアメリカのアターニィにとっての『リーガル・エシックス』問題とは，いまのところは両者をそっくり同一

の関心事であるとして語ることが許されない，と判断する理由は，以上に垣間見たかぎりでも十分に示されているであろう．

　第四論説にいう「自律」は，まず依頼者の自律を指すのであって，これが法律家の業務活動の基礎をなすというペパー教授の基調認識は，第一論説以来一貫して言説の表面に浮上しているが，第四論説ではとくに，個人の自律尊重が共同体重視の思想とどのように関連するのか，という問題が考察されている．第五論説でも，個別の事案において生じうる法と正義の背馳に際して，法律家による相談助言が依頼者の責任にどのような形で関与すべきかにかかわり，検討が試みられている．ペパー教授は，道徳上の責任が最終的には依頼者に帰することになると考え，法律家はそのことを依頼者に気づかせる点で責任を負う，と説く．それは，リューバン教授が道徳上の法律家の責任をより直截なもの，として把えているのと対蹠的である．そして，ここにこそ，両者の立場を分ける線が見いだされると言えよう．

　本書に収録されたペパー教授の各論説は，そのことを標題にあらわにしている第三論説だけに限ることなく，そのすべてが討議，論争の姿勢を貫いてまとめられたものである．編訳者は，その点にも，われわれの参考資料の中にこれら論説を加えるときの大きな利点が見いだされる，と考えている．

2．ペパー論説が与える示唆——現在のわれわれにとり問題となる「弁護士倫理」

　一　本編訳書によってペパー見解の概要を知ろうとする意図をさらに明らかなものとするために，ここで弁護士倫理という論題につき，現在の日本にあってわれわれが抱いている問題意識と，その前提にある関連の基本概念をめぐる理解の仕方とに少し言及しておくことにする（当然ながら，ここではごく簡略化された概観にとどまらざるを得ない．本格的な考察は，ここに編訳した論説をも資料に加えて，今後なお遂行されるであろう研究の課題として残されている）．

　その視野の中で，最初にあらためて強調されるべき一点は，後に引用する司

法研修所調査叢書の序言の中でも指摘されているとおり，当面の問題領域には，日本の実務弁護士たちにとっていまだ未踏の地がかなり多く残されたままの状態が続いている，という事情である．たしかに日本弁護士連合会の内部機関による『注釈弁護士倫理』，『弁護士会綱紀事例集』あるいは『綱紀事件事例集』などの研究調査の成果のみならず，単位弁護士会においても関連の労作が公表されていて，実務弁護士の側での思索の蓄積はじょじょに増加しつつある．また，1977年には日本法律家協会の法曹倫理研究委員会の手になる「法曹倫理に関する報告書」(『法の支配』32号 47頁) が発表されてもいる．

さらに，(実務家兼任の研究者をも含めた) 研究者たちによって，個別的にはそれぞれに貴重な意義の認められる論説が幾編かは公刊されているのも事実であるが，それでもあえて言うならば，それらもやはり散発的で片手間仕事の域にとどまるものがほとんどなのであって，「法曹倫理」若しくは「弁護士倫理」をめぐる論究が，一個の知的法学ディシプリンとしてすでに確立されているとまではいまだ言い得ないのが，日本の現在の状況なのである．要するに，端的に述べるならば，先に指摘したとおり数次のABAのモデル・コードを有するとともに，連邦と各州の最高裁が宣示する先例を集積整理しコメントをも加えたRestatement of the Law Governing Lawyersも既に完成しているアメリカの現状と比較するならば，われわれの側の実態は，実務家についてみても研究者についてみてもはるかに隔たった位置にある．

もっとも，単純な観察にのみ終始して，この分野においてはアメリカの状況がはなはだしく先進しているところ，それに対比しての日本の後進性は，早速埋められねばならない不足をそのまま意味している，とばかり断定するのもさしあたり控えるべきことであろう．日本の弁護士が「法曹」としての身分を誇っている状況や，仮に業務規範体系整備の後進性と呼ぶとして，その後進性は環境諸条件とある程度の均衡を保ちながら現存しているという実情をめぐり，支持と批判のそれぞれを志向する立場から冷静に検討を加える作業も，そこには必要とされるはずである．

それにしても，とにかく，アメリカのアターニィと日本の弁護士と，それぞ

れの実情に大きな差異がみられることの客観的意義を測るという知的関心事の重要性は，否定できない．そうした関心にとって，本編訳書が参考資料の一として何らかの手掛かりを与える役割を果たし得るならば，編訳者の意図は十分に達せられたことになる．

　二　先に指摘した1977年の法律家協会報告書は，主として実務家委員によりかなりに深い探求の成果をまとめて発表されたものである．個人の資格で参加した少数の裁判官，検察官，弁護士，学者の委員のうち，各分野の委員各1名が委員会における審議結果をふまえて，あらかじめ何の協議をなすこともなく，各分野ごとに個別的に書いたものを，委員長が，「できるだけ，叙述の不統一を避けるとともに執筆者の主観性を止揚することにつとめ」て筆を入れた結果として誌上発表の論説となったもの，とされている（同報告「はしがき」及び「あとがき」）．同報告の紙幅はそれほど大きいものではないけれども，管見では，日本の「法曹」倫理をテーマにえらび体系を志向して試みた立論としては，われわれの側に現在までに現れた包括的規模をもつ唯一の労作ではないかと思われる．そして，今なお日本の弁護士倫理について考察しようとする際には，そこに提示されている所見を顧みるべき場合が少なくない．

　ただし，この報告書の内容には，いわば当時眼前にあった危機的状況を意識して対策を講じる，という動機に拠ると読解されるところもあり，その故の臨時性，皮相性という限界がともなうとともに，成立の経過からして止むを得ないと言うべきであろうが，内容には軽視できない論旨の不連続もまた露呈している．それとして，弁護士倫理の関連でもっとも重大であると考えられる点を例示すると，一方で「法曹は，主として裁判の場を中心としてこのような［共同社会の平和的な存続と発展を確保することを目的としている］法過程に参与する者」と定義しながらも (48頁)，他方ではまた．「……最近の弁護士の活動は，旧来のように法廷活動中心に限られず，日常生活の中で，その法的知識，技術の活用が要請され，事実極めて広汎な活動が弁護士によって行われるに至っている．こうした活動分野の多様化，社会的役割の拡大は，……価値観の多面化と相乗して，弁護士活動の目標や使命に関する考え方をより流動的なもの

としており，この結果，職業倫理の多様性をもたらし，ここから，今日の弁護士倫理を一義的，固定的なものとしてとらえることを困難にしている．」とも説かれている．しかも，他国の比較資料としては，もっぱら「アメリカ法曹協会の新倫理規範」のみに注意が向けられているらしいことが窺える（67頁）．要するに，自由職業法律家としての日本の弁護士につき，その発展に関する沿革的な事実記述を企てること，その業務活動が法律家として示す日本型の特性につき内面的省察を試みること，など原理の次元においての考察は，いまだ十全に果たされているとは言えない．「共同社会」の構成は一様である訳でもなく，「価値観の多面化」の具体的様相はそのことにも大きくかかわり合うところがある．法律家の存在意義，機能及び資格をそうした観点から考え直してみることも，職能倫理考究の基本課題の一なのである．

　ちなみにこの関連での私見は，法律家の養成・供給及び権限・業務独占のシステムにかかわる日本式の法曹構成と英米式のロイヤー＝プロフェッション構成との双方を同時に包括の視野に入れて対比するためには，無条件に両者を同視することの誤りに思いを致し，その前に原理面で解体して両者に共通の要素と異質の要素を的確に見分けておく作業を済ませていることが不可欠であろう，と考えている．安易にアメリカの「弁護士」と記述したうえで，そのまま無反省に，弁護士は日本にも存在するしアメリカにも存在している，というような前提で立論しようとするのでは，まさに「法学者の倫理的責務」を忘却した怠慢の域を出ないままに停滞していることになるであろう．

　三　ところで，右の報告書に先行して，別の機会（1958年）には，次のとおりの警告が発せられていたのであるが（司法研修所調査叢書第4号『米国法曹協会弁護士倫理規範及びその解説――ドゥリンカー氏「法曹倫理」によって――』序言1-13頁（司法研修所，1958），そこで指摘されているわれわれのありようの一々は，やはり（右の報告書及びその序言がすでに存在している事実は別として）今でもなお，ほとんどその語句や表現を維持したままで的中する状況が継続しているとみなければならないようである．以下，それを適宜に分かち書きして引用してみる．

「わが国では法曹倫理──『法曹の職にある者が，国民・裁判所・同僚及び依頼者に対して負う諸義務を取り扱う道徳学の一分野』（ブラック法律学辞典）──に対して，法曹及び一般の関心が割合に低く，それについて論ぜられることが非常に少ない．勿論，少数の識者は，法曹倫理の高揚を声高く叫んではいるが，それも，大体において，たまたま法曹倫理に背反すると考えられる如き事件が起ったとき，間歇的に唱えられるに過ぎない」．

「しかも，その論ずるところの法曹倫理の内容は，法曹は須らく人格高潔の士でなければならない，とか，法曹の使命は社会正義の実現にある等々の如き，極めて抽象的な，いわば，お題目にとどまっている場合が大多数である」．

「……法曹倫理に関する研究も甚だ貧しく，未だ［1958年当時の］我が国には，その抽象的な精神から具体的な諸事項に至るまで，系統的に組織立てて法曹倫理を論述した著作は全く現われていない」．

「我々法曹が一般国民より苦情を受けることがあるとすれば，それはこのように［一般国民としての義務にすら違反し殆ど刑事事件に類する不当な行為をした］極めて少数の極端な行為の故ではない．行為の不平は弁護士が弁護士として守るべき特殊な高度の義務に違反した場合に生ずるのである．しかも……それらの事件は……いつもその場その場の場あたり的な私的な解決によって処理されているのである．しかし，それでは国民の法曹に対する尊敬と信頼をつなぎとめることはできない．我々は，法曹の守るべき義務を具体的に明確にし，事件が発生したときはこれに従って公的に客観的に解決するよう努め，更に，法曹は常にこれらの義務を守ってそのような事件が起ることのないよう努力すべきである」．

「……我が国の法曹の大部分は，法曹倫理なるものに関して，勿論，それが法曹にとって極めて重大なものであるとの認識は常に持ちながら，やはり漠然たる概念と漠然たる関心しか持ち合わせていないように見える．凡そ倫理などというものは，本来漠然たる性質のものであって，良識に従ってカズイスティックに処理して行けばそれで十分であり，特に研究すべき対象も必要もないと，考えているのではなかろうか．我々は，勿論我が国の法曹の倫理水準が国内の

他の職業や外国の法曹のそれに比べて低いなどとは決して考えない．しかし，こういった法曹の具体的な法曹倫理に対する関心の低さ，研究の不足，意識の漠然さ，ということが，現在我々が見る如き我が国の法曹倫理の不明確乃至不統一という結果を生み，結局法曹倫理の水準を低め，意識的無意識的な法曹倫理背反行為を惹き起すことになるのをおそれるのである」．

襟を正して傾聴すべきではないか，というのがこの序言を読んで本書編訳者の抱懐している私見である．

3．倫理及び道徳の概念について——予備的復習

— 当面の対象領域において機軸概念をなす「倫理」も「道徳」も，それを表現する言葉それ自体について考えるならば，決してわれわれにとって疎遠なものではない．しかし議論を周到に展開すべきときには，倫理や道徳の用語が俗識の世界で意味あいまいなままに慣用されていることもありはしないか，という点にも警戒を怠らないことが必要である．また，一般論としての倫理あるいは道徳という話題と，職業倫理あるいはいっそう限定的に法律家倫理（法曹倫理そして弁護士倫理）との間には，いかなる関連があるのか，的確な見分けをしておくという要請も無視できない．

われわれをとりまいている現実社会の傾向としてつねづね指摘されているのは，"その中身はあいまいなままにしておきながら，言葉だけが先行する"とか，"言葉を，それが指示しようとしている概念の綿密周到な定義は怠ったままで，情緒によって反射的に使用する"と表現されるような傾向である．そうした事情は，法に携わり法を論じるはずの日本の専門家たちにとっても，無縁であるとは言い切れまい．さらにまた，同様に，世間にみなぎっている小さくないプリッグ志向は，研究者に対してはもちろん，上述のところで引用しておいた警告が指摘しているとおり，実務家たちに対してさえも，その影響を及ぼしているという状況がある．したがって，法律家倫理，弁護士倫理を論じる場においても，やはりそうしたありように配慮している必要は大きいと言うべきである．

そこで，この機会に倫理と道徳の2語をめぐり，法律家業務を規律する命題ないしは弁護士倫理を考察する関心に照らして，最低限必要と思われる基本的な復習を試みる（なお以下記述の他にも，下記の「4．訳語の選定について」中のethics及びmoralの項をも参照されたい）．

まず，言説の枠組みを「法曹」倫理とするならば，裁判官倫理及び検察官倫理も当然そこに包括されるということがある．しかし，さしあたりは，弁護士倫理の体系を，それら2種の職業倫理体系から相対的に分離しておくのが好ましい行き方であると考える．私的主体を依頼者として，自由職業の形態で活動するところに，弁護士と称されている職能が職業倫理の論題にとり特別の意義をもつことになると解すべき根拠を指摘することができる．

ちなみに，専門職として活動している法律教師かつ法学研究者についても，やはりその活動にかかわる独自の職業倫理が意識されるべきであることは，すでに指摘されているとおりである．ただ法学研究者は，右のとおりの区画法を前提として観念される弁護士倫理をも，その研究の対象に選ぶ可能性を与えられているし，選ぶことがまさに研究者倫理の命ずる義務ないし責務に属するとさえ言える．この点は，たとえば上記において言及している日本法律家協会（法曹倫理研究委員会）「法曹倫理に関する報告書」が，「実務法曹三者のそれぞれに固有の内部事項の改善，改革については」，原則としてそれぞれの自治を尊重すべきであり，相互の間での批判や反対については，協力の姿勢と良識及び節度の保持が要求されるところ，「これらの問題については，法学者一般の中立的立場からする公正，客観的な批判や建設的な提言が期待されるのであり，むしろこれは，法学者の倫理的責務であると考えられる」という見解を提示して（同52頁），注意を喚起していたとおりである．

ここに公刊を企てている訳業もまた，言われている法学者の倫理的責務を果たすための準備作業の一環とするために試みるものであるが，以上のとおりの文脈において，弁護士倫理をめぐり実務弁護士自身が発言しなければならないはずの「批判と提言」と，法学研究者が発言する責務を負わされている「批判と提言」の関連について，編訳者自身がかねてから考えていたことの概略をこ

編訳者まえがき　xvii

の機会に多少記しておきたい．そうすることが，本書にかける編訳者の期待を開示するのに役立つであろう．

　二　はじめに弁護士倫理だけに限定せずに，言葉を一般的な平面で考察するならば，倫理すなわちエシックスは，古典ギリシャの言葉であるエートスに，道徳すなわちモラルは同じく古典ローマの言葉ラテン語のモーレスに由来するところ，そのエートスもモーレスも，どちらも習俗を意味する言葉であって，「倫理は習俗に基盤をおき，習俗・法律・宗教等と一面では共通するが他面では異なる個人的・社会的行動の規律・規範であり，その探究は哲学の重要な一部門としての倫理学・道徳哲学の課題である．」（山崎・市川編『現代哲学事典［講談社現代新書］』644頁［杖下隆英］）

　「おそらくは大多数の哲学的著作家たちにとって，倫理学は，カントの言葉で語られるひとつの科目である．カントはおろか哲学のことも全く知らない多くの人にとって，道徳とはおおよそカントがそう語ったところのものなのである．」（A.マッキンタイアー／菅他訳『西洋倫理思想史　下』（九州大学出版会，1985）119頁）

　「［カントが，現にあると是認している］日常的な人間性にある道徳意識が，哲学者に分析の対象を与えるのである．認識論の場合と同様，哲学者の仕事は，基礎や正当化を探し求めることではなく，道徳が現にあるように可能であるためには，われわれの道徳的な概念や教訓はいかなる性質をもたねばならないか，を問うことなのである」（同121頁）．カントにおいては，「近代的な意味での道徳的『当為』（べし）……は中心的であるばかりでなく，すべてを包括する位置をしめる．『義務』ということばは，特定の役割や職務を遂行するという最初あったつながりからきっぱりと切り離されたものとなる．それは複数の義務であるよりもむしろ単数の義務となり，定言的命法への服従，すなわち新しい『べし』をもった指令によって定義される」．「定言命法をそのつど不確定な事象や要求や社会的状況からまさに切り離すことが，この命法を，出現しつつある自由な個人主義社会にとって少なくとも二つの仕方で受け入れうる形の道徳的格率とするのである」．「定言命法は個人を道徳的主権者とし，彼が一切の外

的権威を拒否することを可能にする．そしてまたそれは，個人の為すことが何であれ，何か他のことを為すべきだということを示唆することなく，彼の自由にまかせる」．「カントが与える定言命法の典型的な例がわれわれに告げるのは，何を為すべきではないか，である．……だが，どんな活動にわれわれが従事すべきか，どんな目的を追求するべきかについては，定言命法は沈黙するように思われる．」(同113頁)「定言命法の理論は，提示された格率を否認するためのテストを提供する．しかしこの理論は，最初に提供が必要になる格率を私がどこから引き出してきたらよいのかを告げてはくれない．こうしてカントの理論は，すでに現存している道徳に依存しており，この道徳の範囲内でわれわれに吟味選択することを許すのである．」(同132頁)

　三　さらに，私見では当面の関心すなわち職業論理にふれるものと解されるいくつかの記述を以下に抄録する．

　「[ギリシャ語のアガトスも英語のデューティも] 共にもともと，ある役割の遂行と結び付いている．われわれは今でも警察官や保護監察官の義務を云々するが，道徳がまったく役割の記述を通して把握されている社会においては，父親の義務や王の義務も，今日法令で規定されているような義務と同様の仕方で，慣習によってはっきり限定されていると言えよう．ところで，人々をその役割から切り離し，しかも彼らに『義務』の概念を課す場合，義務の概念は必然的に変貌することになる．この，義務の概念と役割との分離が生じてくるのは，既存の社会構造の内にきわめて根本的な変化が生じてくるためである」．「なお，この分離は社会全体に一度に生じてくるとはかぎらない．それは社会のある一部に生じることもあろうし，またそれが生じてきても，他の道徳的信念のために緩和された形で現れることもあろう．例えば，一八世紀の英国の社会の一部においては，義務の概念が一般化されて，個々の役割から切り離されていくが，その場合それは天職（神命）の概念と結びつくことによって展開していく．一八世紀には，もともと，はっきり限定された職業上の役割や機能をもつ，階層的秩序のある社会が存在していたが，この階層的秩序に応じて，神が個々の人々に召された社会の様々な持ち場に対する信念が対応していた」．「しかし，

ある特定の職業上の役割がより重要になってくるに伴い，任意の個々の『持ち場』に対応する意味での神のお召しではなく，（特別な意味での）神のお召しという概念が残り，それ以外の個々の職業と結び付いた様々の義務は人々がただ人間として神に負う義務によって取って代わられることになる．そのような状況においては，義務の内容はかなり曖昧なものになってくる．」（A. マッキンタイアー／菅他訳『西洋倫理思想史 上』（九州大学出版会，1985）181-82頁）

「勿論，ギリシア語におけるアガトス［原文ギリシャ字］（善）の歴史と英語（ないし独語）における duty（義務）の歴史はちょうど伝統的なギリシア社会の崩壊の歴史が産業革命以前の変貌の歴史と異なるように，異なっている．しかし，双方において，道徳の問題を役割の遂行として捉え，人間を農夫として，王として，父親として捉える明快で単純な道徳観から，道徳的評価が語彙の点でも実践においても役割から切り離され，個々の役割や技術における『善さ』とは何かではなく，『善き人間』とは何かを尋ねる地点へと，牧師としての，地主としての義務ではなく，『人間』としての義務の遂行を問題にする地点へと移行して行ったのである．『人間としての規範』という概念はこの過程における自然な帰結として生じてくるのであり，またそれが新たな可能性と新たな危険を生み出すものになってくる．」（同182-83頁）

「伝統的西欧社会は，ギリシアとキリスト教から道徳的語彙を受け継いだ．この語彙によれば，ある行為を善いと判断することは，その行為を善い人の行為と判断することである．また，ある人を善いと判断することは，ある種の社会生活におけるある種の役割を演じさせる性向（徳）をその人が示している，と判断することである」．「現実の社会生活は実際はいつもこの規範から大きく逸れたものであった．しかし大きく逸れたとはいっても，社会が規範を不完全な仕方ですら反映していないと見なされうる程ではなかった．だが，一部にはプロテスタンティズムと資本主義が招いた個人主義の勃興は，社会生活の伝統的形式を崩壊させた．この崩壊によって社会生活の現実は，伝統的な語彙に含意されていた規範から逸れ，かくして義務と幸福との繋がりは次第に絶たれていったのである．その結果，道徳の言葉が再定義されることになる．幸福はも

はや次のような満足，すなわち，ある形の社会生活を律する基準に照らし合わせて理解されるような満足，ということでは定義されない．幸福は個人の心理学によって定義される．」(A. マッキンタイアー／菅他訳『西洋倫理思想史　下』(九州大学出版会，1985) 79頁)

『何故，現代ドイツ人（あるいは，ヨーロッパ人たち一般）は古代ギリシア人たちの如くではないのか？』という問題について，「ヘーゲルは答える．キリスト教の登場により，個人と国家が分裂したものとなり，その結果，個人は，彼自身の政治的共同体の実践に内在する諸基準よりもむしろ，超越的諸基準を頼りにする（キリスト教は運命が永遠である人間を市民から分離する．キリスト教の神は家庭や都市の神性（deity）ではなくて世界の支配者である）．ギリシアの倫理はポリスの共同構造と，その結果としての共有の諸目標と諸欲求を前提としていた．現代（一八世紀）の諸共同体は諸個人の諸集合である．」(同135-36頁)．「社会がますます複雑になり，選択すべき生活方法の諸可能性が増大するにつれ，選択は多様化する．しかし，選択に際して，私は同時代の社会慣例の諸基準を考慮しないわけにはいかない．」（上掲マッキンタイアー／菅「下」137頁)．「個人がいかなる情念といかなる目的をもつか，またもちうるかは，その個人がその中に存在する社会構造の問題である．諸欲求は，それらに示される諸対象によって誘発され，また，特殊化される．欲求の，そして，特に，別の仕方よりむしろある仕方で生きるための諸欲求の諸対象は，すべての社会で，同じものではあり得ない．しかし，ある特殊な形式の社会生活によって誘発された諸欲求が，その形式のうちに，満足を見いだすようには事情は必ずしもなっていない．」（同138頁)

「近代社会の個人主義化が進み，分裂的な社会変化の進度はますます急速化する，そしてこのことが，人口は増大していくが道徳生活に関するどんな総合的な形もなく，在るのはただささまざまの源泉に由来する明らかに恣意的な諸原理だけであるという状況をもたらしている．そういった状況では，道徳や評価に関する意見の不一致とか争いに決着をつけるために使用される共通の規準に対する要求が次第に切迫して来る一方，逆にその実現はますます困難になって

いくのである．そこで功利主義的規準は幸福の豊富な理想を具体化していると思われ，これには見かけの上ではどんな対抗者もないように思われる．ところがこれが具体化する幸福の概念はきわめて形の定まらない融通のきくものであり，これによってその規準は，自分の有利な方に決まると確信できる評価の問題について提訴すべき法廷をさがしている人々から，あまり歓迎されないどころか喜んで迎えられるものになっているのである．」(同204-205頁)

「功利主義者が描く社会とは個人の集合であって，それぞれが自分自身の一定欲望とその結果として生ずる目標をもっている．社会で共有される目的や規範は諸個人の妥協や意見の一致の所産であり，公共の善は私的な善の総体なのである．グリーンとブラッドリーは二人とも，功利主義的な形であれ社会契約説的な形であれ，こういった社会の描き方をやめる．両者が共に認めるのは諸個人は自分の目的や欲求を規則に支配された，他人に対する諸関係の内から発見する，ということである．個人は一連の関係を通じて自己を発見し，その関係によって自己を同定するが，またこの関係を通じて自分の目標が一部限定される．その時諸個人は選択を行い自分の欲望をさまざまな仕方で評価することができるが，しかし彼の本性はその欲望も含めて社会に先行するものではないのである」．「もしこの議論が推し進められると，道徳性は社会組織に対してどのように関係するか，という問題を真剣にまた詳細に取り扱うことが急務になるであろう．グリーンもブラッドリーもしかしながら，個人を単に社会の脈絡ばかりでなく形而上学的な脈絡の中でも捉える．あるいはむしろ社会的な分析を高度に形而上学的な形で遂行すると言えるであろう．」(同207-208頁)．「道徳的意識がわれわれに差し出す目的」として「ブラッドリーが主張する目的というものは，私の持ち場 (station) を見いだし，その義務を遂行するということである．この義務は特殊で具体的なものであろう．私が人生においてどんな持ち場を充足するとすべきかについてある選択ができることを，勿論ブラッドリーは認める．しかしいったんある持ち場を選択すれば，それにどんな義務が帰属するかという問題は選択のことがらでは無いのである．」(同209-210頁)

　四　さて，以上に引用した説明だけでも，すでにその周辺は固められている

とみなしてよいであろう法律家業務の倫理あるいは弁護士倫理の概念，そしてそれを表現する用語に特定しての考察にとりかかるべきであるが，とくに「アメリカの弁護士倫理」につき，これを「倫理学の対象」とは区別して，以下のとおりに説いている見解（藤井一雄『米国弁護士倫理と懲戒制度』［司法研究報告書第三輯第二号］（司法研修所，1950) 17-18頁）をまず手がかりにする．

このような論旨である．すなわち，それは，「倫理（ethics）という以上，勿論道徳（morals）にも関するものであるが，弁護士倫理として扱われる事柄の中は，それだけでなく作法（manners）いわゆる etiquette も含まれる．例えば，弁護士相互間におけるものがそれである．即ち，倫理学の対象のように，厳格な融通性のないものではなく，その点では極めて常識的である．しかも，この両者即ち道徳と作法が常に截然と区別されているわけではなく，米国の弁護士協会が採用している職務規範 professional ethics にもこの二つは混同されて取り扱われている．蓋し，弁護士倫理は理論を尚ぶ学問ではなくて，要は弁護士に対し正しい行為 ――それが単に正しい作法に過ぎないか，或いは正しい道徳であるかを問うことなく――を奨励することに在るからである」．

「しかし，さればといって弁護士理論は，ばらばらの行為規則の寄せ集めであるというのではない．やはり，倫理学上の普遍的諸原理に立脚するものであり，いわばその弁護士業務における具体的適用を問題とするものと考えることができるのである．従って，そこに一般倫理との相違点も自然に出てくるわけであるが，相違点として特に強調すべきはこれに違背した場合の効果である．社会の一般慣習により確立されている道徳律に違背した場合には，その社会から爪弾きされるに止まるが，弁護士倫理を無視すれば職務上の死を結果することになるのである．……弁護士の場合であって道徳や良心に背いたことをすれば裁判所の懲戒に付せられるのであって，その限りにおいて弁護士倫理は，法としての性質を持っているのである」．

総体としてこの記述は，ここでの考察にとっても有益な理解の手掛かりを与えてくれるものであると判断されるが，しかし同時に，アメリカに関するものとしてはやや古い状況を前提としたものであることも否めないし，よりいっそ

編訳者まえがき　xxiii

う原理のレベルに降り立って言うならば,「道徳」と「作法」の併存を「混同」としかみていない点には, 視野の狭さ, 奥行きの浅さも指摘される. したがって現在の状況を意識して読解するときには, 思考の範囲が十分に広いとは言えない点に多少のこだわりも感じられることになる.

　このように法律家業務の倫理などは職業倫理のことであって一般の倫理と同一視されてはならない, と述べられるとき(それは上記引用の記述のみに限られない, 小稿「弁護士業務責任問題と団体的自律」民商法雑誌119巻2号159頁参照), そこで一般の「倫理」と表示して想定されているのは, 規範的倫理つまり「義務論」のことであるとともに, その領域内でもとりわけ「狭義の義務論」と称されている考え方であろうと推測される. いまここで「狭義の義務論」とするのは,「行動の『正』・『義務』は結果の良さには還元されない」と論じる立場のことであって, それは,「行動の『正』・『義務』は行動の目的・結果の善のある, とする『目的論』」に対比されたときに狭義と位置付けられるものである(山崎・市川編『現代哲学事典［講談社現代新書］』645頁［杖下隆英］. なお, 先に上記二に引用しておいたカントについての, とりわけその「定言命法」についての記述をも合わせみられたい).

　むしろ職業倫理を起点として説明する次のような見解があることにも, いまここでは目配りしているべきであろう. いわく,「人はおのおの自らの職業の中でそれなりの規範に動機づけられて生活している. やがてその職業にとっての規範意識が培われて, そのときどきの顕在的な意志を支えるようになる. そこでフッサールはこの職業を〈普遍的職業〉（ウニベルサーラー・ベルーフ）まで拡大するのである. それは人間であることそのもの, つまり, もっとも真正な人間であろうとする職業(＝使命（ベルーフ）)である. かかる職業の中で規範意志を普遍的にとらえるとき, われわれは本来的に道徳的なものの入口に達しているのであり, 一般的定言命法を前にしているのである.」(遠藤弘「価値の倫理——現象学」伴＝遠藤編『増補現代倫理学の展望』(勁草書房, 1998年)107頁, 115頁)

　関連の言説をこのようにみてくると, 法律家業務倫理について全面的に把握を企てる際には, およそ以下のようにも説明されている規範倫理［学］とメタ

倫理［学］の区別，そして両者の関係を念頭において臨むのが有益ではないか，と管見は想到するのである．

「とくに現代アングロ・アメリカンの倫理では，直接規範を示す規範的倫理に対して，道徳の言語の意味の解明や道徳的判断・理論の正当化などのように，倫理言語を媒介とした道徳事象の広義の論理的探究を『メタ倫理』と呼んで区別する傾向がいちじるしい．メタ倫理も究極的には何を倫理的と考えるかの決定を前提とするから，右の截然とした区別はむろんつけにくい．だが，倫理現象の理性的・客観的研究にメタ倫理学は不可欠と考えられるから，右の区別に即して倫理を論ずるのが適当であろう．」（山崎・市川編前掲書644-45頁［杖下隆英］）

五　もっともメタ倫理という把握に関して，例えば次のような批判も提示されてはいる．「メタ倫理学者の出発点をなしているのは，相互的行為はもろもろの拘束性によって規制されているが，そのような拘束性は，普遍的にしてアプリオリな規範において成立しているのではなく，むしろ実証的な，事実として与えられている尺度や行為基準として，実践的言語によって記述されるようなものであるということである」．「『メタ倫理学』と呼ばれる実践的理論」「の形而上学に対するアレルギーは，それが，われわれの行為と思惟の『根底』に存する，そして実際に力を及ぼし現前している具体的に普遍的なものを無視するという事態を引き起こしている．もろもろの道徳的規範の拘束性とそれらに特有の実践的議論とを正当化し根拠づけることが，それに基づいてのみ生じうるような，ある一定の基礎を犠牲にしている……」（有福孝岳訳／F. カウルバッハ「倫理学とメタ倫理学――メタ倫理学の諸理論とその批判――」池上他『倫理学の根本問題』（晃洋書房，1980年）26頁）．

《それに基づいてのみ生じうる，もろもろの道徳的規範の拘束性とそれらに特有の実践的議論との正当化根拠となるある一定の基礎》への言及には，私見もまた魅力を感じはするのであるが，とまれこうした批判が当たっているのか否か，メタ倫理学と呼ばれている実践的理論を排斥するのに十分な力をその批判が備えているのかについて最終的な判定を下すことは，管見をいでない編訳者が到底力を及ぼし得るところではない．しかし，そのような批判があること

を知ってもなお，まさしく右の批判文章中に指摘されている特性の故にこそ，法律家業務倫理の問題領域に取り組む際には，メタ倫理学理論が提供する考察態度が援用されてよく，大いに役立つはずであると私見は解している．

　当面の課題である法律家の業務倫理に関してあえて端的に表明するならば，要するに，「普遍的にしてアプリオリな規範」，「もろもろの道徳的規範の拘束性とそれらに特有の実践的議論とを正当化し根拠づける……ある一定基礎」を法律家倫理というテーマを立てて探究しようとするような態度をとることは，遂行可能性の観点からして避けるべきことではないかと思われる．対立する諸見解を見比べることによりその中間にいわば絶対の真理として，そのようなあるべき「原」法律家倫理が現前する，というような考え方にとらわれた場合には，結局のところ，よくても雲を摑もうとするに等しい結末に辿りつくだけであろうし，悪くすると先にみた警告が言い当てていたとおり，「その論ずるところの法曹倫理の内容は，法曹は須らく人格高潔の士でなければならない，とか，法曹の使命は社会正義の実現にある等々の如き，極めて抽象的な，いわば，お題目にとどまっている」だけの発言に終始するのがおちであろう．

　ところで，そのように考えるのが，対立する二つあるいはそれ以上の言説のどれか一点だけを，アメリカのアターニィのために，あるいは日本の弁護士のために，適用されるべき業務責任規範を適切確実に述べたものとして指定しなければならない，と唱えるのと同じではない．要するに，メタ倫理学流の態度で臨むならば，弁護士会（＝日弁連）の自治規約に属する『弁護士倫理』に掲げられている諸種の規範命題はもちろんとして，弁護士法の中に置かれている業務規律規定もまた，視角の選び方次第で，倫理規範と解されることがあってもよいし，その見方と両立することとして，法的規範と解する把握もまた許されてよい，という考え方ができるはずなのである．

　「狭義の義務論」において想定される規範はさておき，それと次元を異にし，それよりも広い範囲に属する倫理規範は，国家権力による執行と制裁ではないにせよ，やはり一種の外面的強行をはかる仕組み，装置を常にともなっている．弁護士業務規律に関して言えば，弁護士業務過誤責任として損害賠償の給付判

決が下される場面や弁護士会による懲戒の処分が下される場面では，直接あるいは間接に国家権力による規範の強制が現象しているのであるが，それらだけを切り離して考慮の範囲を画するべきではなく，同輩的影響ないし圧力あるいは自治団体としての弁護士会の指導などの外面的制裁ないし執行をも包括して，規律体系を一元的に理解することが必要なのである（現状は，日本の弁護士の場合，とりわけ弁護士会による指導としての職業倫理確保の点に不備がみられる．前掲小稿・民商法雑誌172頁以下参照）．

その包括のトポスとして観念されるのが，専門職業倫理としての「弁護士倫理」である，という考え方をすることができる．

もともと，実務法律家が職務活動をする際の規制としてはたらく倫理とは，職能団体の自律行動として，経常的でしかも多様な形式において，不断に動的な相を示しつつ表明され実現され続けるもの，という理解をすることが可能であるし，実際の問題対処としてより適切であろう．ちなみに，イギリスでの法律家の倫理に関する最近の記述に，次のとおり説くものがある．いわく，「プロフェッショナル・エシックスとは，プロフェッショナル・グループに対する信頼 trust を助長増進させる行動態度諸規範 norms of behaviour のために，正統性 legitimacy を主張するものである［原語を付した部分は原文ではイタリックで強調されている］．」(Andrew Boon & Jennifer Levin, The Ethics and Conduct of Lawyers in England and Wales (HART Publishing, 1999), p. 9.)

ここでいま多様な形式というのは，それを日本の弁護士に関して具体的に述べ直すならば，業務過誤損害賠償責任訴訟や懲戒の手続のみには限られず，団体内部での指導，勧告などの自律作用をも含めて，紀律作用の全面を見渡そうとしているのは上述のとおりであるが，アメリカのアターニィの場合には，それがマルプラクティス制裁，懲戒，除斥そして業務報酬否定といった形式をとる，と解説されている（本書収録の福田《補論》参照）．そうした意味で，規範倫理学の他にメタ倫理学を観念する思考法を反映していると解されるイギリスとアメリカのリーガル・エシックス対処の流儀は示唆に富む，というのが編訳者の感想である．

六　いずれにせよ，とりわけ弁護士倫理の問題関連に関心を限定した場合には，倫理と法の分離ということを徹底したものとして考える余地がない，と言うべきではないか．国内での比較対象としては，「国家公務員倫理法」の現存が挙げられてよい．弁護士の業務活動を直接の対象にして掲げられている規範としては，それがいま制定されている限りでは周到性及び綿密性のはなはだ乏しい内容であるといううらみが否めないにしても，とにかくすでに国家の制定法である弁護士法の中にも用意されている．それら法規範が倫理とは峻別されるべきものであるというようなことは，右のとおりの「狭義の義務論」の意味で倫理を観念するときにのみ考え得ることである（法律家倫理を『デオントロギィ』つまり義務論のタームをもって指示することがあるヨーロッパ大陸の場合には，あるいはそちらに傾きがちになるかも知れないが，この点はなお立ち入った検討を要する比較論の課題である）．

　本編訳書第四論説の中には，法律家の倫理にかかわる現代の論点を把握するについて，3種類の二分法が存在することを指摘した記述が掲げられている．すなわち，(1)ルールに基礎を置いた倫理か，あるいは性格と徳性に基礎を置いた倫理か，(2)共同体に基礎を置いた倫理か，個人としての依頼者あるいは法律家の自律に基礎を置いた倫理か，(3)法律家の倫理の第一次の任務は，依頼者を法律家から保護することであるのか，それとも法律家を依頼者から保護することであるのか，というように要約できる3種類の二分法がそれである．

　ペパー教授は，これらの二分法のそれぞれが平行する関係にあり，かつ興味深い仕方で互いに絡み合っていると述べるとともに，「それぞれの二分法の両側を考慮に入れた倫理もしくは倫理の組み合わせを形成することがわれわれにとり必要なのである」と説いている．つまり，ロイヤー・コードは当然に実定法規であるとみなすとともに，法律家の役割倫理は道徳を超えたところにあると強調するペパー教授の立場からしても，法律家の信認代理を通して依頼者が自己の案件につき実定法規の利用をはかろうとするとき，そこには依頼者個人としての倫理観が介入する余地はまったくない，などと考えられている訳でもない．このことは，右に引用した二分法の最後のものが，法律家の倫理の第一

次の任務を問うこととの関連で，依頼者と法律家それぞれが抱懐しているはずのモラルのどちらをより信頼するのか，という問いを立てている点をみても明らかである．そこでとりわけ第二論説及び第五論説において，法律家は依頼者との間で『道徳上の対話』をもつべきである，と説いて対立の止揚をはかろうとしているのである．

　七　すでにわれわれの側で切実な論議の焦点となっているのは，業務規範命題を実定法規範の身分をもつものとするのか，それとも訓示的な希求命題にとどめるのが適切であるのか，という実際的意義を帯びた問いである．しかし，職業倫理についての理解を的確なものとして深化させること，そして綱紀維持の機構及び手続を周到なものに整備することがあれば，この問いのみかけの重大さ困難さは，すぐさま解消されるであろう．すなわち，いまや，「弁護士倫理」は，実定法規範から理想追求の宣言まで，制定法命題から自治的団体決議まで各種の表現形式を駆使して，統合された一団の規範集成として用意されているのが望ましい，という事情を弁護士総体の共通認識にすべきなのである（第三論説では，「強制され得るルールと法律家の裁量」の併存として，この問題が採り上げられている）．また，そのような弁護士倫理規範体系の一要素である制定法（特に弁護士法）や『弁護士倫理』の中に実定化されてある規制命題に「違反」した行動が現に生じるとしても，それに対する綱紀処分としてはただ「懲戒」しか思い浮かばない，というのでは視野が狭すぎるであろう．これはまさしく「釈迦に説法」のきらいがあるが，実定刑法に違反した行為についてさえ，状況次第では，犯罪不認知／起訴猶予／有罪宣告しかし執行猶予など，多段階の対処があり得る事情をここに想起してよいはずである．

　いずれにしても，次のような論点はその問題から相対的に切り離されて考究されるべきものである．すなわち，業務を規制する規範を法的拘束力はない希求的命題を掲げるもの，訓示的なものと位置付けるならば，そのときにはもちろん倫理あるいは道徳の観念が全面に出てくることになるが，しかし業務規制の規範が（少なくともその幾分かは）実定法の秩序に属する法的命題の身分をもつとされたときにも，それら法的規律を含めた法律家業務規制の体系は，総

体として，やはり倫理の概念で整序されるべき主題を構成し，上記にみたメタ倫理学流の考察を要請する，と考えられてよいであろう．もしそうであるならば，こちらの仕事については，研究者（＝実務家であれ大学人であれ専門的な研究を志向する主体）が，より多くの責任を引き受けねばならないことにもなりそうである．

　倫理又は道徳の規範と法的規範とは，根底から異質であるのかという法学総体に通ずる論題を念頭において，両者を峻別しようとするような極端な実証主義に与すべきか否かなどの問題は，いまここではさしあたり棚上げにしておかねばならないが（もっともわれわれはすでに実定法制として「国家公務員倫理法」を与えられていることはすでに言及したとおりである），ただ日本の実務法律家の態度のこととして，次のとおり管見にとっては不可解な状況があるのをここに指摘しておきたい．この事情は，「法曹」倫理や弁護士倫理を考えるときに重要な背景状況となるものである．

　その事情とは，一方では総じてはなはだしく強い（制定法）実証主義帰依の傾向が示されるのであるが，しかしそれにもかかわらず他方では，最近の民事訴訟法改正が，「信義に従い誠実に民事訴訟を追行しなければならない」という命題を一応は制定法規範の身分を与えて手続法の中に導入することになったところ（第2条），これに対し特に大きな違和感は示されていないように見受けられる，というものである．あるいは，そのように形式的手法だけで，倫理規範と法規範の対立は解消できる，という考え方のあることこそが日本型の特性をなすと受け止めるべきなのであろうか．

　対比して言えば，アメリカにおいても一種の「リアリズム」見解が優勢であることは，本書のとりわけ第一論説や第三論説でペパー見解が指摘しているとおりであるけれども，しかし日本の実務家に顕著にみられる実証主義傾倒と同様の態度をアメリカの実務家が採るのかは，疑問である．そこには，こちらの司法消極主義に発する制定法依存傾向とあちらの司法積極主義を当然とした判例法（裁判）先行傾向，とでも描写できる対比が鮮明にみてとれるというのが管見である．

そのような感想を抱くについての根拠の一となるのは，アメリカの連邦民事訴訟規則に設けられている次のような内容の規定である．そのルール11の主眼は，裁判所＝法廷に提出される訴訟代理人もしくは当事者本人の主張ないし陳述が適切なものであることを確保しようというところにあるが，同ルール(b)(2)には，「その［代理人あるいは当事者本人の署名ある手続］書面中の請求，抗弁その他の法的論議は，現存する法によって理由付けられ，あるいは現存する法の拡張，修正もしくは否定をいうための，又は新しい法を確立するための瑣末でない論拠をもって理由付けられる」旨を書面提出者は保証したことになる，と読める命題が掲げられている（保証違背の場合には，主張が却下されるにとどまらず，訴訟費用の負担や裁判所に対する罰金支払いという形式での制裁を受ける）．

　いま，注意を向けるべき要点は，裁判の場が，条件次第で現行の実定法規を作り替える作業を進める場ともなりうる――なってよい，とする思考がここに如実に反映している事実である．そこでは，われわれの側に顕著な状況，すなわち『立法論！』が『天下の副将軍！』式のマジックワードのはたらきをして，思考をそこで直ちに停止させ，その後は法を知るための論議が一切排除されてしまう，という日本流の奇異な状況は生じようがないと推測される．つまり，連邦規則の前提にあるのは，立法論だから採り得ないのではなしに，筋の通った論拠がともなわないならば採り得ないとする考え方であり，逆に，現行法の字面にそのまま合致した主張であっても，その具体的事案においては筋が通らないと判定されるならば，その限度でそれまでの実定法の方が適用に際し修正されたり否定されたりしてよい，という考え方である．

　法律家の業務活動の場を支配する論理が，アメリカにおいてはこのようなものであって，その点でわれわれとすっかり同様なのではないことをあらためて確認しておかなければならない．本書収録の各論説でも，そうした日本とはちがいも少なくない場において妥当すべきものであることを予想して，法律家の職業倫理が論じられているのである．なお，とりわけ第五論説の中に，この関連での依頼者の責任を考察する興味深い論議が展開されている．

4．本書を構成する論説の出典

第一から第五まで各論説の出典とそこに記されているこの論説の由来等の添え書きを次に掲げる．

1. **Counseling at the Limits of the Law: An Exercise in the Jurisprudence and Ethics of Lawyering**
THE YALE LAW JOURNAL Vol. 104, p. 1545

2. **The Lawyer's Amoral Ethical Role: A Defense, A Problem, and Some Possibilities**
AMERICAN BAR FOUNDATION RESEARCH JOURNAL 1986=613
This essay was the winning submission in the Association of American Law Schools 1985 "Call for Scholarly Papers" competition, and was presented at the 1986 AALS annual meeting, where it was commented upon by Professors Andrew Kaufman and David Luban.

3. **A Rejoinder to Professors Kaufman and Luban**
AMERICAN BAR FOUNDATION RESEARCH JOURNAL 1986 = 657
この論説は，2の添え書きが語るとおりのカウフマン及びリューバンによるコメントに対するものである．

4. **AUTONOMY, COMMUNITY, AND LAWYERS' ETHICS**
Capital University Law Review Volume 19 Number 4, Fall, 1990, p. 939.
This essay is an expanded version of one section of a paper presented at the Capital University Law Center on February 13, 1990. as part of the Symposium on Legal Ethics.

5. LAWYERS' ETHICS IN THE GAP BETWEEN LAW AND JUSTICE
SOUTH TEXAS LAW REVIEW SPRING 1999 VOL. 40, No. 1, p. 181.
Presented at the South Texas Law Review 1998 Ethics Symposium, "The Lawyer's Duty to Promote the Common Good," South Texas College of Law, September, 1998. An earlier and significantly different version of this article was presented at the second biennial Hofstra University School of Law conference on legal ethics, "Legal Ethics: Access to Justice," April, 1998.

５．訳語の選定について

　翻訳に際しては，周知のとおり，原意を写し取りかつ読者に通じ易い，という意味での適切さをもつ訳語の発見，選定そして訳文の作成には困難がともなう．訳者自身には対象言説の趣意が判明しているつもりであっても，それを読者に的確に伝えるだけの日本語表現ができているのか，心もとない場合も多く生じる．いっそう原文原語のまま差し出せればとも思うが，いったん翻訳を志した以上は，できるかぎり日本語に置き換える努力をしなければならないのは当然の責務である．

　下手をすれば，読者に大きな誤解を与えてしまう危険もおそれねばならないのであり，おそらく本訳にもその危険を免れることのできていない箇所が含まれていよう．そうした危険を少しでも緩和するため，論説の要点を占める訳語について，訳者がそれを選択した理由をここに開示し，読者の理解の一助となることを願うとともに，弁解の辞ともしておきたい．

　"access to the law" ＝実定法規の利用．　アクセスは，最近では仮名書きのまま一般に使用されるようになっており，また司法制度審議会の論点整理の中でも「アクセス」と表現されているという状況がある．しかし，ペパー論説の翻訳としては，「実定法規へのアクセス」ではあいまいに流れるおそれをも編訳者には多少感じられるので，やや限定が過ぎることは認めつつ，原則として「利用」の語を当てることにした．それで文意をそこなうおそれがある場面でのみ，「アクセス」と仮名書きすることを含め，利用以外の表現を access に

当てているが，その例はごく僅かである．なお，後記 the law の項をもみよ．

　"attorney" ＝アターニィ．　日本で弁護士というのにほぼ対応するロイヤーの資格としての呼称であるが，とくに漢字の言葉を当てて訳することはあえて避ける．資格すなわちクォリフィケイションを言い表す呼称と，職責もしくは機能すなわちファンクションを言い表す呼称とを，無前提のままに混同してしまうと，的確な比較論は不可能となる．このことをあらためて強調しておきたい．

　"communitarian" ＝共同体重視論［者］．　この英語は，一般の英和辞典には「共産社会の一員（信奉者）」という訳語が示されていることもあるが，ペパー教授の論説では，常に財産を共同体の総有とするといった主義ないしその信奉者を言い表す意図でのみ用いられているとは読解できない．そこで，意訳のつもりで communitarian を仮に「共同体重視論」あるいは「共同体重視論者」と表現することにした．

　"counseling" ＝相談助言．　カウンセリングという片仮名表記のままでも一般に理解されるまでになっているかとも思われるが，しかし現在のところ常用の言葉としては，カウンセリングとだけ表示しているときには，それは心理学の領域でのカウンセリングを指すことが多いから，ここでは片仮名表記は避けることにし，語義が限定的になっても文意を大きく損なわないならばなるべくは漢字表記を採用する，という本編訳書の基本方針にそって，このように「相談助言」を訳語として選定している．

　"ethics" 及び "moral" ＝倫理及び道徳．　ほとんどの場合，一般の用語例にならい，前者は倫理もしくは倫理学と，後者は道徳と訳している（なお，上記３二の記述をも合わせみよ）．第二論説の標題では，一連の語句の中に moral の派生語である amoral が用いられるとともに，ethic の同意語である ethical もまた使われている．英米でも，これら二つの言葉は，特別の場面では微妙なニュアンスを込めて使い分けられることもあるとされているが，通常は互換的なものとみなされている．第五論説の中には関連する記述として，ペパー教授自身の理解が次のとおり掲げられている．「専門家の言説及びアカデ

ミィにおいてわれわれが用いている意味でのethics［倫理学］とは，正と不正［right and wrong］の諸問題をめぐる理性的熟慮，そしてそうした熟慮の帰結を意味している．この用語においての倫理学［ethics］とは，単純に道徳哲学［moral philosophy］であって，それは世俗の言葉及び理性的な言葉の双方で処理され得る，ということを示している長い歴史のある哲学の一部門である」．なお，ここではmoral scienceのタームが，自然科学に対比しての精神科学総体を指すことがある，という用例をも考え合わせるべきであろう．

"first-class sitizenship" 第一級市民性．　ファーストクラスという言葉は，仮名書きのままでも通用しない訳ではないし，それを「第一級」というのは語義の点で疑問も残るが，なるべくは漢字表記を採用するという本編訳書の基本方針の基づき，他に適当な熟語を見つけ出せないままこのように仮訳している．

"lawyer" ＝法律家．　ロイヤーと表記する場合もあるが，弁護士の語を当てることはしない．その理由は，"attorney"の項に示しているとおりである．

"moral" ＝道徳．　上記"ethics及びmoral"の項をみよ．

"the law" ＝実定法規．　英米におけるディシプリンとしての法学では，自然法をも含みうる広い外延で法一般を指すときには，冠詞なしにlawと表現されているようである．それとは区別されて使用するときのthe lawは，現実に法として行われている実定法規範総体を指す語義があると解してよいのではないか．とりわけ，ペパー見解では，法執行の具体相もまたthe lawの一成分である，と主張されているから，そうした事情をも反映させて意味をきわだたせるために，ここではあえて「実定法規」という訳語を当てることにした．なお，ロイヤーの業務責任規範も，今ではロイヤー・コードとして，the lawの一部と化している．さらに，上記"access to the law"の項をもみよ．

目　次

PREFACE［序　言］　　　　　　　Stephen L. Pepper… i
編訳者まえがき　　　　　　　　　　住　吉　博… vii

第1章　実定法規の許す限界までの相談助言：
　　　　法律家活動についての法学及び倫理学に
　　　　おける一演習 ……………………………… 1

第2章　道徳を超えたところにある法律家の
　　　　倫理的役割：防御，問題点，及び
　　　　いくつかの可能性 ………………………… 111

第3章　カウフマン教授及びリューバン教授に
　　　　対する再答弁 ……………………………… 153

第4章　自律，共同体，そして法律家の倫理 ……… 183

第5章　法と正義の間に隔たりがあるときの
　　　　法律家の倫理 ……………………………… 229

《補　論》
アメリカにおけるロイヤー規制の沿革
　　　　　　　　　………………………福　田　彩… 267

あとがき
索　　引

第1章
実定法規の許す限界までの相談助言：法律家活動についての法学及び倫理学における一演習

Counseling at the Limits of the Law:
An Exercise in the Jurisprudence and Ethics of Lawyering

Ⅰ．序　　論
Ⅱ．実定法規の境界内での法的助言：いくつかの指導的区別
Ⅲ．実定法規＝［ロイヤー・コード］
Ⅳ．相談助言と品格
Ⅴ．結　　語

Ⅰ．序　　論

A．課題の要約

　法律家の第一の仕事は，実定法規の多様な側面にわたり，依頼者に実定法規の利用を得させることである．リティゲイター［すなわち訴訟に専従する法律家］は，紛議決着機構すなわちわれわれにあっては民事及び刑事の裁判所を利用する手立て，そしてそれら裁判所が適用する実体法を利用する手立てを［依頼者に］提供している．ディール・メーカー［すなわち取引のまとめ役を専業とする法律家］は，実定法規の構造化された側面である契約体制，会社法，担保法，所有権法及び信託法を利用する手立てを提供している．家族法の法律家と遺産計画の法律家は，裁判所での決着と法的機構による構造化の双方が包含されている法の諸システムを利用する手立てを提供している．そのほかにも同

様のことが，すべての法と法律家について言える．これらの機能のどれもが，実定法規についての法律家の知識を依頼者の当該法規を利用する必要あるいは法規利用から利益を得る能力に結び付けている．このことは，手続法であれ実体法であれ，法のすべての様相を通じて真実なのである．契約，捺印証書及び信託のごとき種々の法的装置の手法と組立てに関して，あるいはそれらの組立てを連結することから形成できる法的統一体（例として会社あるいは一組の会社，あるいは区分所有建物，区分所有建物を建築する合資会社，区分所有建物を管理することになる所有者会）に関して，このことは真実なのである．

　依頼者が，その生活にかかわり合いをもつ選択肢を評価し，かつその選択肢のいずれか［を採用するよう］に決定するために，［関連をもちうる］実定法規がどうなっているのか理解したいと思い，あるいは理解を必要とすることがしばしば生じる．そして（各専門及び業務の各分野を通じて）法律家たちのもっとも普遍的な職責は，［依頼者のために］その知識を提供することである．実定法規の知識は，しかし，実定法規に従うためにも，また実定法規を回避するためにも用いることができる道具である．人里離れ警察官のパトロールも稀な，田舎の高速道路の一区間で，速度制限が時速55マイルであることを知ると，ある者は55マイル又はそれ以下で車を走らせることになろうが，また他の者は時速63マイルあるいはよりいっそう速く車を走らせることにもなろう．同様に，不公正労働行為を行った場合の罰則が個別の被害被用者に対する賃金遡及支払い及び原職復帰であることを知ると，使用者／依頼者は，そのような行為を避ける場合もあるし，また故意に行う場合もあり得る．このように，実定法規の知識は諸刃の剣である．法律家の依頼者が，関連する実定法規の知識を実定法規を侵害するために，もしくは実定法規の規範を回避するために，用いるであろうという状況に置かれたとき，その法律家は何をすべきことになるのか？その問いが，本論説の主題である．

　2個の簡潔な設例が舞台を整えてくれるであろう．［第1例］その依頼者は，多年度にわたる契約の交渉をしている．初めの2，3年は大いに利益が上がるであろうが，その後の2，3年は利益が大いに減少するであろう，という見通

しである．この依頼者が契約存続後 3 年経ってからの契約違背の効果及び関係する裁判所での訴訟遅延について尋ねてきたことから，法律家は，依頼者は契約を締結する前からその契約に［やがては］違背することを考慮しているものと信じている．［第 2 例］依頼者の年とった妻あるいは親が絶望的な病に罹っていて苦痛が激しく，回復の見込みはないし終末も見通せない．その依頼者が同意安楽死の可能性につき法的助言を欲しているところ，法律家は，実体法がこれを故意殺人とみるであろうと告げるほかにも，検察の起訴裁量あるいは陪審段階での法の無視［もあり得ると］の助言をそこに付加すべきかどうか迷っている．これら［二つの設例］の法律家は，いかにことを進めるべきであるのか？　その法律家たちは，それが意図的，計画的な契約違背あるいは殺人を助けることにもなり得るものである実定法規についての正確な情報提供をしたほうがよいのだろうか？　プロフェッション［すなわち職能団体］もしくは実定法規は，どのような指導を——どのようなルールあるいは原則を——そうした状況に置かれた法律家のために用意しておくべきであるのか？

　われわれの法システムが前提とするのは，法は，知られるように，あるいは知り得るように，意図されている，という仮定，法はその本質からして公共情報である，という仮定である[1]．（選択肢として，秘密の『法』の可能性についてしばし考えてみよ．）そして，基礎的なものでありよく理解されている法律家役割の一側面は，そのような［法］普及のための導管となることである．法が複雑になっている環境においては，法がかかわり合う人々に法を利用できるようにしてやることを，法律家がするのでないかぎり，たいていの法は，知られ得ず，行為の拠りどころになり得ず，法として機能することはできないのである．したがって，われわれの社会では，われわれのほとんどの法にとっては，それが［人々に］知られるためには，機能するものとなるためには，法律家が必要である．伝統的な理解は，法律家は専門職業人として依頼者の便益のために実定法規利用の方途を提供する活動をしている，というものである．こ

---

1)　JOHN FINNIS, NATURAL LAW AND NATURAL RIGHTS 270-73 (1980) ; LON L. FULLER, THE MORALITY OF LAW 49-51 (1964).

の理解の下では，法律家は，依頼者に実定法規の知識を提供するに際し，法執行公務員として，もしくは裁判官として機能するのではない[2]．[その際に] なされるべき選択は依頼者の生活及び懸案問題にかかわるのであるから，したがってなされるべき諸選択は，第一には，依頼者がなすべき選択なのである[3]．

　法律家がその依頼者に提供してよい助力の限界は，一般に，『実定法規の限界内 bounds of the law』と言い表され，かつ考察されてきた[4]．法律家は，依頼者が不法な活動をする際の積極的参加者となることは許されないし，法律家が不法な行為の教唆幇助者となっても不問に付される，という特権は存在していない．困難が生じるのは，その情報が依頼者の不法な行動を引き出したり支援したりするであろうと法律家が知っている状況において，実定法規についての正確で真正の情報を提供するときである．実定法規についての正確で真正の情報を提供することは，法律家活動の核心をなす職責ではあるけれども，それが実定法規侵害についての積極的幇助とも見なされ得る故に，それをするか否か決定することは難しい問題となる．その問いに対する解答あるいは手掛かりは，混乱していて不明確である．法律家の側の民事責任又は刑事責任に関する事案についての，あるいは業務活動懲戒事案についての先例で，依頼者に正確な法律情報を提供することだけを対象にしているのが明白である，というもの

---

2)　一般になじみの『[ロイヤーは]法廷の職員 officer of the court [である]』という言葉は，ほとんど中味のないものであって，[自営開業]法律家は，第一にその法律家の依頼者に奉仕するのであり，裁判所を含め法執行システムに奉仕するのではないという伝統的理解に対し，ほとんど制約をもたらすものではない．See Eugene R. Gaetke, Lawyers as Officers of the Court, 42 VAND. L. REV. 39 (1989).

3)　See Edmund D. Pellegrino, Trust and Distrust in Professional Ethics, in ETHICS, TRUST, AND THE PROFESSIONS 69 (Edmund D. Pellegrino et al. eds., 1991); Stephen L. Pepper, The Lawyer's Amoral Ethical Role: A Defense, a Problem, and Some Possibilities, 1986 AM. B. FOUND. RES. J. 613, 614 [以下 Pepper, Amoral Role として引用]．[＝本書第二論説]

4)　MODEL CODE OF PROFESSIONAL RESPONSIBILITY Canon 7 (1981) [以下 MODEL CODE として引用]．

は報道されていない[5]．他方において，そうした助言の提供は正常な法律家活動の範囲内にある，ということを明瞭にするような仕方で法律面の限界が叙述されている例もない．さらにまた，法律面の限界がある程度叙述されていても，当該の助言を与えることはいつ正当で，いつ正当でないかを知る役に立つことはあまりない[6]．判例法は，そうした行動を責任の原因にしてはいないけれども，そうした行動が責任の根拠となることはないと裁判所が判示したり，明言したりしたこともまたない．判例法は［この関連では］大部分にわたり，沈黙している．依頼者は市民として，実定法規の知識を得る権利を保有しているのか？　それとも，そうした知識が実定法規あるいはそれが含む規範を侵害することになるかも知れないときには，そうした知識を提供しない，という倫理上のあるいは法律上の義務を法律家が負わされているのか？

　手初めに，さらにいくつかの状況を提示して問題点を例証し，問題点の幅を示すことにする．次に，第Ⅱ部において，法律家にとり手掛かりを与えると思われる一連の識別可能性について，それらを，諸設例本来の視野と付加的状況とに適用しつつ考察する．これらの［考察によって得られる］境界線は分析には役立つであろうが，単独ででもまた組み合わせられても，決定的であるようには見られない．第Ⅲ部においては，法律家の倫理に関する現行の実定法規［＝ロイヤー・コード］に目を向ける．それら実定法規はいくらかは役立つものであるが，当面の問題のために明白な解答を与えているとはみられない．最後に第Ⅳ部において，当面の問題は大変に多面的でかつ多様に変化のある事実的連関の中に生じるものなので，法的であれ倫理上のものであれ，ルール，原則さらにはガイドラインは，ただ部分的にのみ物の役に立つ，ということになりそうだと考察する．そのような次第で，そうした難点にとり補充的な手掛か

---

5) See Joel S. Newman, Legal Advice Toward Illegal Ends. 28 U. RICH. L. REV. 287, 301-11 (1994)（先例を調査している）．

6) 下記第Ⅲ部参照．このような助言は，ある情況の下では正常でない，と結論づける手引書もある．See, e. g., GEOFFREY C. HAZARD, JR. & W. WILLIAM HODES, 1 THE LAW OF LAWYERING §§ 1.2: 502: 506: 508 (2d ed. Supp. 1994) ; CHARLES W. WOLFRAM, MODERN LEGAL ETHICS § 13.3.2, at 694-95 (1986).

りとして，［最後に］対話，品格及び徳の倫理学を簡潔に考察する．

　本論説の到達目標は，二重になっている．⑴本論説でみるような諸状況の中において依頼者を相手に仕事をしている法律家のために，手掛かりを提供すること，及び⑵その手掛かりを提供する努力にともなう，法と法律家活動の双方についての難しい基礎的疑問のいくつかを究明すること．当面の問題を詳しく分析し究明することには，少なくとも3種の次元が含まれている．ありうる法的限界，ありうる倫理上の手掛かり，そして基礎をなす法学上の問い，の3種である．ありうる限界と，ありうる手掛かりとを探索して，一応の叙述を企てようとするとき，われわれは，法学にからみつかれた状態になるのである．

　たとえば，もし，法の第一の目的は周知されることである，との仮定から出発して，それ故に，法律家は何が実定法規であるかを依頼者に知らせる必要がある，という最小の仮定から法律家が出発すべきである，とみなすならば，どのような情報を依頼者に与えるのが適切であるとすべきかを決定するに際して，法律家は，『法』の範囲に入るものは何か，という見分けをしていることが重要となる．このようにして，『法とは何であるか』についての基礎法学的探究，法を定義する特徴は何であるのかが，法律家にとり実際的な意味をもつことになる．たいていの法学的探究は，裁判官の役割に焦点を結ぶか，実定法規にしたがうべき市民の義務に焦点を結んできたのであり，法律家に焦点を結んでいる探究は驚くべきことに少ない．法律家の役割とものの見方とは［裁判官の役割や市民の義務とは］すっかり異なっているのであるから，この不足は重視されてよい．法を創出し解釈する者として，ふつうわれわれは反射的に裁判官及び立法者のことを考え，そこで『法とは何であるか』の探究にかかわり焦点を結ぶのに適した行為者は彼らである，と考えるけれども，いまわれわれが対象としている論点において意味をもつのは，［依頼者に］法的助言を与えて『実定法規』の利用を助けている法律家が，裁判官及び立法者に比肩しうる程度にまで，実定法規を『創出』し，『解釈』している，ということではないだろうか．

　この探究は，しかし，単に『何が法とされるのか』（法とされて，法律家に

とり，依頼者に伝達することがおそらくは許されるもの，は何であるのか）を知るのよりも，広汎である．法の種類が異なれば，あるいは予想される依頼者行動の種類が異なれば，実定法規にかかわりをもつ情報を伝えることの正当性に差異が生じる，ということもまたあり得る．そのような訳で，第二の決定的要因は，実定法規の知識によって容易にされるであろう依頼者の可能的行動が，不法のものであることに加えて，道徳上の悪であるか否か，かつそうであればその程度は，というものではないだろうか．例えば，その行動は，無辜の人物に対し重大な危害を加えるものであるのか？　この論点は，ある方向においては，論点をなしている実定法規の種類もしくは分類に結びついているが，しかしある方向においては，まったく分離されている．その状況に第三の視角から接近すると，法律家の実定法規にかかわる助言が，事実として，依頼者による不法な行為の原因となり，もしくは誘因となる可能性もまた，法律家がその情報を与えるのがよいか否かの問題にとり直接の関連をもつことになる，と見える．これらが，第Ⅱ部においてもっと詳細に考慮する要因の種類である[7]．

B．一範囲の設例

法律家は具体的な状況に直面するのであり，法律家のその厄介な立場を理解することが，いま取り上げている難問に取り組む助けとなる．ここで，2 点の

---

7)　スティーヴン・マクバンディ及びアイナー・エロージは，ここで調べた問いのいくつかを，『理性的行為者モデル製作 rational actor modeling』という，やや相違する見方から分析している．Stephen McG. Bundy & Einer Elhauge. Knowledge About Legal Sanctions, 92 MICH. L. REV. 261, 327 (1993). 彼らの仕事は，本論説よりもいっそう抽象的でかつ理論的なレベルにおいて展開されており，法的助言を与える法律家の役割に特定して焦点を結ぶことは本論説よりも少ない．See also Steven Shavell, Legal Advice About Contemplated Acts : The Decision To Obtain Advice, Its Social Desirability, and Protection of Confidentiality, 17 J. LEGAL STUD. 123 (1988), バンディ及びエロージュの労作はこれに基礎を置いている．筆者自身は，以下においてより長い論述で展開するテーマのいくつかを Stephen L. Pepper, A Rejoinder to Professors Kaufman and Luban, 1986 AM. B. FOUND. RES. J. 657, 668-73［以下 Pepper, Rejoinder として引用］［＝本書第三論説］で手短に論じている．

極端な例から始め，ついで大きな中間地帯に進んで，一連の設例を提出する．本論説の残りの部分を通して，これらの例に立ち返ることになる．

契約違背　［諸設例の］連続体の一方の端に位置するのが，たいていの法律家は『不法である』方に分類することをしないであろうが，しかし法がそれに制裁を課している行動についての助言である．その典型は，契約違背についての助言である．契約法についての現代における支配的な理解は，契約に違背するのは自由であるが，しかしそれをしたならば塡補賠償の支払いをさせられる，というものである．ごく異常な事情がともなわない限り，処罰はされない．実定法規が故意による契約の違背を規範的な悪とみなしているのかどうか，そうした行動が「法に反する」のかどうかははっきりしていないが，実定法規の教えるところが，契約違背は禁じられていない，というものであることははっきりしている．むしろ，契約違背とは，実定法規により課せられる費用を必然のものとしてともなうことがある，という行動なのである．法律家は，こうした（契約違背を奨励しあるいは助ける）助言を与えることは自由であると思うのみならず，依頼者の当面の状況において［違背を示唆する助言が］相当である場合に，その助言を与えるのを怠ったり，契約違背は実定法規により禁じられていると助言したりするのは，おそらく業務過怠になるであろう．

民事訴訟の負担　［それと］緊密に結び付いている例が，法的手続にともなう費用及び遅延についての助言である．法律家は，もくろまれている契約違背の結果について依頼者に相談助言を与えるに際し，契約違背を理由にして塡補賠償を取り立てようとする人物［すなわち相手方］に負わせられる実質的な負担のことまで教えるべきなのであろうか？　その法律家は，管轄裁判所の審理予定表の現在の状況では3年の訴訟遅延があることを，依頼者に教えるべきなのであろうか？　法律家は，原告が契約の立証，違背した事実及び損害の存在の立証をするにあたり，直面するであろう負担（もしくは難しい問題）のことを依頼者に教えるべきであろうか？　法律家は，これらの負担が，依頼者が契約上義務を負っている人物に，訴訟をするよりもかなりに割り引いた金額での和解を受け入れさせるであろう可能性を，依頼者に教えるべきであろうか？

法律家は，このような教示が依頼者をして契約違背に導くであろうと結論づけるとき，その教示を与えることは慎むべきなのであろうか？　あるいは，その教示を与えることを怠るのは，業務過誤であろうか？

第三者への危害をともなう犯罪行動　［諸設例の一方の極端から推移して］スペクトルの他方の端にあるのは，明らかに第三者に対する具体的な危害をともなう犯罪行動のために依頼者が用いるであろう法的助言である．古典的な例は，南米のどの国が合衆国との間で，武装強盗及び予謀殺人をも含めて犯罪人引渡条約を結んでいないか，を尋ねている依頼者である[8]．

刑事手続　あなたは，次のような状況にある法律家に対し何と助言するか？　その法律家は，子供の無い中年の男性依頼者から，その地域の警察と裁判官たちは十歳以下の子供は性的虐待事案について証言する能力を欠くとみなしている，というのが本当なのか，と訊ねられている（そのことは本当である，と仮定せよ）．もっと時宜に適った例は，殺人事件の被告が，法律家から陪審買収の処罰は最高で6月の投獄と1,000ドルの罰金であると聞かされた，というものである[9]．あるいは，安楽死の違法性と刑罰に関して法律家に相談している依頼者を想像してみよ．その安楽死［を考慮させる］状況の諸事実が助言を引き出すほどに同情を買うものであるとして，その法律家は，検察の起訴裁量及び陪審による法律無視がありうること［したがって法律の形式的適用は安楽死を違法としているにしても，実際には起訴がされないかも知れないし，起訴されても陪審裁判の結論は無罪となるかも知れないこと］を依頼者に教えてよいであろうか？

［両極端の］幅広い中間から拾いだした諸例　関連をもつ産業には広く公開されている環境保護官庁の水質汚染防止規則が，廃水1リットル当たり

---

8)　See MONROE H. FREEDMAN, UNDERSTANDING LAWYERS' ETHICS 143 (1990).
9)　Laurie P. Cohen, Dirty Dozen? Tampering with Juries Appeals to Defendants Facing Steep Sentences, WALL ST. J., Jan. 30, 1995, at A1. 陪審買収が成功してその後に発覚しても，［刑事裁判の原則である二重の危険禁止が，その［買収をした］依頼者が［やり直しの裁判で］殺人で有罪宣告されることは禁じている．同所．

0.050グラムを超えるアンモニアの排出を禁止していると仮定せよ．依頼者は過疎地域に工場を所有し，その工場がアンモニアを含む廃水を出しているが，工場の撤去は大変に費用を要することになるであろう，という．その法律家は，非公式の情報源から次のことを知っている．(1)［官庁による法］執行にあてられる予算が限られているために，1リットル当たり0.075グラムあるいはそれ以下の違反は見逃されている．(2)環境保護官庁が過疎地域で検査を実施するのはまれなことであり，かつそのような過疎地域では，執行する係官が，極端な違反（1リットル当たり1.5グラム以上）でなければ，制裁を課する前に警告を発するのが常である[10]．これらの執行関連事実に関して，法律家が依頼者を教育することは，それが，依頼者の0.050グラム限界侵犯を動機づけるかも知れないとしても，正当なことであるのか？

よく知られた第二の例は，議論の余地がある実定法規解釈に基づいた［納税者側に］有利な申告を記載して所得税申告書を提出したい，という依頼者である．法律家は，国税庁がこの解釈に気づいたならば依頼者の申告書を問題にすること，そして訴訟となれば国税庁が勝訴する蓋然性は大きい，と確信している．もしもそのようなことが起こったとき，制裁は，本来支払うべき税額に遅延利息を加えたものにとどまりそうである．その法律家は，過去においてこの類型の申告書についての検査割合が2％以下であったことを知っているし，このような事実が依頼者に申告書についていかがわしい態度を取らせることになりそうであることも分かっている．法律家は，この情報を依頼者に伝えるべきであるのか？

C. 法と法律家活動：予知，巧みな操作，そして規範

ロースクールで教えられ法律事務所で実務として行われている法についての，支配的なアメリカ流の理解からすれば，最後の二つの例における執行関連事実は，実定「法」の一部と考えられるであろうし，したがって関心のある依

---

10) Pepper, Amoral Role, 上記注3, at 627-28. の記述を応用した設例．

頼者に伝えられるのが当然の情報である，と考えられるであろう．これは実定法規について，それを道具であるとみる見方であり，『法』を定義するときに，また，依頼者が実定法規に出会った際に，その特定の状況においては実定法規が主として依頼者を制限するように機能しようと，授権するように機能しようと，いずれの場合であれ，［法律家が］依頼者を援助しようと試みるときに，この見方が網を広く張っている．アメリカの法律家は，法を，人間の相互作用の中に埋め込まれた，かつ時間とともに出現してくる複合過程である，とみる傾向がある．書かれてある規定は，法の重要な一部分ではあるけれども，単なる一部分なのである．契約訴訟の潜在的原告をはじめ，環境保護官庁の執行予算や国税庁の調査予算を制限する予算立案者たち，そして検察官及び裁判官にいたるまでの，人的作用因子が，その［人間の相互作用の中に埋め込まれてある］過程を通じて，書かれた規定と同じだけの影響を依頼者たちに与えることになる．法律家の仕事の一部は，依頼者の置かれている状況に対し書かれた法と法的作用因子との双方が影響を及ぼすありようを見積もること，及びできるだけ予見すること，である．

　しばしば『法的リアリズム』と呼ばれてはいるけれども，実のところは，実定法規についてのこの見解はアメリカ法学の三大流派が混淆したものである．その第一は，法と倫理の分離をいう実証主義の理解である．法律家は，法を規範として解するよりも，権力と制約とにかかわりをもつ一群の事実であると解している．少なくとも『ought［べきである］』と同じだけ『is［である］』なのである，と解している．第二に，第一と結び付いているのであるが，この支配的見解は，法とは，行動の制約を規定する客観的に決定可能な言語定式である，というのと少なくとも等しい程度に，法とは国家権力をもつ官憲がするであろうことの予見でもある，という考え方を法的リアリズムから取り入れている．第三のもっとも最近の流れは，過程法学 the process jurisprudence の見解であって，法が私的な計画立案及び組織化の道具であることを強調し，法が制約であること，裁定であること，ないしは裁定の帰結の予知であるということは強調しない．過程法学は，コンフリクト［紛争］が法の一部であることを否

定はしないけれども，(官憲及び私的当事者の双方がなすであろうことを含め)『法』によって提供されるチャンネルの内部での創造を強調して，別のところに焦点を結んでいる．これら3種の見解は，法を，計画と操作の両方に従属する事実的基盤だとみている点では，置き換え可能な見解である．規範的制約としての法の機能を背景に追いやり，法にある道具的可能性を前景に出している点で，それらの見解は相互に強化し合っている．同様に，それらの見解は，法の精密さよりも字句から解放された法の性格を強調することにおいて，法の確実さよりも法の操作可能性を強調することにおいて，共同作業をしている．

　法にかかわるこのような『リーガル・リアリスト』[11]理解は，アメリカの法律家活動に関しては，法律家の主要な仕事が，依頼者の必要，欲求，そして利害に奉仕して法を利用しうるようにすることである，とする理解に結びついている[12]．依頼者に対するサーヴィスというこの見方からして，法についての

---

11) 私の信ずるところでは，アメリカの法律家及び法律学者による『リーガル・リアリズム』という言葉のもっとも一般的な用法は，これらの流派の三者すべてを合体し含意している．

12) その主要さがいかなる程度であるかは，学界において多少論争されており，倫理規定の進化の中においては不明確である．モデル・コードは，部分的に，「法律家は故意をもって，次のことをしてはならない．(1)合理的に利用できる手段を用いて，法に適ったその依頼者の目標を追求するのを怠ること．……(3)専門職業関係の過程を通して依頼者に損害を及ぼすこと．」と述べている．MODEL CODE, 上記注4, DR 7-101(A). そのような『依頼者に奉仕し，依頼者を害するなかれ』式の概括的な規定は，後継のABA Model Rules of Professional Conductにはみられず，こちらは『法律家は，依頼者の代表者，法律制度の一役職，そして公的な市民である』と述べることから始まり，これらの諸役割の間に優先順位を示してはいない．MODEL RULES OF PROFESSIONAL CONDUCT pmbl. at 7 (1992). [以下においてはMODEL RULESと表記する.]（おそらくは，上記にモデル・コードから引用した語句に最も近接しているモデル・ルールは，同ルール1.3のコメントである．）それでも，ある意味では，この新綱領は依頼者のいっそう大きな保護を規定している．それは，執行することのいっそう容易な，より簡潔な規定を新綱領が有するからである．例，同ルール1.1（『法律家は，依頼者に対し有能な信認代理を提供しなければならない．』）；同ルール1.4(b)（『法律家は，依頼者が信認代理に関して事情に精通した決定をすることを許すのに筋の通った理由で必要な程度にわたり，事案を説明しなけれ

第 1 章　実定法規の許す限界までの相談助言　13

支配的なリーガル・リアリストの見解は，機能的である．法は，依頼者に権力を与え，依頼者に法の過程についての世間慣れした，現実主義者的な理解，という便益を与えるとされている．しかし［上述の］仮定の設例が示していたとおり，それは犠牲をともなわぬ見解ではない．このレンズの下では，実定法規は，知り得る制約［という存在］から変質して，依頼者の事情，目標，そしてリスク選択に依存する不定形の事物であるように見えてくる[13]．

もしも実定法規が，潜在的なコストであると，つまり課するのも減ずるのもその執行の蓋然性次第に委ねられている制裁を表すだけにすぎないものであると，一般に気づかれるに至れば，われわれの共同生活を法によって組織することが大いに困難さを増し，かつ巨大ないっそうの資源を必要とするようになるであろう[14]．例として，最後の［ところで挙げた］二つの状況，環境規制及

　　ばならない．』）．
13)　先行する論説において，私は法律家の依頼者に対する奉仕という主要役割のための道徳上の正当化を論じ，その役割が実定法規の『リーガル・リアリズム』理解に結び付けられて出現する難問を注解した．See Pepper, Amoral Role, 上記注3 ; Pepper, Rejoinder, 上記注7. この節における私見は，これらの研究から引き出したものである．
14)　バンディとエロージは，制止不足及び制止過剰に焦点を結んで，法につきそうした見解を採っているようである．See Bundy & Elhauge, 上記注7. 人々が法を単なる予見された制裁あるいは利益を超えた，いっそう内容のゆたかな言い方で認識していることを発見している経験的研究として，TOM R. TYLER, WHY PEOPLE OBEY THE LAW (1990) がある．その一部として，次のとおり結論している．

　　　そのシカゴ研究の主要な含意は，規範的論点が重要になる，というところにある．人々が実定法規に服従するのは，彼らがそうするのが正常であると信ずる故である．……これらの発見から結果として出てくる人物のイメジは，その態度と行動とが，何が善く正常であるかにかかわる社会的価値観によって有意的な影響を受けている人物のそれである．このイメジは，法についての現在の思考を支配している自己利益モデルのイメジとあざやかに相違している……．

Id. at 178. 法─及び─経済視点からする，制裁としての法と価格としての法との間にある相違の究明については，see Robert Cooter. Prices and Sanctions. 84 COLUM. L. REV. 1523 (1984).

び租税［審査］を考えてみよ．依頼者が執行を法の一部分と気づくよう導かれれば導かれるだけ，あるいは法を執行の蓋然性と低くみるよう導かれると言ってもよいであろうが，そうなればなるだけ，書かれた実定法規，規範としての実定法規の強制力と有効性は，低下させられたことになるであろう．そうした執行と法の合成は，実定法規についてのこのような『リーガル・リアリスト』見解の下で依頼者に対し与えられることになる法的助言の，都合の悪い結末であろう．そして，最近ロースクールにおいて支配的な，法と経済という志向は，法的制約及び法的支配をもう一つの『コスト［費用］』であると認識し，かつ依頼者を『利益を最大化する者』，単純にホームズの言う現代の衣服を着けた『悪人』[15]とみることによって，リーガル・リアリズムのこの都合の悪い効果を大きく強めているのである．

　実定法規あるいはそこにある規範を侵害するために法律家の助言を用いるかも知れない依頼者に向かい法的助言を与えるとき，その法律家は，このように厄介な道徳上の注視点に置かれている．伝統的了解の下では[16]，法律家は，その依頼者たちを裁断したり監視したりする法的権限を任されている訳ではない，ということであった．その逆に，法律家の役割は，公共の善である実定法規を利用させて，依頼者に奉仕すること，すべての市民に実定法規の知識（また，したがって力）を利用可能ならしめて，力及び機会を均等化すること，にあると定義されてきた[17]．そうであるのに，現代の法律家のリーガル・リア

---

15) Oliver W. Holmes, The Path of the law, 10 HARV. L. REV. 457, 459 (1897).

16) 私は，最近八十年から百年の伝統に言及している．トマス・シャッファーは，それに先立ちまったく異なる伝統があった，と論じている．Thomas L. Shaffer, The Unique, Novel, and Unsound Adversary Ethic. 41 VAND. L. REV. 697 (1988).

17) この機能の平等性部分は，法律家の（したがって法の）利用が無料ではないという事実によって，損なわれている．われわれの制度の下では，人は，その者が支弁しうるだけの司法を入手できるのである，と批判する論者もある．この論題についての簡潔な議論は see David Luban, The Lysistratian Prerogative : A Response to Stephen Pepper, 1986 AM. B. FOUND. RES. J. 637. 643-45 ; Pepper. Amoral Role, 上記注3. at 619-21 ; Pepper, Rejoinder, 上記注7, at 667-8 ; see also William H. Simon, Ethical Discretion in Lawyering. 101 HARV. L. REV. 1083, 1092-96 (1988).

リスト見解（そして法―と―経済の見解）は，依頼者に実定法規を尊敬させないようにし，依頼者をして実定法規を侵犯し，結果に賭けることを選ばせるように導くであろう．

II．実定法規の境界内での法的助言：いくつかの指導的区別

　私は，以下に一連の区別を提示する．これらが，実定法規につき依頼者にどのような情報を与えることにするか，どのような情報は与えないことにするか，という決定を下す際に法律家の助けになるのではないか．そのうちの3点は，『法とは何であるのか』という問いに直接に結びついている（A節，B節及びC節）．2点は，法律家による援助について考え得る限度をなすものとして，依頼者の不法な行動がもつ悪性の程度あるいは類型を解明するものであり，どの種の法がかかわるのかに関連するところがより大きい（B節及びE節）．最後に，実定法規に関する精確な助言が不法な行動の誘因となるであろう蓋然性に関連をもつ2点の区別を，可能な［助言の］限度として考察する（F節及びG節）[18]．

A．法の廃用及びほとんど執行されることがない法：実定法規／法でないもの，という区別

　国家権力をもつ公務員がなすであろうことの予見が法である，という視角から言えば，廃用におちいってしまった法規定は，法ではない．この国において，法の廃用 desuetude は，刑事訴追に対する防御とは認められていないけれども，裁判官だけが法の作用者なのではない．検察官及び警察は，はっきりした法的根拠をもって裁量権を付与されている法の作用者である．特定の法規定は執行しない，とする時を経て一貫した決定は，形式においてではないにせよ実務のこととして，紙上においてではないにせよ行動において，法の創造に大いに似

---

18)　第II部H.の図がこれらの区別を要約している．

通っている．それはまた，形式及び紙上においても，実定法規と重大な関連をもつことがあり得る．執行が現象することはないという事実は，裁判所がその法規定を解釈し，適用しあるいはその他の形で処理する機会を無くするし，また同様に，その法に立法部が注意を向ける機会を奪い，「執行それ自体よりも］いっそう伝統に根差す承認を得ている法源によってその規定が修正されたり削除されたりすることはありそうにもない，という結果になる．とりわけ立法部においては，このように慣性に打ち勝つ機会が無くなることは，書かれたものとしての実定法規を決定するにつき重大な事実である[19]．

かくして，法の廃用は，次の二つの次元で，『法』のある形式を構成するか，又は少なくとも『もはや法ではないもの』を宣示するようなことになる．第一，それは，十分な程度の権威をもつ法的作用者がした意図的な決定の結果である，とみられる．第二，他のより正式な法源は，選択が迫られたならば，その規定をもはや支持しないであろうということを，それは示唆している．その規定により禁止されている行動は，このことが真実である程度にわたり，『実定法の境界』の外から内側に移ったのであり，したがって，その助言から行動自体が生じるような助言であるときにさえも，［その表向きは禁止されている行動が］法律家からする法的助言の正当な主題となる．ここでは，法的助言を与える法律家のする見通しが，極度の重要性を帯びる．その訳は，なされようとしている判定が，書かれた法の侵犯があるのかどうかの判定ではなしに，依頼者に法の廃用について知らせ，執行されていない法規定が依頼者を拘束するのか否か，したがって法を侵犯すべきか否か，を依頼者自身に決定させてよいのか，ということの判定だからである．したがって，問いはこうなる．この規定がいまなお法であるのかどうかに関する決断は，法律家と協議をする中で市民（依頼者）

---

19) 最近のことであるが，コネチカットにおいて，不幸な配偶者が，通例は執行されていない州の姦通制定法の執行を強く求め，何件かの逮捕が行われた．それにより広く知られたことが，姦通規定の廃止を引き出した．Kirk Johnson, Bill To Void Adultery Laws To Go to Weicker, N. Y. TIMES, Apr. 4, 1991, at B7 ; No Adultery in Conn., NEWSDAY, Apr. 17, 1991, at 16.

が教育された上で下すべき決断であるのか，又は法律家が一方的に下すべき決断であるのか？

私通 fornication は有効な立法によって禁止されている犯罪であるが，法当局がこの立法を執行してはいない州で，同棲をしている婚姻したカップルを想像してみよ．そのカップルは，聞かされた税金にかかわる利益を獲得するために，［形の上で］離婚することを考えているが，しかし正式の婚姻を続けると否とにかかわらず，同棲は続けるつもりでいる．事業及び税務事項に関して彼らが相談した法律家は，次のことを知っている．(1)そのカップルが結婚していないならば生じることになるかなりの税金上及びその他の経済的利益，(2)私通［処罰］制定法，そして(3)その制定法の廃用[20]．その法律家は，そのカップルが私通制定法を侵犯するのでないかぎりはこの情報は役に立たないという理由で，結婚していないカップルに経済的利益を与える定めの実定法規に関する情報を，そのカップルに伝えることは控えるべきなのであろうか？　あるいは，その法律家は，彼らカップルにその法と利益のことを告げ，しかしまた私通禁止のことをも知らせるべきであるのか．そして，その故に，もし法規定の便益という有利さを手に入れる方を選ぶならば，別居しなければならないであろうと結論づけるべきなのか．この最後の助言は，法の利用を提供するものと言えるか．それともそれは，『現実の』法に関しては，依頼者を欺くものなのか？法についてのリアリストの理解及び法の廃用がもつ準法的効果の双方が，そうした［別居が必要となるという趣旨の］助言は欺きであり，したがって法律家が与えるべき助言ではない，と示唆している．むしろ，適当であると思われるのは，法律家が依頼者に，実定法規のこれら3点の側面を知らせ，そうした法の三角に関連した決断を依頼者が下すのを援助することである．

そうした援助——依頼者がする法的関連決断にかかわる法律家の相談助言という機能——は，この種の状況においては，かなりに精緻なものとなるべきである．それは，いまなお形の上では生き永らえている刑事規定を［依頼者が］

---

20)　See THOMAS D. MORGAN & RONALD D. ROTUNDA, PROBLEMS AND MATERIALS ON PROFESSIONAL RESPONSIBILITY 330-31 (5th ed. 1991).

侵犯することにもなりうるからである．その法律家は，当該行動が形式的には犯罪であり，何時であれ廃用［状態］が終わりになるかも知れない可能性，すなわち検察官による政策決定，検察官の交替，あるいは単一の警察官による恣意的な決定などが，刑事の有罪認定に至らせることがあり得る点を含め，そのカップルに刑事責任を引き起こすかも知れないという事実を説明しておく必要があろう[21]．犯罪の嫌疑がかけられあるいは刑事有罪認定があった場合に，刑事事件での代理の費用及び犯罪嫌疑や有罪認定に付随することのある不名誉を含めて，失われるものは何であろうか．ありそうにない刑事訴追及び有罪認定がもしあったときには科せられる制裁も，同様に［助言事項として］重要性をもつし，刑事訴追がありそうにないことの程度及び執行の欠如を説明するであろう理由もまた重要性をもつであろう．最後に，婚姻関係にないという身分から得られる財政的便益の種類及び量が決定的なものとなる．それが，問題とされる行動の動機だからである．

1．実定法規に服従すべき義務，パターナリズム，そして法律家慣れについて

　法律家による相談助言の正当な領域は，こうした具体的要因だけにつきるのか，それともまだほかにも存在しているのか？　『実定法規』に服従する一般的義務の範囲であれば，それは，依頼者の選択にまかせるのに適していると思われる．もしそうであるならば，私通制定法は『法』であるのかということ，ないしはそうした服従の一般的義務がある法の『ようなもの』であるのかということもまた，依頼者の選択に適していると思われる．もし，法律家は実定法

---

[21] Jamie G. Heller. Note, Legal Counseling in the Administrative State : How To Let the Client Decide, 103 YALE L. J. 2503 (1994) は，Zoë Baird の依頼を受けた「法律家が，『不法滞在の外国人を雇い入れると，民事罰が適用されることは形式論として有り得る』けれども，『これまでコネティカット州では，非登録外国人の家内労働者を雇い入れたことから雇い主に制裁が課された事実はない』」と助言をしていた，という報告で始まる．Id. at 2504（注は除外）．［その助言に基づき］ミズ・ベアードがした執行されていない明文規定の侵犯は，雇い主に対する正式の制裁が科されることはなかったが，司法長官指名を彼女が辞退するという結果をもたらした．

規の利用を提供するものと想定されており，かつもしも何が『現実に』実定法規であるかということが相当程度の難問であったならば，そうした抽象的な話題について［法律家が］助言するのは，適切であると思われる．もっとも，そのような事態は想像し難いことであるが．依頼者は，法律家を通して得られる実定法規についての世慣れした理解を利用すべきである，という考え方からして，まさにそれが法である故に法に従う義務を負う，と依頼者が感じるその程度を依頼者が決めるにつき，そして私通制定法がどの程度にわたり法とされるか決めるにつき，法律家は依頼者を援助すべきである，という結論に至るのである[22]．

　そのような相談助言は，かなりに世慣れておりかつ能力をもつ依頼者と法律家とを要請することになろう．そして，この考え方は，指摘しておくに値する三つの反応をもたらすであろう．第一，この対話は，法律家－依頼者対話の中でよりも，大学の政治学セミナーで行われることがありそうなものである．それは，たいていの依頼者及び法律家が予期しているしきたりは超えている対話に過ぎず，したがって現実化することはありそうにないし，また，それがもし現に行われたとすれば，おそらくは双方の側にとりしっくりしないものとなるであろう［という訳である］．第二は，関連しているのであるが，法律家たちは，法の性格及び法的義務をめぐる相談助言に関しては，概して特に有能であったり熟練していたりすることはないであろう．アメリカのほとんどのロースクールでは，法理学は必修科目ではないし，法の廃用［という話題］は，法学生や法律家が注意を向けている事柄ではない［という訳である］．第三の反応は，これがはなはだしく時間を食う仕事であり，また世慣れていることが少ない依頼者たちのかなりの部分は，仮に相談助言努力が相当になされたとしても，この教育から便益を引き出すことができないであろう，というものである．加

---

22)　ジェイミィ・ヘラーは，その法律家は，適用され得る実定法規の文面のみならず立法目的に関しても依頼者に教育を施して，依頼者が十分に知り尽くしたうえでの選択ができるようにすべきであると強調しつつ，この種の『全容』相談助言を支持する議論をしている．Id［＝注21の文献］．

えて，便益を引き出しうるかも知れない依頼者であっても，その多くの者は，それをしない方を選ぶであろう．事実として，依頼者たちは，こうした込み入った分析を法律家が代わりにやってくれて，自分たちは頭を悩ませなくてよいようにと，法律家に報酬を支払っているのである[23]．かくして，上記に想像してみた相談助言対話の双方の側が，興味を示すことがないか，あるいは想定されているほど有能でないか，のどちらかではなかろうか．

　いまみたところがそのような状況においての法律家の相談助言は泥沼に通じると確信させるならば，われわれは振り出しに戻っていることになろう．そのような相談助言［の仕方］が非実際的であるか，又は骨折りには値しないのであれば，その法律家は，依頼者に代わり決定を下してやらなければならない．法律家が，保護者的役割 a paternalistic role を引き受けることを迫られているのである[24]．しかし，この状況において，その法律家はどう決断すべきであ

---

23) この観点は，先の ABA の会長チェスターフィールド・スミス Chesterfield Smith によって，次のとおりに要約されている．

　　依頼者たちはやがて私を深く信頼し，私が代替措置の全部を彼らに話すことは望まなかった．依頼者たちは，自分が何をすればよいのか［私が］語ってくれるよう望んだ．私はそうしてやって，報酬を請求した（笑いと拍手）．彼らは，それら他の選択肢を私が全部考慮に入れて，そして私かぎりでそれらを排除したことへの信頼を培わねばならなかった，と私は言いたい．ひとたびそうした信頼が生まれると，私が彼らに何であれ選択をさせるときには，彼らは時間を浪費させられていると思うのである．

Panel Discussion, A Gathering of Legal Scholars To Discuss "Professional Responsibility and the Model Rules of Professional Conduct". 35 U. MIAMI L. REV. 639. 643 (1981).

24) 保護主義（パターナリズム）が，［アメリカの］法律家総体に充満しているが，それは本論説の対象外のことに属する．しかし，手短に次のとおり言えよう．法律家の役割が前提とするところは，すくなくとも第一義には，法律家［による］保護主義とは相いれないと思われる．法律家の主要職務が法の利用をさせることであるならば，そしてこの職務の目的が依頼者に奉仕することであるならば，依頼者が自身で決断するという依頼者の自由が，構造の基盤をなしている．私はこのことを，以前の論文で，依頼者の『自律』に奉仕すること，と言い表している．Pepper,

第1章　実定法規の許す限界までの相談助言　21

るのか，われわれにはいまだなお分かっていない．法の廃用とは，『実定法規』が不明確であることを意味する．業務過誤を見通した観点からは，書かれてある法を基礎にしただけの助言をしておくのが最も安全であるのかも知れない．しかし，先に指摘したとおり，それはまた詐欺的である，ともみられるのである．その依頼者の実質的利益を高める方向の助言をすること——そして，それを効果的にやれる法律家であるという評判を獲得すること——は，書いてあるけれども執行がされてはいない法を侵犯することの利益を依頼者に助言する，という方向を指し示している．また保護者的立場をとることは，誠実で周到な相談助言をすることよりも明らかに好ましい，とは思えないのである．

2．執行がされていない法から，執行されるのが稀な法へ

　上記においてわれわれがみた私通［禁止］制定法の状況で，その実定法規が限られた機会にのみ執行される，ということは有り得ることである．例えば，その行動が，(『テストケース』の筋書きにおけるように）無視することは非常に困難な仕方で，検察官の面前でこれみよがしに行われた場合である．このようなことが起こらなかった場合ですらも，それが起こる可能性は現に存在しつづけるし，上記において論じた突然の変更の可能性もまた，現に存在しつづける．執行の蓋然性の高さを考えるときは，このように廃用を一方の極端においた連続体を想定することになる．まれに執行される法規定は，法的助言にかかわる倫理上の限界を線引きする目的にとって，廃用と同一化されてよいだけの相似性をもつのか？　つまり，廃用の状況にある実定法規についてする全面的な助言は，それが，形式的には不法となる行動を引き出すかも知れないとしても，やはり正当である，と結論づけるのであれば，稀に執行される法の事案においても，同一の結論が正当化されるのであろうか？

　Amoral Role, 上記注3, at 616-18. 驚かされるのは，自律が必然的に孤立と原子論を含意する，と解する人のいることである．自律——自由及び選択という価値——についての私の理解は，関係及び共同体という価値にすっかり適合している．See Stephen L. Pepper, Autonomy, Community, and Lawyers' Ethics, 19 CAP. U. L. REV. 939 (1990)［以下 Pepper. Lawyers' Ethics として引用］．［本書第四論説］

例として，時には執行されているがしかしそれは稀なことである日曜閉店法に直面している商人を考えてみよ[25]．あるいは，時速55マイルと掲示された速度制限のある，かつ［速度違反取締］執行が，時速55マイルと65マイルの間では時折に，しかしごく稀に，行われている西部の州を通過するトラック運転手を想像してみよ．これらの状況においては，法的権限をもつ作用者が一定期間にわたり執行しないという決定をしているのかどうかの明瞭さは，はるかに少ない．したがって，無執行のパターンが，『もはや法ではない』ことの，少なくとも布告のごときはたらきをしていると結論づけることが，いっそう困難である．それ故に，なぞらえは，おそらく別の方向に向かうべきであろう．比較的に稀な執行という事案は，法的助言を与えるに際しての法律家が，法と法の執行にかかわる予見とをいかに統合すべきなのか，というよりいっそう一般的な問いを立てて接近すべき事案であろう．このような法と法の執行との間にある区別は，C節で論じられる．

しかし次の論題に進む前に指摘しておくのに値するのは，書かれたものとしての実定法規と執行されるものとしての実定法規の間に，何らかの不釣り合いが初めから見出されるような状況には，法の廃用もしくはそれに大変よく似通った事柄が係わり合いをもつ，ということである．論点となる事案として，上記の水質汚染仮定事案がある．その状況は，部分的な法の廃用であると認めること，ないしは類型化することができるのではないか．1リットルあたり0.050グラムと0.075グラムの間では，実定法規の執行されていないことが一貫しておりかつ統一的なのである．

B．『コスト』としての法と『禁止』としての法の間にある区別（刑事／民事境界線）

法の諸規定は，少なくとも3種類の，かなりに異なったメッセージを伝えることができる．実定法規は，第一に，もしあなたがxを成し遂げようと欲する

---

25) See FREEDMAN, 上記注8, at 143-44.

ならば，あなたは規定された一定の仕方でａ，ｂ及びｃをしなければならない，とあなたに告げることができる．あなたがある契約を作り出そうと欲するならば，あなたは申込み，承諾，そして約因［対価］を揃えなければならない．あなたが法人を設立しようと欲するならば，必要となる諸行為は制定法により指定記述されている．第二として，実定法規は，ある特定の行動が規定された一定の消極的効果をともなうであろう，と示すことができる．ある特定の行動は，［その行動をした主体に課される］一定の費用あるいは制裁の原因となる責任を発生させる，と示すことができる．有効な契約上の義務を遵守しないことは，契約相手方及び限定された範囲の第三者に生じた損害のいくらかにつきその主体に責任あり，とする．その事業を定款で要求されているとおりに進めること，例えば要求されている年次総会を開催することを怠った法人は，有限責任など何か法人である故に生じるはずの利益を失うであろう．第三に，実定法規は，一定の行動が禁止されていて，社会はそれを受け入れないであろう，ということを示し得る．人を殺したりあるいは盗みをはたらいたりする人物は，一定の期間にわたり強制的に社会から隔離して処罰されるであろう．これは，一面では，社会がその禁止についていかに真剣であるかを明示するためであり，また一面では，その侵犯が繰り返されるのを防ぐためである．最初の二つの類型に属する法規範は，ある行動は好ましいとされ，またある行動は好ましくないことを指し示すものであり，［そこでの］法的効果はその差異を反映したものとなる．しかし第三の類型には，それとは相違するいっそう強いメッセージがともなう．

　法的助言にとっての倫理的境界線は，この分割に依拠することができるのではないか．そうしたルールないしガイドの下では，法律家は，その助言が法により禁止されている行動に導く蓋然性のある関連においては，助言をすることができないけれども，しかし実定法規がたんにコスト又は制裁を科しているだけの行動に導く蓋然性をもつ関連においては，そのような実定法規についての助言は与えられてよいのではないか．刑事法と民事法という区分は，受忍される事柄と禁止されている事柄とを見分けること，『単に』良くはないというだ

けの事柄と禁止されている事柄とを見分けること，であると伝統的に理解されてきた．

1. スペクトルの両端

このような区分の主たる利点は，諸設例のつらなりの双方の端において，それが［現在］受容されている法的文化とそして実務に明白に合致している，というところにある．契約法についてのホームズの『悪人』理解が，契約を破棄する『権利』[26]という観念を争う者はほとんどいないまでに，描写として精確なものに化していて，一人の市民がその権利をもっている場合に，法律家が依頼者にその権利のことを知らせるのは禁じられるとする法律家倫理規定や，依頼者が行使すれば利益を得られるであろう権利を依頼者が知らないままにしておく方を法律家は選択してよい，とする業務過誤の規定などを想像することは難しいのである．スペクトルの他方の端においては，もしも捕まえられたときには喜んで法の制裁を受け入れるというのであれば，殺人や盗みをする『権利』が市民（依頼者）にはある，という観念を支持することは困難である[27]．支配的な法の諸ルール及び法文化は，この認識に確実に適合している．そうした犯罪行動を容易にする法的助言は，現行版の法律家倫理により禁止され得るし[28]，法律家が不法行為責任に問われることになるのは，そのような助言を

---

26) ある時点では，カリフォルニア控訴裁判所が，限定された事情にかかわり，『故意ある契約破棄』あるいは『故意ある契約存在否定』という不法行為を創り出す過程にあるようにみられた．See Stephen B. Katz, Note, The California Tort of Bad Faith Breach, the Dissent in Seaman's v. Standard Oil, and the Role of Punitive Damages in Contract Doctrine, 60 S. CAL. L. REV. 509 (1987) ; see also William Powers, Jr., Border Wars, 72 TEX. L. REV. 1209, 1215-33 (1994).

27) William H. Simon, The Ideology of Advocacy : Procedural Justice and Professional Ethics, 1978 WIS. L. REV. 30, 48 ; see also Luban, 上記注17, at 647-48（法は，ただ人間である公務員がするであろうことを予見するのみ，という『低級リアリズム』の見解を批判している）．

28) 下記第Ⅲ部をみよ．Bundy & Elhauge, 上記注 7, at 323-27 は，当面の分割にとっての可能な理論的正当化を提供するが，しかしそれは明示して，下記第二部Ｂ 2 で

第1章　実定法規の許す限界までの相談助言　25

控えたからというよりも，提供したからということの方がよりいっそうありそうなことなのである．

　しかし，［諸設例の］つらなりの端においてすらも，その区分に問題がない訳ではない．契約違背が重大な害を引き起こすことは，有り得る．そこで，われわれの社会は（そしておそらくわれわれの法も），契約に違背しないことという規範的義務をあるレベルでは認めている．契約違背は，あり得る塡補賠償をコストとして算入し，契約相手方による執行の蓋然性及び出費を差し引くとき，そこに違背者の利益が計上されるのであれば，完全に受容できるというのが，法律家から発せられるものとしての，法についての主要なメッセージであるような法体制を考えてみるのは，愉快なことではない[29]．このことは，われわれが始めに取り上げた法のもろ刃性の，おそらくはもうひとつの例である．すべての法は，契約違背だけに限られず，［他人を］害したり，不法に権利侵害したりするために使われ得る．ここでは，しかし実定法規は，その害及びその権利侵害を特定して承認し，それにコストあるいは罰を科すことにしてきたのである（塡補賠償金は，『不法な行為』が引き起こした損害の額を包含するのみであり，その唯一のねらいがその行動を抑制することである付加的な金額はそこに加えられていないからとて，制裁を『罰』と呼ぶのは不正確なことなのだろうか？　torts［不法行為］は，通例として『wrongs［＝悪＝権利侵害］』

　　論じるとおり，現代のわれわれの法の状態には現存していない条件を前提としている．バンディ教授及びエロージュ教授は，ある程度においてこの問題点を承認する．Bundy & Elhauge, 上記注 7, at 326 & nn. 188-89, しかしそれにもかかわらず，彼らの結論ではこの分割を支持している．id. at 335.

29）　契約の義務に関するこの理解の下方側面は，コニー・ブルックによるタイム・ワーナーの創始者，スティーヴ・ロスの伝記に生き生きと言い表されている．CONNIE BRUCK, MASTER OF THE GAME: STEVE ROSS AND THE CREATION OF TIME WARNER (1994). ロスの部下の一人が，マフィアとの商売の取引に関連して述べている．『わたしは，ふつうのビジネスマンとよりも，彼らと取引したい．ふつうの奴とでは，取引は，どちらの法律家がより利口かというものになる．が，マフィアとであれば，取引は取引だ．もしそれを破棄すれば，単純な正義が行われる．』Id. at 43.

と考えられているが、しかし通常は、『塡補』損害金のみにより『罰』せられているのである）．

スペクトルのもう一方の端では、安楽死の設例が判断をためらわせるものとなる．ここには、熟慮した上での殺人がある．確かに直観では、刑事／民事区分を見かけだけのことと思わせる核心的な例の一である．それでも、依頼者は、その下でその者の行動が判断される実定法規と、その法が適用されるであろう手続とを知る『権利』をもつ、という観念はそれほど無理をしたものとは見られない．その助言を与えることを法律家に禁止するのは、次のことを意味している．検察官は、前後の脈絡を十分に斟酌して意味を考慮した仕方で、事実関係につき実定法規を適用する合法的な裁量権を、かつ訴追しないことを選択する合法的な裁量権をもつ．陪審は、そのようにする方向へと事実関係と正義が導いていると判断すれば、実定法規を全く適用しないよう選択する権力をもつ．しかるに、法律家は、状況の特別の事実関係にもかかわらず、法制度のこれらの側面について、依頼者を無知のままに留めておかなければならない［ということを、助言禁止は意味することになる］[30]．

2．スペクトルの中間領域

刑事／民事区分が法律家の実定法に関する助言を制限するのに適用されるとき、それが直観に訴える度合いは、中間の領域から出てくる対象例の場合にはまったく弱いものである．［犯罪性の］明白になっていない犯罪若しくは新種

---

[30]　陪審及び検察官に関しては、see MORTIMER R. KADISH & SANFORD H. KADISH, DISCRETION TO DISOBEY: A STUDY OF LAWFUL DEPARTURES FROM LEGAL RULES 59-94 (1973) （役割に応じて権限をもつ作用者に、さもなくば適用すべき法を無視する裁量を許すものである『recourse roles ［依存役割］』の理論を示唆する）．興味あることに、陪審は、裁判官から詳しく告げられたものとしての法を適用するように指図されるのであるけれども、しかしそうしないときにも制裁は科されない．ほとんどの裁判権域［＝州］では、法律家は、この事実を陪審に教えないものとされている．これは、比較的にまれな、意図された『秘密法』状況の一場合であり、実定法規が本当のところどうであるのかを知ることの困難さの一例でもある．下記注53-54及びそれが付されている本文をみよ．

の犯罪，規制的な法，そして不法行為がその類型に入ると私は考えている.

　刑事制裁の無差別的使用は，民事の悪［＝権利侵害］と刑事の悪との間にわれわれが引いている線に問題をもたらす．その行動が重大な道徳上の悪を意味することが直観的には明白でない場合に，その行動が犯罪とされるならば，それだけ刑事／民事区分はあいまいになってしまう．刑事制裁は，われわれがある法的ルールをとりわけ重視していること，ある特定の行為は本当に<u>禁止される</u>とわれわれが<u>言いたい</u>こと，を知らせるものとみなされている．しかし，はっきりした仕方で重大な道徳上の悪行を意味してはいない行為に［刑事制裁が］適用される場合には，否応なしに疑問が浮かんでくる．この行為について，われわれはなぜそんなにも真剣になるのか？と．もし［その点に］説得的な理由づけが得られないならば，われわれは，循環論法の，それは<u>犯罪的</u>だから，という形式的正当化に引きこもることになる[31]．時速55マイルという全米規模の速度制限が設定されてから数年後には，そのルールの理由——ガソリンの節約——は，それほど優先されるべきこととは思われないようになった．広々として平坦な西部の州で，小規模トラック業者が，時速55マイルから70マイルの間で走らせて罰金をくらった運転手には，それを自分が弁償してやろうとしている例を想像してみよ．その業者が，そうすることは許容されるか，そしてその弁償金は業務の経費として落とせるか，と法律家に訊ねている．または，日曜閉店法のある州の州境のすぐ内側にいる小売商が，州境のすぐ外側の店舗と競争しているとき，日曜開店の制裁について法律家に質問している，と想像し

---

31) See John C. Coffee, Jr., Paradigms Lost : The Blurring of the Criminal and Civil Law Models-And What Can Be Done About It, 101 YALE L. J. 1875, 1882 (1992)（私が焦点を合わせたい中心的政策問題［は以下のとおりである］．民事／刑事区分は，よみがえらせることができるか？　あるいは，われわれは，二つの法の集合体を同一の目標に向けられた単なる交換可能な手段として受容すべきなのか？）; Henry M. Hart, Jr., The Aims of the Criminal law, 23 LAW & CONTEMP.PROBS. 401, 401-22 (1958). 刑罰的民事制裁の役割が増加していることについての論議は，see Kenneth Mann, Punitive Civil Sanctions : The Middleground Between Criminal and Civil law, 101 YALE L.J. 1795, 1841-61 (1992).

てみよ．その法律家は，一日曜日につき制裁はわずか25ドルの刑事罰金に過ぎないことを知っている．そうした状況にあって，その実定法規が伝えようとしているメッセージは，その行動が禁止されている，ということなのか，それはよいこととは見られていないので損失をともなう，ということなのか，それとも解しがたい何らかの混合物であるのか[32]？

この問題は，とりわけ行政庁により管理されている規制法規の大領域で幅をきかせている．ここでは，大部分の［規制対象］行動は法により『禁止』されているのであるが，しかし［禁止違反があったときの］制裁は，民事のことも刑事のこともあり得，それは管理する行政庁の裁量による．そして民事の執行が通常であり，刑事の執行は異例である[33]．このことは，われわれがみている水質汚染設例では，行政庁が依頼者の行動に関してなすべき作用を選択しその線を引くまでは，刑事／民事境界線のどちらの側に法律家がかかわるのかについて，法律家は知ることもできない，ということになろう．

刑事／民事境界線にともなう最後の問題は，企図された不法行為という行動である．19世紀における不法行為の見方は，過失ある行動を，強度の規範的意味において悪いことと述べているのみならず，しばしばまた，それは禁じられているかのようにも述べている．最近80年くらいの間にわたる不法行為思考の変化がもたらしたのは，不法行為法から規範的内容を抜き出すことであり，被

---

32) これらの状況のそれぞれにおいては，部分的な法の廃用によって，メッセージがいっそう薄められることはありうる．いくつかの西部諸州においては，時速55マイルから65マイルの間での速度制限の執行がきわめて稀であったのは常識になっていた．また，モンロー・フリードマンは，彼が設例した日曜閉店法の例を，依頼者は各日曜日に開店し［続け］，決して訴追されなかった，と仮定して終わりにしている．MONROE FREEDMAN, LAWYERS' ETHICS IN AN ADVERSARY SYSTEM 59 (1975).

33) 連邦司法省の検察官が刑事訴追を進めることに同意していなければならない．民事の執行を行うことは，規制行政庁の法律家が自身の判断でできる．刑事制裁を発動するには，『脱税が，連邦検察官の関心を求めるにつき，郵便窃盗及び水質汚染と競り合わねばならないのである．』Franklin E. Zimring. The Multiple Middlegrounds Between Civil and Criminal Law, 101 YALE L. J. 1901, 1905 (1992).

告及び原告の行動の『悪性 wrongfulness』に焦点を結ぶことから離れて，事故による侵害のコストの補償，損失散布，そして効率を基底とした［損失負担の］配分の方に移ることであった．かつては，裁判所の用語法が不法行為の行動を犯罪行動になぞらえるものであるようにみられたのが，いまでは，大部分の不法行為法学及び少なくともいくつかの裁判官見解は，不法行為の行動を契約の違反になぞらえているようにみえる．人は，過失によって害された者に対し補償的損害金を支払うつもりであるかぎり，過失を犯すのは自由である．不法行為法は，<u>民事の法</u>である．不法行為の行動は，禁止されているのではなく，訴訟の後に，損害金を支払う義務を負わされるという結果を生じることがある［というだけの規範対象に過ぎない］．そうすると，依頼者は不法行為をする自由をもち，（［個別の場面で裁判による］差止めをもって抑止されているのでないかぎりは）不法行為をする権利を与えられているようにもみえる．そこで，事情がそうするのを適切としているならば，法律家は，これらのことすべてについて依頼者が知り得るようにしてやる義務を負う[34]．

---

34) このことは，もちろん懲罰的損害賠償の可能性により複雑化されている．法律家は，依頼者に実定法規について知らせることによって，懲罰的損害賠償を陪審が認容するための基礎事実として判断されるものである『意図していた』もしくは知っていたという事実を［事案の事実関係の中に］持ち込むことになるかも知れない．Grimshaw v. Ford Motor Co., 174 Cal. Rptr. 348 (Ct. App. 1981) 事件では，［自動車メーカー］フォードが，ガソリンタンクをどこに架設するかに関する設計の決定に際して費用—便益分析を用いたのであるが，それをする際に人命の金銭的価値評価を行ったという立証が，懲罰的損害賠償としての1億2500万ドル［＝千億円を超える］（審理担当裁判官により，350万ドルに減額された）の陪審評決の基礎とされた．皮肉にも，そうした費用—便益分析は，ラーニド・ハンド公式が，潜在的被告がその行動は『不合理なリスク』を課する故に避けるべきかを決定する際に考慮すべき事柄であり，したがって，［考慮しないと］過失になると示しているものである．そして，もし被告が計算ちがいをしその行動が後に不合理であると判示されるときですらも，過失は塡補のための賠償の根拠となるだけで，懲罰的賠償の根拠とはならない．陪審が Grimshaw 事件でしたように判断するであろう理由を知らせる事実の記述については，DAVID LUBAN, LAWYERS AND JUSTICE 206-13 (1988) 及びそこに引用されている文献参照．不法行為の法及び政策にもっと焦点を結びつつ，すっ

想像してみよ．荒廃している一連のモーテルを所有する者が，製造及び型式がすべて同一の使用20年になる湯沸かし器の具合が悪くなり，火傷させるほどの熱湯を突然に出すようになったことに気づいている．どの湯沸かし器が，次にそうなるのかを知る方法はない．その所有者には，全部の湯沸かし器を取り換えるだけの資金がないし，すでに多額の借り入れをしているので，この問題を解決するために融資を受けることはできない．その彼が，どのような義務を負うことになるかにつき，法律家に助言を求めている．シャワーを使う宿泊客に生じ得る危害の程度及び予見可能性が，［モーテル営業のために］その湯沸かし器をさらに使い続けることを過失行為とする．しかし，被害を受けた本人にもその本人につく法律家にも，訴えを提起して開示手続をするより前には，［湯沸かし器の］不具合の様子を知る根拠はないから，［火傷の被害が生じた場合に現実に］訴えが提起される蓋然性は不明確である．それに，その［モーテル所有者である］依頼者の責任保険は，［敗訴の結果として］あるかも知れない塡補賠償を十分にカヴァーしている．法律家は，その依頼者が彼の事業に大変に執着していること，危害を避けるためには――少なくとも一時的な――業務閉鎖をする以外に現実的な選択肢は存在しないこと，［しかし］閉鎖をすれば企業にとり致命的となりそうであること，を知っている．その依頼者には，不法行為を犯す自由がある――不法行為を犯す権利をもつ――し，刑事／民事二分法の下であれば，その法律家にはそうした［不法行為実行の］結果を招く可能性をともなう助言を与える自由（及びおそらくは義務）[35]がある[36]．

かり異なる見解については，see Gary T. Schwartz, The Myth of the Ford Pinto Case, 43 RUTGERS L. REV. 1013 (1991).

35) モデル・ルールズは，この問いについて双方の仕方を指示する．下記第Ⅲ部参照．
36) この種の状況が大きく複雑化するのは，法律家が将来においてあり得る過失行為にかかわる相談助言をしているとき，懲罰的損害賠償が可能性としてあるのみならず，上記注34参照，将来の危害に依頼者は気づいているという事実が，その行動を犯罪とする要件に属する刑法上の故意をなすことにもなり得るからである．モーテルの例において，当該行動は，不法行為であることに加えて，未必の故意もしくは過失による暴行罪及び未必の故意による危険招来罪の要件をも充足することがあ

3．相談助言：実定法規の教示に加えての助言

　法律家が，ただ法的助言だけを与えるよう制限されているのではいないこと，ないしは生活にかかわる法的観点以外の観点は混じらない純粋に実証主義者流の法的助言だけを与えるようにと制限されているのではないことを，ここでの話の筋道のどこかで指摘しておくのは重要なことである．法律家の第一の職責が実定法規の利用を提供するところにあるとしても，依頼者あるいは依頼者が置かれている状況にかかわり合う際に，法律家は法律第一主義であれ，とする要請は存在していない．法律家は，進行中の契約関係の価値，あるいは義務を果たすことで得られる依頼者の評判の価値を指摘して，依頼者の視野を拡げる試みをしてもよい．法律家は，損害を加えたり危害を加えたりする行動を企図している依頼者を相手に，『道徳上の対話 moral dialogue』と呼ばれてきた試みに従事してよい（かつ，すべきである）．契約違背が合法であることにつき助言を与える法律家は，契約違背の行動が，(1)道徳上の悪であるか，もしくはそうであるかも知れないこと，(2)特定の人に対し正当化できない危害を引き起こすかも知れないこと，そして特別の法律家及び依頼者である場合には，(3)そうした行動がもし取られたならば，社会の仕組みに有害となるかも知れないこと，の助言までをも，少なくとも考慮してみる義務がおそらくは負わされていると言うべきである[37]．

　　　る．See WAYNE R. LAFAVE & AUSTIN W. SCOTT, JR., CRIMINAL LAW, § 7.15 (c) (1986) ; see, e. g., COLO. REV. STAT. § 18-3-204 (1990) (assault in third degree) ; id. § 18-3-208 (reckless endangerment). その状況は，規制領域と類似している．そこでは大部分の行動が民事及び刑事制裁の双方をもたらす．フォード社がピントのガソリンタンクに費用―便益分析を採用したという証拠は，上記注34，フォード・モーター・カムパニィに対する刑事訴追の根拠とされたが，この訴追は成功しなかった．See Richard A. Epstein, Is Pinto a Criminal ?, 4 REGULATION 15, 19 (1980).

37）　同様に，同意安楽死を考えている依頼者に対して，会話をただ法的助言だけに限定することは，その会話が検察の裁量及び陪審の法律無視にもふれた『完全な』助言であるときですらも，大いに不親切である．この依頼者の悩みの主たる源は，実定法規なのではない．そして，法律家の最善のサーヴィスが，安楽死に代わる別の手段は可能であり，かつより善いであろうことを解明する周到な会話ではないか，

例えば，[上述した]モーテルの状況では，助言がたんに不法行為規定についてだけであるならば，依頼者は，状況を知らない人物に対する重大な侵害の大きなリスクというコストにおいて，自分の事業を救うことが奨励されている，と受け止める可能性があり，多くの読者は，その点に少なくとも何らかの不快を感じるであろう，という疑念を私はもつ．その不快の念は，より十分な会話を望むことに通じる．何も知らない顧客を傷つけないという価値に比較しての，事業継続の価値を探究すること，加えて両方の価値に役立つかも知れない代替策を探究すること（いくらかの創造的ブレインストーミング）が求められるのである[38]．この方向への対話は，法がもつもろ刃の性格と法の利用を提供する法律家の義務との結合に潜んでいる有害性に向けての，中味のある反論答弁の一である[39]．それは，法律家にとって有意義な道徳生活の主要な淵源の一であり，そして法律家と依頼者の間の有意義な道徳的連結である．

C. 実定法規／執行区分

法と法の執行とを区分することは，不法な行動を助けるかも知れない法的助言，という問題にとっての解決策であろうか？　実定法規の利用を提供するという法律家の義務は，実体法に関して依頼者が通暁することで果たされている，とも考えられよう．そうであれば，線引きは，その実体法がこれから依頼者の

ということもありうる．この可能性は，第Ⅳ部で（相談助言及び品格の倫理に関して）さらに掘り下げる．そうした会話（とりわけ，本文中の第三の可能性）が想像し難い理由のいくつかは，第Ⅱ部A.1.で簡潔に展開されている．

38) われわれは，後に第Ⅲ部F.及び第Ⅴ部において，これらの可能性に立ち返る．しかし，この不快の念は，より十分な会話とは反対の方向に多くの法律家を導くかも知れない．事情を知らない人物に重大な危害を加える可能性をそのままにしておくことを望まず，かつあの同棲状況，上記第Ⅱ部A.1.，に関しては認め得ないであろう保護主義的基盤をここには見い出して，法律家が，依頼者はその湯沸かし器を使用し続けてはならない，とする『先行的』助言を（その行動は犯罪とみなされ得るという事実に基づき，上記注36をみよ）提供することもあるだろう．See GEOFFREY C. HAZARD, JR., ETHICS IN THE PRACTICE OF LAW 136-49 (1978).

39) See Pepper, Amoral Role, 上記注3. at 630-32；下記第Ⅳ部.

事実に適用されれば生じ得るさまざまな成り行きについての情報［を提供するところ］においてされることになろう．その実体法の侵犯を当局に露見させるかも知れない執行ルール又は実務と，何らかの執行をし又は刑罰を適用する法的手続とは，［法律家が提供すべき助言の範囲の］境界外となるであろう．実定法規の中味を依頼者に適用する経過にとって制約となるものは，法律家が依頼者に伝達することの許されない情報であろう．問題となるのがコストとしての法——法と執行の融合——の認識であるという限度において，このように言うのが助言を与える法律家にとりもっとも直截な回答であると思われる．

　警察署のカウンターの後ろにあり，日及び時間を示して市の近辺のパトロールの頻度を週間の表にしたものを掲げている掲示板に，法律家が近づくことができたと想像してみる．その法律家により以前に，夜間侵入盗の公訴にかかわり弁護されたことのある依頼者が，高級住宅街の近辺の日曜午前 2 時から 4 時までの［パトロール］頻度を知りたがっている．この法律家がその情報を提供すべきではないことは，われわれには直観で分かる．法／執行二分法がそのことの説明をしてくれる．［しかし］所得税申告書についての 2 ％の審査割合という，先にわれわれがみた仮設例情報は，法／執行二分法の直接の類推であるように見えるので，この場合の法的助言はより一般に受容されているにもかかわらず，［この二分法は］それも許されないとするであろう．その区分はまた，水質汚染仮設例にとってのもっともらしい回答を与え，書かれている 1 リットルあたり 0.050 グラム制限を超える助言はなんであれ許さない，とするであろう．

　［このように］実定法規／執行区分は，先に論じた二つの可能性とは整合しない．この二分法の下では，法の廃用は執行の問題であり，したがって法律家が依頼者に伝え得るであろう事柄ではないことになる．同様に法侵犯の制裁は，それが『コスト』と考えられているか『禁止』と考えられているかにかかわらず，この二分法の『執行』の側に入るのであり，それ故に法律家の助言にとって境界の外となるであろう[40]．『法』と『執行』とを区別することは，直観で

40）　先行するパラグラフにおいて言及している 3 点の例の中で，刑事／民事区分がよ

は魅力的であるが，このように重大な難点を示しているのであって，そのいくつかを下記において詳しく論じる．

1．民事法を執行から解き放つことの問題性

　契約問題あるいは不法行為問題について依頼者から助言を求められているが，しかし契約破棄の場合や不法行為にあたる行動がある場合の制裁の性格や執行の機構を話題にすることはできないでいる，という状態を想像してみよ．契約あるいは不法行為の性格を，それらがどのように執行されるかについて語ることなしに，依頼者に伝えることができるであろうか？　民事訴訟及び民事損害賠償の性質を記述することなしに伝えることができようか？　法律家は，どのように言えばよいのか？　契約の破棄は，実定法規により『禁止されている』とか，『法に反する』と告げてよいのか？　不法行為にあたる行動を，『禁止されている』とか『法に反する』と性格づけることはできるのか？　あるいは，こうした性格づけはすっかり不正確であり，そのような助言を与えたならば，依頼者を誤解に導くことになりはしないか？　民事法と刑事法との区分は，基本的な区別なのであり，かつ大きな範囲において，その区分は執行の性格及び機構にかかわる差異なのである．もし今後の成り行きを論じることが［助言の許される範囲の］境界の外になるならば，民事法の領域においては，法律家が依頼者と語り合うのを想像してみることは本当に困難となる．

　将来のある時点で宿泊客に重大な侵害を与えそうな湯沸かし器を設置している古くなったモーテルの所有者である依頼者の状況に戻ろう．もしこのような状況にあるモーテルで商売を続けることが犯罪的ではないならば，その所有者に向かい，実定法規が湯沸かし器を使い続けることを『禁じている』とか，あ

　　り魅力的である，と読者は直観で判断するのではないか．この区分は，あの警察の掲示板状況は排除するけれども，所得税及び水質汚染状況は，許容することになりはしないか（その行動が民事上の侵害のみであり，刑事上の侵害でないならば，助言は許されてよい）．しかし，このような直観は，刑事／民事区分に基づくというよりも，第Ⅱ部E．で論じる自然犯／法定犯の区分に基づくものである．

るいは使い続けることが『違法』であるとか『合法的でない』とか告げるのは，誤解を引き起こす助言である．かつ，その行動が『negligent［過失あるもの］』であるとだけ依頼者に教えるのでは，依頼者がロースクールに通ったことのある者でない限りは，ほとんど何も話していないことになる．過失損害賠償責任の性格を依頼者に十分に伝えるためには，そのアタ－ニィ［＝代理人である法律家］は，民事訴訟及び民事賠償についてある程度の説明を提供する必要に迫られるであろう．しかし，ひとたび民事訴訟及び民事賠償の性格を伝えようとするならば，執行の領域に立ち入ることになり，いま考慮しているガイドラインの下では，それを受け入れることはできないことになる．

契約関係に入ることを考えているか，または既存の契約を破棄しようと考えている者に対して契約の義務について助言を与えることを想像してみると，状況はもっとよりいっそう明瞭になる．契約破棄が実定法規により『禁止されている』（『違法』である又は『合法的でない』）と伝えることは，社会が契約の破棄を許容していない，と依頼者に対して示唆することである．しかるに，これは大変に誤導的であると言えよう．契約法の体制は，明らかに契約破棄を許容しているからである（場合によっては破棄が奨励される，と論じる向きさえある）[41]．契約法が与えるメッセージは，含蓄に富むものであって，矛盾しているとさえ言えよう[42]．

おそらくは破産の例が，要点をもっとも強く判明させることになる．破産法は，債務の強制実現と消滅との双方を取り扱う精緻な手続の組み合わせ以外の何物でもない，と言えるのではないだろうか？　もしも，これら［精緻な］諸手続及びその帰結についての検討及び説明が，法律家の［業務活動の］境界外

---

41)　See Daniel Friedmann, The Efficient Breach Fallacy, 18 J. LEGAL STUD. 1 (1989); Ian R. Macneil, Efficient Breach of Contract: Circles in the Sky, 68 VA. L. REV. 947 (1982).

42)　See generally Carol M. Rose, Crystals and Mud in Property law, 40 STAN. L. REV. 577 (1988)（財産権及び契約に関する諸規定の事前の精密さと事後の公正の間に生じる矛盾を分析している）．

にあるとされるならば，破産法は意図されたとおりに機能することができないであろう．

そのような次第で，民事の法を執行から切り離すのは，可能なことではないと思われる．もちろんその不可能性は，われわれが調べつつある基礎問題の根本をなす部分ではあろう．しかしまたそれは，実定法規／執行区分が，最初に見受けられたほどには法律家にとり有用ではない，ということを示唆してもいる．それにしても，有用であるかも知れないこの区分にかかわり，別に3点の可能性が存在している．

2．係属中の訴訟に対抗するものとして企図された行動に関連する法的手続についての助言

コード・オブ・プロフェッショナル・リスポンシビリティに収録されているEthical Consideration 7-3［倫理上の考慮7-3］は，法律家［活動］について，『実定法規の限界に関する疑問』の関連では，弁護人としての役割と助言者としての役割とを区別している[43]．弁護人は，『大部分にわたり過去の行動を取り扱い，［事案を構成するはずの］事実は彼が認定したとおりのものとして受け止めなければならない』のであるから，弁護人［として活動する際に］は，実定法規に関する疑問は，彼の依頼人の利益に決着すべきである[44]．しかし，助言者としては，法律家が，『主として，その依頼人が将来の行動を決定する過程において』依頼人を援助するのであるから，したがってより中立的な仕方で『実定法規の限界』を評価しなければならない[45]［という区別である］．本論説は，助言者としての法律家を，そして実定法規に関する助言が依頼人の振る舞いにいかに影響するかを関心の的にしている．しかし，依頼人がひとたび行為をしてしまえば，そういう関心はかかわり合いを失うことになる．そこで，もし実定法規／執行区分がおよそ機能すべきであるならば，そこに少なくとも

---

43) MODEL CODE, 上記注4, EC 7-3.
44) Id.
45) Id.

1個の付加が必須となる．執行にかかわる助言の禁止は，それが少なくとも民事及び刑事の手続に関連する場合は，法的制裁を生じるかも知れない行動を依頼人が企図しているときのその行動にかかわる助言にのみ適用されて，すでに遂行された行為にともなう訴訟で係属中のものには，執行にかかわる助言の禁止が適用されない[46]［という付加である］．訴訟は執行なのであり，ひとたび依頼人が訴訟にまきこまれたならば，助言が執行の機構及びルールを対象とするのでない限りは，助言することは不可能である．もしもこの付加的区分が適用されなかったとしたならば，訴訟における法律家の役割は，すっかりパターナリスティック［保護主義者的］なものになってしまうであろう．［決定への］依頼人の参加は，その依頼人が訴訟過程について教育されていることを必要とするが，その教育が禁止されるのであるから，すべての決定を法律家がすることになろう．そうした訴訟の依頼人についての，悪夢のごときカフカ的幻想が，少なくとも訴訟の間中においては，法的手続（執行）にかかわる助言がすっかり正当であるのみならず，法律家活動の核心をなす機能である，ということを明確にしている．法律家をもつことが依頼人には許されており（刑事の関連では，法律家をもつ憲法上の権利が存在する），そして法律家の第一次の忠誠は，依頼人に向かうのである．これは，訴訟に関与する当事者が，単に法的過程の対象にとどまるのではなく，その過程を統制する（かつ，それ故に当然のこととしてその過程について知識をもつ），とする説明であるにほかならない[47]．

　この区分は，民事法を執行から解き放つことの不可能性[48]とあいまって，もうひとつ付加の可能性をもたらす．われわれがみた諸設例のスペクトルは，

---

46) 相似の区分を支持する議論については，see Louis Kaplow & Stephen Shavell, Legal Advice About Information To Present in Litigation: Its Effects and Social Desirability, 102 HARV. L. REV. 565 (1989) ; see also Bundy & Elhauge, 上記注7, at 279-304 (Kaplow and Shavell を要約し批判している).

47) JACK L. SAMMONS, JR.. LAWYER PROFESSIONALISM 5-12, 55-56 (1988)（法律家の第一の職責は，紛議の決着及び予防に依頼者が有意義な参加をすることの確保である，と述べる).

48) 上記第Ⅱ部C.1.をみよ．

契約破棄に加えられる制裁は限定されたものである，と学ぶことが依頼者にもたらす効果から始まり，ついでその契約破棄の限定的制裁を執行する際に必要となる民事訴訟の負担について学ぶことの付加的効果へと移っていく．実定法規／執行二分法の洗練されたありかたとして，依頼者を契約法の性格につき教育しはするが，しかし民事損害賠償を執行する過程にかかわる情報を依頼者に明かすことは拒絶する，というありかたも可能であるかも知れない．［その場合には］民事の手続（及びそれにともなう負担と帰結として生じる不利益）についての助言は，訴訟が係属するまでは又は企図されるまでは，境界の外とされることになろう．そのような線引きは，モーテル所有者の不法行為設例においても役立つかも知れない．不法行為損害賠償の性格と機能とは，依頼者に説明されてよいであろうが，しかし潜在的な原告［＝依頼者］に負わせられる開示及び訴訟過程の負担については，否ということになるのであろう．

先に検討していた他の二つの設例が，この可能性を例示する助けとなる．第一例，安楽死状況においては，刑事手続について詳説することなしに，殺人に関する実定法規の内容が（構成要件の［故殺か謀殺かといった］級及び防御を含めて）伝えられ得る．ここに修正されたものとしての実定法規／執行境界線は，企図されている行動にかかわるとともに法侵犯に加えられる罰にかかわる意味のある法的助言は許容するであろうが，しかしその法がいかに執行されることになるのか（加えて検察の裁量及び陪審の法律無視）を対象とした助言は，全面的に除外されるものとするであろう．

第二例，この区分の破産への適用はもっと難しいのであるが，それでもなお考慮可能である．多額の負債を負う人物，もしくは常時の借り換えが続いている営業を考えてみよ．債務を引き受けるに先立ち，依頼者が債権回収の種々の仕組みの民事的性格について，及び担保の種々の形式について，説明を受けてよいのは確実なことである．しかし，債務負担を企図している依頼者が，破産の可能性について教えられるというのは，あってよいことなのであろうか？それは，企図されている債務負担の執行の手続（実に，回避手続）にかかわる助言であるように思われ，したがってここでいう実定法規／執行線引きの，許

されてはならないとされる側に属するであろう．すでに法的義務を負担しており，かつ破産を考慮すべき立場にある依頼者（あるいは，そのような人物に対する債権者）であれば，どの債務が免責可能でどの債務がそうではないかという，破産の際の選別については教えられてよいであろう．しかし，その選別が行われる手続についての詳細は教えられてはならないであろう．

破産法第11章が適用される大規模な場面は，この区分の下では，いっそう問題である．多額の製造物責任を問われそうな状況にある大法人の依頼者，あるいは厄介な労働契約がある大法人の依頼者は，第11章での破産［つまり会社更生手続］に利点を見いだすことがありうる[49]．しかし，比較的新規の法分野におけるそのように規模の大きい裁判所手続の中での，結果（『免責』）と過程とは，切り離せないように見受けられる．そうした倒産手続の性格及び結果についての助言が，過程についての助言を省いてされたならば，必然的に誤解を招くような不完全なものになるであろう．同一のことが多額の，若しくは多数の被害者に対する不法行為被告のための助言にも言える．実質と過程とが，すなわち法的『権利』とその執行とが分離されるならば，依頼者を誤解に導くことになる．

3．法の『執行』: 隠れている行動の発見か，それとも訴追と裁判の手続か？

『法執行 law enforcement』とは二つの意味をもち，その二つの間には明瞭な区別が存在する．一方において，この語句は，事実の特定の一組から出てくる法的帰結を決定するのに用いられる過程及び手続を言うことがあり得る．そこで，ある状況を検察官が評価し，その帰結として訴追するか否かにつき裁量権

---

49) 一般論としては，Martha S. West, Life After Bildisco: Section 1113 and the Duty To Bargain in Good Faith, 47 OHIO ST. L. J. 65 (1986) ; Margaret I. Lyle, Note, Mass Tort Claims and the Corporate Tortfeasor: Bankruptcy Reorganization and Legislative Compensation versus the Common-law Tort System. 61 TEX. L. REV. 1297 (1983); Barnaby J. Feder, What A.H. Robins Has Wrought, N. Y. TIMES, Dec. 13, 1987, at Cl; Safe Harbor of Chapter 11 Also Has Its Hidden Shoals, WALL ST. J., Apr. 15. 1987, at 2.

を行使するのは，法執行の行為であるし，同様に警察官が，速度制限を時速4マイル超えて走っている車両に違反切符を切るか否か決断するのも，そうである．相似に，不法行為事案において将来の医療費あるいは得べかりし利益の喪失を立証するのに要求される証明基準は，二人の私人当事者間での法の執行の一局面であるし，陪審を務める人間の数を規制するルールもそうであるし，法律家の報酬が塡補賠償金に含められるか否かに関するルールもまたそうである．すべての民事手続及び刑事手続は，この意味での法執行の一部分である．［もう一点の意味として］他方では，『法執行』が，特定一組の諸事実を<u>発見すること</u>を言う場合もあり得る．それらの事実は，その後に，法的な評価及び処理に服せしめられるのである．諸事実が，検察官が評価ができるようになるに先立ち，認知されて——発見され，集約されそして報告されて——いなければならない．警察官が違反切符を切るか否か決断できるようになるには，その前に，車両が目撃されその速度が認知されていなければならない．他人の不法行為該当の行動により侵害を受けた者は，少なくとも⑴その侵害を惹起した行動をなした人物の正体，そして⑵その行動が不法行為に当たるということ，を発見していなければならない．

　リーガル・リアリズム時代以降に教育を受けた法律家にとっては，第一の意味での『法執行』にかかわる法律家から依頼者への助言の方が，第二の意味での法執行にかかわる助言よりも，はるかに快いものである．ある者の行為がいかに判断されるかは——すなわち，実定法規の定める手続は——，実定法規の内実と逃れ難く結び付けられているように見受けられる．他方において，ある者の行動が［事実として認定されて］法的評価に服するであろう蓋然性は，確かに実定法規の運用には属しているけれども，実定法規の一部分であると見受けられることがはるかに少ない．手続（広い意味でのそれ）にかかわる助言は，実定法規に従おうとしている依頼者にとっても意味がありはしよう．［しかし，それと比べて］発見にかかわる助言は，行動が違法と認められるであろうと信じている依頼者にとって，よりいっそうの関心事であるだろう．

　したがって，法律家が依頼者に与える助言を制限するために用いるものとし

ての法と執行との間の区分に内容を与える方法で，魅力的な代替策としてあり得るのは，政府による（もしくは潜在的原告による）発見である執行のことを考えて，それに関する助言を禁ずることである．この代替策の下では，執行に関連した助言でそれ以外のものは，すべて許容されるであろう．このことには，法律家は依頼者が違法な行動を隠すのを援助する商売にかかわっているのではない，という明白に魅力的な観念がともなう．たとえば，この形態の禁止は，近隣のパトロールの頻度についての警察掲示板上の情報を［伝えることを］はっきりと禁止の範囲に収めている．

　先立つ二つの可能性とは異なり，この代替策の導きの下では，人は，法律家が役に立つ区分をしているのを想像することができ，かくしてそれはいくらかの有望さを与えている．しかしそれは，現在のところ受容されている慣行に変化を要請するであろう．たとえば，それは，所得税の関連で，審査の頻度にかかわる助言は禁じるようにみえる．その助言は，［現在実際には］税法関係実務家がその依頼者たちに与えているものなのである．そして，モーテルの仮設例で言及した要因の一つは，被害当事者もその法律家も［原因をなした湯沸かし器の］不具合のあり方を知る訳がないので，訴訟［提起］の蓋然性がはっきりしない，ということであった[50]．これは，たいていの法律家が依頼者に伝えて当然であるとみなしている種類の事実である．しかしそれは，民事の文脈においては警察や検察に対応する存在である原告による発見，依頼者がした行動の［訴訟と］関連する側面の発見にかかわり合うのである．このように，われわれが考慮している標準は，この要因を依頼者と検討することを［法律家に］禁ずることになろう．水質汚染仮設例においては，この区分が興味深い一本の線を引く．それは，環境保護官庁の検査は田園地帯ではまれであると依頼者に知らせるのは，許容外であるとするが，しかし，違反が1リットル当たり0.075グラムないしそれ以下ならば無視されることを助言するのは，許容する．結局，警察掲示板及び所得税審査状況に適用されるときには，代替策は意味の

---

[50]　上記注34とそれが付された本文をみよ．

ある結果を生じるようにみえ，モーテル及び水質汚染状況に適用されるときには，この区分の意義はあまり明らかでない．

4．意図的に緩やかな執行及び非意図的に緩やかな執行

　水質汚染仮設例は，執行と法の間で区別をすることに，もうひとつの難問を提起する．書かれたルールとそれが執行される仕方との間にある格差は，政府の意図的な方針であり，したがって，そのような変化を引き起こす権力をもつ政府の作用者による，事実上の実定法規修正である，ということもありうる．他方また，厳格でない執行は，政策としてそうしているのではなしに，予算の限界，無能，ないしは偶然事といった，意図されない事情の結果である，ということも生じうる．

　執行としての検査が田園地帯ではまれであるとして，そのことがあり得る二つの理由を想像してみる．第一，田園の水が都市の水よりも（少なくともアンモニアに関して）かなりに澄んでおり，汚染は，それが生じるとしても，田園の環境では都市の環境におけるよりもはるかに危険が小さい，ということかも知れない．同一の汚染物質を排出する現場が［他にも］存在するという状況も，その蓋然性ははるかに低い．特定の廃水に関して排出制限が制定された時には，これらの事実は知られていたのであるが，『田園』に対置される『都市』を定義するいっそう詳細な規制を定めること，及びこれら二つの地帯類型につき異なる制限を定めることが遂行不可能であったのかも知れないし，さもなくば環境にかかわりいっそう精密な制限の計測をするのが［立法作業として］遂行不可能であったのかも知れない．そこで当該官庁は，異なる地帯及び条件に対する規制を，規制裁量を行使することで微調整する意図で，もっとも典型的な地帯ともっとも重大な危害とを念頭において制限の枠を定めたのである，ということもありうる．その規制が，それは田園地帯よりも都市地帯のためをより多く意図する，という認識で制定されており，法律家に知られている執行の格差は，規制者の方針の一部である，ということもありえよう．それとは異なり，0.050グラムのアンモニア制限は，他の廃水あるいは複数の現場の存在とは無

関係に，重大な危害を惹起するおそれがあることについて規制者がした最良の判定である，ということもありうる．田園地帯では検査がより少ないというのは，たんに執行の資金が十分になくて，かつ都市地帯ではより安価に検査できる，という事情のせいであるのかも知れない．

最初の状況において，0.050グラム制限が『本当のところは』田園地帯での法的制限ではない，と話すことには意味がある．法の淵源——規制官庁——が，その官庁の法的使命に関連した理由から，執行されるものとしての実定法規 the law-as-enforced を，意図的に，書かれたものとしての実定法規 the law-as-written とは異なるものにしているのである．（その状況は，検察官が時代錯誤の制定法を執行することを拒む，法の廃用の例に親近している．）田園地帯では0.050グラム制限を超えてもその官庁が予防しようとしている危害は起こりそうにないので，官庁が，執行にかかわる決断によって実定法規を調整したのである．そのような実質的理由からの意図的な執行方針の採用は，『実定法規／執行』区分を破壊しているように見受けられる．ここでは，執行が『現実の』実定法規の一部なのである．それでも，緩やかな執行が，実質的理由に基づくのではなく，単に費用，能力あるいは不注意に基づいているときは，『実定法規／執行』区分は意味のある内容を保持する[51]．

書かれたものとしての実定法規と執行されるものとしての実定法規の間の実質的な相違が，どのような理由によるのかを法律家が知っているならば，そのときには，依頼者にどの情報を伝達するか決断するのに，『実定法規／執行』区分が用いられてもよいのではないか．しかし，それが法律家には分かってい

---

51) もっと複雑化していることすらあり得る．予算の制約は，政策選択の結果であるのかも知れない．「絶対主義的な制定法の諸要件は広すぎる規制枠組みを生み出す．……必要な縮減が，立法過程ではされていないので，執行過程でそれをしなければならない．そして，これを達成するもっとも基本的で効果的な仕方が，予算の制約によるものである．」Michael S. Greve, Private Enforcement, Private Rewards : How Environmental Citizen Suits Became an Entitlement Program. in ENVIRONMENTAL POLITICS: PUBLIC COSTS, PRIVATE REWARDS 105. 116 (Michael S. Greve & Fred L. Smith. Jr. eds., 1992).

ないことが多いのである．知ることがなければ，そうした相違は大して根拠をなしていない，と法律家はみなすべきなのであろうか？　あるいは，たいていのそうした決断において，実質的要因と費用要因とは複雑な仕方で交ざり合っている，というのがよりありそうな事態なのか？　ありそうなのは，執行の方針が，通例は部分的に法であり——すなわち，部分的には，重要であったりなかったりすること，悪であったりなかったりすることなどなどの評価であって——しかしまた部分的には，『まさしく』執行である，ということなのであろうか？　もし後者の方が真相であるならば，『実定法規／執行』区分の効用は大きく弱められてしまう．

　結局のところ，法と執行との区分には，意義深い直観の上での魅力がある．市民による実定法規の利用は，実定法規を回避する手段の利用であってはならない．そして，実定法規の執行と法とを区別するということは，その相違に言及しているものとみられる．それでも，その区分を区画しかつ適用するのに可能な方法をめぐるわれわれの検討は，重大な難点を明るみに出している．その区分は，法律家による状況の理解を助けはするであろうが，これらの難点が，周到な分析を複雑なものかつ問題をはらむものにしている．

D．公開情報と秘匿情報の区分

　もう一度，(1)廃水1リットル当たりアンモニア0.05グラムが［法に］書かれている限度であり，(2)1リットル当たり0.075グラムが執行の限度であり，(3)田園地帯では検査はあまり行われず，そして(4)そうした地域では，違反者は処罰されるに先立ち，警告を受ける（是正の機会が与えられる），という場所に工場を持つ依頼者に対し，アンモニア廃水についての相談助言にたずさわろうとしている法律家の立場を想定してみよ．どの情報を依頼者に伝えるか決定するに際して，情報の何か1点はすでに一般に知られているかいないかというのが，こうした事案に関して助言する法律家たちについてのことなのであるか，それとも当該産業全般についてのことなのであるか，その点のちがいには意味がある，とみるべきであろうか？　例えば，もし上記事項(2)及び(3)は当該産業

の法律家たちの間で周知であるが，しかし事項(4)を政府外で知っているただ一人の法律家がいるとして，その法律家は，すべての情報を事項(4)は除いて伝えるべきであるのか[52]？　そのようにすべきであるとしても，なお，その情報を合法的ではない行動をするのに役立たせるかも知れない依頼者に対し，どの法的情報は与え，どの情報は与えないかの問題のためには，もう一つの手引きがありうる．

　事項(2)及び(3)の知識が田園地帯にある工場の所有者による合法的でない行動を助け（ないしは指導する）かも知れないとしても，そうした情報［を伝えるの］を控えることは，もし他の企業がその情報を得ているとすれば，あなたの依頼者を競争面で不利益にしかねない．そして，その産業［総体］は知っているのであれば，産業が知っていることに政府は気づいているに違いない．そうであるならば，0.75グラム限度を継続すること及び田園地帯での検査が稀であることは，官庁による意識的な『法的』決断，すなわちガイドとしての使用を官庁が心得ての一つの政策，という性格を帯びることになる．言い換えると，法制定者の行動が規制対象によって知られており，かつガイドをなしていることをその法制定者はわきまえていると，法律家が認識するときには，その法制定者の行動は，現今の法律家にとっては，『法』のように見えもし伝わりもするのである．依頼者を，その競争相手には利用が可能な情報に関して，不利益な立場に置くことは，公正であるとは思えない．何故にそれが公正と思われないかの理由の一部は，競争相手が多分に『法』のみかけを呈しているものを活用しており，そこから指導を得ている，ということである．

　他方で，もし［最初は］警告を与える［だけにとどめる］という慣行を産業が知らないのであれば，あなたの依頼者が［それを］知らねばならない，とい

---

52)　上述の法の廃用議論においてと同じく，そのような状況にあっては，法律家が［依頼者と］話し合いたいと望む要因が他にも多く存在していよう．書かれてあるルールを侵犯し非公式で不文の慣行に依拠することのリスク，予見されるレベルでの汚染廃水により惹き起こされる危害（もしくはその不存在），等々の要因である．上記第Ⅱ部A.1.及び下記第Ⅳ部，相談助言についての議論をみよ．

う理由はあまりないようにみえる．知らないことが公正でない，とは思われない．実際，もしも『是正の機会』慣行が政府の決定なのであれば，あなたの依頼者だけが知り，その産業のほかの企業は知らないというのでは不公正であるとみられよう．もしもそれが政府から出てくるある種の制限すなわち法であるならば，罰則に関する情報を公に使えるようにしないのは，誤りである．そこで，法律家が依頼者に与えるべき実定法規情報を限定する際に適用することができるであろう一個の区分は，その情報が公のものであるのかどうか，である．そして，この線引きは，われわれが法のあるべき姿と考えるもの，すなわち，行動を制限し枠付けして導くべきルール及び政府の処置，にぴったりと当てはまる．

　もし，田園地帯における『是正の機会』慣行が『秘密』であって法ではないとしたら，それではそれは何なのか？　それは，確かに，権力を帯びた政府の作用者が行為するのはどのような場合であるのかを決定する境界線であり，したがって原理的リーガル・リアリストによる法の定義に適合しているように思われる．メア・ダン゠コーンは，(1)『一般公衆』の行動のガイドとなるルールと(2)同種の行動を裁判しあるいは管理する『官憲』のガイドとなるルールとは別であるとする可能性を仮定して，秘密法を持つことも観念的には可能でありかつ正統なことである，と述べていた．彼は，問題がある刑事法のいくつかの領域をそのような区分が透明にする，と信じている[53]．例えば，刑事法は，被告が強迫の抗弁［が犯罪を不成立にすること］を知っていなかったであろう場合にのみ，強迫の抗弁で防御することを許すことにしてもよいのではないか．そうすれば，犯行の可能性をもつ者がこのルールに意識的に依拠する，というおそれが小さくなる．こうして，公衆が知っているルール——もしくは公衆に宛てられているルールが，検察官及び裁判所により適用されるルールとは相違したものになろう．公開されているルールは，犯罪行動の阻止を最大化するのに役立つ．秘密のルールは，責任を負わせ得ない行動を処罰することを回避し

---

53)　Meir Dan-Cohen, Decision Rules and Conduct Rules: On Acoustic Separation in Criminal law, 97 HARV. L. REV. 625, 636-38 (1984).

第1章　実定法規の許す限界までの相談助言　47

て，より大きな公正をもたらす。(このことが，『是正の機会』方針を産業に知らせないことの正当化をなすのではないか。)そうした差異設定が機能するためには，ダン＝コーン教授が『可聴的分離 acoustic separation』として言及しているものが存在していなければならない．官憲が知っていることを，公衆は知ってはならないのである．彼の分析によれば，そのような『可聴的分離』を許す条件の存在又は不在の蓋然性が，刑事事件における，さもなくば正当化できない問題的な区分を説明することになるという．われわれの解明にとって意義深いのであるが，ダン＝コーン教授は，法律家が知っている情報は依頼者に移転されるであろうとみなしている．もし状況が，依頼者(潜在的犯罪者)は法律家に相談するであろうと予見されるのであれば，この見解の下では，その状況は，法律家との会話が可聴的分離をそこなう故に，ルールに差異を設けることにとり不適当である領域となる[54]．

　利害の衝突に関する実定法が，依頼者に役立つ情報は依頼者に伝えられるか，あるいは依頼者のために使用されるであろうという，ダン＝コーン教授と同一の推定をしている．もし現在の依頼者の事案と過去の依頼者の事案とが『実質において関連して』いるならば，現在の依頼者の信認代理をすることが禁じられる[55]．このことの理由は，事案がそのように関連するならば，先の信認代理において法律家が知った秘密の情報が現在の依頼者に利益をもたらし，その

---

54) かくして，強迫の抗弁による防御は，証言義務違背の弁明にはならないと判示された事件を説明して，ダン＝コーン教授が次のとおり注釈している．

　　証言すべきか否かについての決断は，明白に法的性格のものである．それは，法過程に関与するかどうかについての決断である．したがって，それは，たいていの犯行ではそうはされない仕方で，関連のある法的義務についての個人の注意に焦点を結んでいる．証言すべきか否かの決断はまた，おそらくは長く熟考しての結果であろうし，その熟考の過程において，その個人は，その者の義務の範囲及び証言しないことから生じそうな結末につき，法的助言を求めているであろう．

　Id. at 642-43(強調付加)．

55) WOLFRAM, 上記注6. §7.4.1.

48

ことに応じて過去の依頼者を害することがあり得る，というものである．先の依頼者の守秘信頼を保護し，法律家が信頼守秘の義務に違反する誘惑にかられるのを防ぐために，実定法規が，そのような［先の依頼者から明されていた］信頼秘密は現在の依頼者を代理代表しようとしている法律家に伝えられていると推定して，その法律家を［訴訟の場から］除斥しあるいは懲戒に付するのである．

　同一の懸念が，政府に勤務することと政府の規制を受けている依頼者に奉仕することとの間での，『回転ドア』をめぐる論争の基底をなしている．法律家たちは，官庁のために仕事をする間に一群の規制法規に習熟し，次いでその熟練を同一官庁により規制される依頼者のために，その官庁を相手方とする対立手続において，あるいはその官庁が判定者である対立手続において使用する立場に移る．『実質的関連』テストと類似するルールが，法律家は，政府勤務の際に獲得した情報を以後の依頼者に利益を与えるために使用するであろうと推定しており，秘密の情報が知られたであろう故にその法律家が除斥されることになる状況と，私的依頼者の利益に使用されてよい政府勤務において取得された『一般熟練』のたぐいのみがかかわり合う状況とを見分ける努力がされている[56]．

　これらの利害の衝突ルールは，われわれが考察している区分の両方の端を支持していることに注意せよ．それらのルールは，関連の情報のすべてを依頼者を助けるために法律家が使用するであろう，というわれわれの基底的理解（もしくは予期）を肯定する．他方で，先の政府依頼者の守秘信頼利益を認めて，それらのルールは，実定法規にかかわるある種の情報[57]が公開されるべきで

---

56) See MODEL RULES, 上記注12, Rule 1.11 & cmt.
57) ある具体的な出来事もしくは行動（事故，取引，一連の行動などなど）に特に関連をもつ事実情報，法的戦略，そして［法律家による］仕事の成果だけが，信頼守秘及び［利害］衝突のルールによって保護されるのであって，より概括的である執行や管理の方針及び手続に関する情報は，保護されないということも考え得る．しかし，このことはありそうにもない．政府の内部慣行は——一個の政府機関の面前にある特定の当事者の事案の基礎をなす事実だけにかぎらず——，政府が漏らすこ

はない，将来の依頼者に利用可能とされるべきでない，という考えを支持している．

　公開情報／秘密情報区分は，衝突規定に類似してはいるが，しかしすっかり相違した手引きを提供するであろう．後者は，完全に合法的で正当な行動についてであれ，以後の依頼者を援助するために情報が使用されるのを阻止するが，公開／秘密区分は，依頼者による合法的でない行動を助けるために実定法規の情報が使用されるのを禁止するだけに限られている．さらに，[利害]衝突及び信頼守秘の各ルールは先の依頼者から得た情報を保護するだけであるが，他方の公開／秘密手引きは，法律家がどこでいかにしてその情報を受け取ったかに焦点を結ぶのではなしに，関連する依頼者もしくは法律家の社会においてその情報が一般に知られているか否か，に焦点を結ぶのである．

　そのような線引きは，警察署のカウンターの背後にあって警察官のパトロールの頻度についての情報を掲げている掲示板に関するわれわれの直観を確証するし，その直観を説明するのに役立つ．『カウンターの背後に置かれている』というその掲示板のあり方及びそれには夜盗にとり役に立つ情報が記してあるという二つの事実が，警察はこの情報を公開する意図をもたないことを示唆している．執行についての情報のこの側面を『法』と認めることができるその限度において，その法は，立法者が『可聴的分離』があるべきだと意図する種類の法であることが明らかである．

　この公開／秘密区分はまた，2％という審査割合の情報が非合法な税金逃れを助けることになるであろうという状況の下で，その情報を依頼者に気安く伝える税務関係法律家のことを理解するのにも役立つ．審査割合情報がひとたび（国税庁あるいはその他の何人かにより）公表されたならば，それは実定法規が執行される仕方についての公開情報となる．そのような情報として，ある市

とを望まない情報の核心であることも多い．現行のABAモデル・ルールズは，衝突規定において前者の『事実情報』だけを保護するものと読めなくもないが，id. しかし，後者の『政府慣行』は，信頼守秘規定により保護されたままであるように見受けられる．See id. Rule 1.6 & cmt. para. 21 ("Former Client"『以前の依頼者』).

民はそれを利用することができ，他の市民はできないというのでは不公平である．この情報が公表され広く利用できるようになることを国税庁は欲していなかったかも知れないが，ひとたび［外部に］知られたならば，隠すことは難しい．世間慣れした依頼者は，その情報を自分で認知することができる．かくしてその情報は世間慣れした当事者に利用可能なのであるから（彼は，つまり自分自身の法律家業務を行うことができる），これを税務関係法律家は，自分が依頼者に伝えるのが仕事である『実定法規』についての情報とみるようになるであろうと思われる．税務実務家は，事実，この情報を伝えることが正当であるとみなしてきたのであり，彼らに法的な制約は課されていない（あるいは，私の知るところでは，考慮されたことすらない）．他方において，もしも，たまたまある一人の法律家が国税庁の役人により不用意に会議室に置き忘れられた審査ガイドラインを発見し，依頼者にそれを渡したり，あるいはそれを論文または仕事で公表したりして，その情報を依頼者の利益に使用するならば，たいていの法律家が，それには問題があるとみなすであろう．そのような文脈では，その法律家の行動は秘密情報の不正目的使用となる[58]．

　精密なものとはなりそうにないけれども，公開情報／秘密情報の区分は，法律家にとって有用なガイダンスを提供する．その区分は，政府による市民の平等な取り扱いに関するわれわれの公正の観念と，法についてそれは公のものであるとみるわれわれの理解の，双方を結び付ける．法の執行にかかわる多くの情報が公衆に利用可能とされるべきでないことは，正統なことであるように見受けられる．もしそうした情報が公衆からうまく隔離されていたならば，そうした情報を依頼者に提供する明白な義務を法律家が負うということはなくなる

---

58)　See, e. g., ABA Comm. on Ethics and Professional Responsibility, Formal Op. 382 (1994) ; ABA Comm. on Ethics and Professional Responsibility, Formal Op. 368 (1992); Lipin v. Bender, 10 ABA/BNA Law. Manual on Prof. Conduct 333 (N. Y. 1994); Resolution Trust Corp. v. First of Am. Bank, 10 ABA/BNA Law. Manual on Prof. Conduct 365 (W. D. Mich. 1994). But see Aerojet Gen. Corp. v. Transport Indem. Ins., 22 Cal. Rptr. 2d 862 (Ct. App. 1993).

であろう．しかし，リーガル・リアリストの法についての広い理解は，そうした情報を『法』と定義するであろうことが確実である．その見解の下において，ここには，狭いカテゴリーでの正当化しうる秘密法がある[59]．

E．自然犯と法定犯を見分けること

　警察署の掲示板から特定区域における警察官のパトロールの頻度に関する情報を得た法律家が，その情報を依頼者に与えることは善くないと，われわれは直観的に知っている．その直観が，違法となることがある依頼者の行動を発見するものとしての法執行と，そうした発見に続く手続としての法執行とは違うとすることがもつ魅力を，部分的に，説明する．しかし，この区分はまた，特定のカテゴリィの申告書についてされる税務審査の頻度にかかわる情報や，田園地帯での廃水検査の頻度にかかわる情報の提供を，禁止しもするであろうという事実が，その直観を大きく崩すようにみえる．その差異を説明するものは，何であるのか？　夜盗は悪であるという明白で強いコンセンサスが存在している，というのが答えである．他方，田園地帯において廃水1リットルあたり0.060グラムのアンモニアを流出させることが悪であるのか否かは，われわれのほとんどがすぐに答えの出せる問題ではない．われわれの知るかぎりでは，そのような流出はまったく無害であるのかも知れない．あるいは，それが5年という期間続けられたならば，次の40年間にわたり癌で死ぬ人を何人か増やすことになるもかも知れない．［そのような廃水の］流出が合法的でないのを知っていることは，関連のある情報を付加するのであり，その行動を少なくともある意味においては『悪いもの』とすることになるが，しかし夜盗と同列に［悪いと］する訳ではない．この流出は，技術的な法侵犯ではあろうが，しかしそれはその他の重要な意味においては悪くないかも知れない．（田園地帯における侵犯の発見に当てられる執行資金の不足は，その［侵犯］行動が重大な程度にまでは危険でない，とする規制者による結論に基づいている，というこ

---

59)　上記注53-54をともなう本文をみよ．

とも上記で指摘したとおり大いにありうる[60]．夜盗とこの規制侵犯との差異は，前者が合法的でないことに加えてその性格において明らかに悪であるのに，後者は合法的ではないがそれ以外の点では悪いことかも知れないがまた悪いことでないかも知れない，というものである．

その差異は，自然犯つまりその本然の性格においてすでに悪いとされる行為と，法定犯つまり実定法により禁止されているからというだけで悪いとされる行為，という古くから行われていた犯罪区分に対応している．この区分はまた，刑事／民事二分法に関するわれわれの直観を理解するのを助ける．後者は，ある状況では，とりわけスペクトルの端においては，適合するものであるようにみえた．しかし，水質汚染例のように，規制刑事法にはそれほどうまく適合しなかった[61]．犯罪実行の援助となるであろう法的情報を依頼者に与えることの禁止は，その［依頼者の］行動がわれわれの『実に犯罪的である』と認識するものである場合には正しい響きをもつのであるが，しかし規制法の広大な領域に関してはまったく別の音色をかなでる．自然犯／法定犯禁止区分は，古すぎるよそおいで，真の禁止と

しての法（つまり，容赦されない行動の特定）とコストとしての法（つまり，何らかのありようで罰せられるべきであるが，市民がそれをすることを選ぶのは自由であるという行動の特定）との相違を定式化したものであるようにみえる[62]．

法律家の倫理は，いかようにかして，これらの二種を差異づけしなければならないのである，という強い感覚をわれわれははたらかせる．たとえば，ウイ

---

60) 上記第Ⅱ部 C.4．をみよ．
61) 上記注31-34及びそれらがともなう本文をみよ．
62) 違法な行動についての法律家の援助に関するこの区分及び関連ある区分にかかわる簡潔な議論として see Geoffrey C. Hazard, How Far May a Lawyer Go in Assisting a Client in Legally Wrongfull Conduct ?, 35 U. MIAMI L. REV. 669, 672-75 (1981). ハザード教授は，彼の結論の理由として主にリステイトメンツ及び模範刑法典に依拠している．これらの法源についての議論は，下記注115-20及びそれらがともなう本文をみよ．また HAZARD，上記注38, at 148．をみよ．

第1章 実定法規の許す限界までの相談助言　53

リアム・サイモンは言う．『人は契約を破棄する「権利」を有している』と法律家は言い張るが，しかし『その者の行為につき合理的な疑いの余地はない証拠を［現場に］置き忘れることをしない限りは，人は殺人を犯す権利をもつ，とは［法律家は］決して主張しない．』[63)]刑事法と民事法の区分や法と法執行の区分は，普通の実務法律家のために，サイモン教授に対する理由説明の答弁を提供することはないが，自然犯／法定犯の区分のごときはそれを提供している．

　法律家倫理のルール集成がすでに，そこで一個の核心をなす規定において，このような区分とみられるものを用いている．すなわちアメリカン・バー・アソシエイションのコード・オブ・プロフェッショナル・リスポンシビリティABA Code of Professional Responsibility［モデル・コード］が，法律家に，『その依頼者の犯罪を実行する意図』を［信頼守秘の責務の例外として，他人に］開示することを許している[64)]．現行のアメリカン・バー・アソシエイションのモデル・ルールズ・オブ・プロフェッショナル・コンダクトABA Model Rules of Professional Conduct［モデル・ルールズ］では，これが狭められて，『切迫した死亡あるいは重大な身体危害を［他人に］もたらす公算があると，法律家において信じる犯罪行為が，依頼者により実行されることのないよう防止するための』開示は許される，となっている[65)]．組織された法律家団体が

---

63)　Simon, 上記注27, at 48. サイモンの論点は，実体法の目標と手続法の目標——秩序の要請及び裁量の要請——の間にみられる緊張を対象にしている．デイヴィド・リューバンはさらに進んで，『汚染防止基準はほとんど執行されておらず，したがって遵守する必要はない，と産業依頼者に対して助言することは，［個人］依頼者に対して，もし逮捕を免れることができるのであれば殺人を禁ずる法は遵守しなくてよい，と助言するのと少しも違いがない．』と論じる．Luban, 上記注17, at 647.［この見解に対する］応答は，本論説において詳しく述べるが，その考察を予告するものとして，See Pepper. Rejoinder, 上記注7.［本書第三論説］at 668-73.

64)　MODEL CODE. 上記注4, DR 4-101(C)(3).

65)　MODEL RULES. 上記注12. Rule 1.6(b)(1)（強調付加）．多くの州は，その州が採択したルール1.6の表現に，モデル・コードのより広い用語を残しておいた．See THOMAS D. MORGAN & RONALD D. ROTUNDA, MODEL CODE OF

このような仕方で団体の理性を表明するまでもなかったであろうけれども，私見では，犯罪行動という大きくかつ不定形の範疇は，依頼者から知り得た情報を秘密にしておく義務にとり，あまりにも広汎にすぎる例外ではないかという疑問がある．また私見は，その仕事をよりよく果たす法的分類が存在しない，と思われたものと憶測している．そこで起草者は[66]，昔の区別，すなわち，依頼者がなそうとしていることが本当に悪いのであれば，それは暴露してもよい，に立ち返ることを余儀なくされたのだと思われる．しかし，それを言い表す仕方が，『本当に悪い』では，一個のルールとしてよろしく機能するためにはあまりにあいまいであり，かつ個人の解釈に依存しすぎなので，『本当に悪い』とは，重大な物理的方法で誰かを殺したり害したりする場合である，という操作的定義が用いられたのである．

　依頼者がその助言を合法的でない行動のために役立てるであろう状況の中で法的助言を与える実務法律家のためにガイダンスとなるよう，これらの線に沿いつつ自然犯／法定犯区分を翻訳する企ては，狭い形態をも広い形態をもとりうるであろう．狭い方のルールは，単純に上記に引用した守秘信頼性にそうように枠付けられるであろう．すなわち，依頼者が実定法規の知識をおそらくは死亡もしくは重大な身体危害を引き起こすであろう違法な行動を容易にするために用いる，と思われる場合には，法律家はその知識を提供しないほうがよ

PROFESSIONAL RESPONSIBILITY, MODEL RULES OF PROFESSIONAL CONDUCT, AND OTHER SELECTED STANDARDS INCLUDING CALIFORNIA RULES ON PROFESSIONAL RESPONSIBILITY app. at 132-40 (1995) （依頼者の信頼守秘に関する倫理ルールズの州別の分析をリプリントしている）．

66) この例においては，その用語は，アメリカン・バー・アソシエイション代議員会議から出てきたものであるように思われる．この会議が，キュータック委員会の『最終提案草案』を修正したのである．HAZARD & HODES, 上記注6, § 1.6 : 302. その草案には，『切迫』要件はなかった．その草案は『他人の財政的利益又は財産に対する重大な侵害』を含んでおり，法律家のサーヴィスが用いられる依頼者の犯罪あるいは詐欺に，開示を正当化する列挙表において修正を加えていた．多くの州は，ルール1.6の信頼守秘の義務に付加されたこれらの例外を含むバージョンを採択している．Id. § 1.6 : 109, nn. 6-7 ; MORGAN & ROTUNDA, 上記注65, app. at 132-40.

い[67]．そちらを採らないときには，基礎をなす『それ自体が悪』概念の認識にそって定式化されてよいであろう．そのような［広い方の］ルールは，このように述べるものとなろう．依頼者が法的情報もしくは助言を，(1)法により明白に禁止され，かつ(2)明白な社会的コンセンサスに照らし危険かつ重大な道徳上の悪であるものをともなう行動を容易ならしめるのに役立てるであろう場合には，法律家は依頼者にその法的助言もしくは情報を提供しないほうがよいであろう．

そのようなルールは，厄介な状況のほとんどにおいて，助言を排除することにして，われわれの直観にぴったり適合する．例えば，子供のいない中年の依頼者が，法務当局は十歳以下の子供には性的虐待事件で証言能力があると考えるか否か，に興味を示しているという状況は，その依頼者がこの情報に興味を抱く正統の理由が存在していないとみられるときには，禁止の範囲内に容易に収まる．ルールのより概括的である形態もまた，安楽死仮設例においてのありうる訴追裁量と陪審による法無視とに関する助言を排除することへのわれわれのためらいを理解するにつき助けとなる．企図されている安楽死は明白に犯罪であるけれども，その依頼者の特別の事情が，その行動は『明白な社会的コンセンサスに照らし危険かつ重大』ではありそうにない，とすることもあろう[68]．

---

67) 相似であるがしかしいくらか狭いルールが，アメリカン・ロイヤーズ・コード・オフ・コンダクト提案 Proposed American Lawyer's Code of Conduct すなわち the Roscoe Pound-American Trial Lawyers Foundation の協賛を得て主として Monroe H. Freedman により起草されたコードに含まれている．『法律家は，他の人物に死亡もしくは危険な身体的侵害を引き起こしそうな合法的でない目的のために，依頼者が助言を求めていると分かっている場合には，依頼者に実定法規にかかわる助言をしないことにすべきである．』AMERICAN LAWYER'S CODE OF CONDUCT Rule 3.3 (1980). これがより狭いということになるのは，依頼者がその情報を違法な目的のために用いるであろうことについて，法律家の側により高い確実性のレベル（『ありそうである』のではなしに『その法律家が分かっている』）を要求している点においてである．

68) モデル・ルールズの信頼守秘例外を写したものである，みかけではより狭いルー

このように，自然犯と法定犯の差異を反映するこれらの線引きに沿って解釈されたルールは，ほんとうに言語道断である状況においては，依頼者に対する法律家の助言を排除するように作用することができよう．この種のルールは，一定の助言が境界外とされるべきだという直観を強化するものであり，かつ，法律家の知識が実定法規侵犯の道具にされるのは許さない，とする拒絶を正当化する考慮からして，依頼者の実定法規を利用する権利が奪われる状況の，少なくとも一個の範疇を伝えていて，実務法律家にとり価値あるものとなろう．

示唆されているルールは，論じられている依頼者の特定の犯罪行動に焦点を結んでいるのであり，法律侵害あるいは犯罪の分類に焦点を結んでいるのではない，ということにここでは注意せよ．『殺人』は，たしかに通常われわれが自然犯と考えるであろう犯罪類型である．それ自体が悪であるとは恐らく言えないのが，安楽死事例という特定状況の下においての殺人である．そして，守秘信頼性に関するABAモデルの例外は，『暴力の犯罪』という範疇に言及しているのではなしに，（おそらくは水質汚染禁止違反を含めて）『差し迫った死亡あるいは重大な身体危害を招きそうな』何であれ犯罪行為に言及しているのである．そうしたアプローチは，法的範疇から離れて，かつ問題とされている特定の行動にいっそう目を向けることによって，昔の自然犯／法定犯区分から遠ざかって行く．われわれが考慮している基本的な善／悪区分にとっては，より大きい範疇は大きすぎてうまく機能しないように思われる．

しかしこのように［離隔するように］動かしたときですらも，ありうるこれらのルールは，相対的に狭いのである．それらルールは，その状況の下では助言が正当でないことを，すでに法律家があれこれのレベルで知っていそうな場合に，支持と正当化を与えるはたらきをする．しかし，それらルールは，法的助言の残りの広大な領域，すなわち契約，不法行為のほとんど，『単に』法定犯であるに『過ぎない』刑事犯行のほとんど，規制法（その実質的部分は刑事

ルは，この例に際しては，より広くかつ柔軟性により乏しい．安楽死は死の結果をもたらす犯罪行為であるから，したがって法的情報は伝えられることができないであろう．

第1章　実定法規の許す限界までの相談助言　57

罰をともなうが，そのほとんどは法定犯に分類される），民事手続などなど，においては，ガイダンスを与えるはたらきをしない．これらの法領域においては，上記に言い表した2個のルールいずれかの禁止される側に該当する助言は，比較的にわずかであろう．

　区分の基底にある基礎的認識が，精密さは小さく問題性は大きいこれらの領域に拡大されてよい，ということはありうる．依頼者がもくろむ合法的でない行動はなんらか根本的もしくは重大な仕方で『本当に悪い』のか否か，あるいはなんらかの法的方法で『罰せられるだけ』であるのかを，各法律家が，特定の状況の下でそれに照らして判断しなければならないことになる柔軟な『規準』が立てられてもよいのではないか．つまり，ある依頼者の意図的な契約違反が，罪のない世慣れていない個人の営業を倒産させそうであるというときには，それは，フォーチュン誌500社に属するある会社に10万ドルの負担をかける意図的な契約違反とまったく異なる扱いを受けてもよいであろう．モーテル設例において，かかわりがある法的情報のすべてを与えるかについての法律家による決断は，その法律家が当該不法行為行動を『本当に悪い』範疇に入れるか，それとも損害金という出費により『罰せられるだけ』の範疇に入れるか，にかかっている．自然犯及び法定犯の概念の基礎をなす明確な社会的コンセンサスが存在しないことは，そのガイダンスがより主観的で前後関係により決定されるものとなることを意味する．しかしそれでもなおそのガイダンスは，状況を考察して決定を下すための枠組みを提供するであろう．そうした規準は明確な社会的コンセンサス及び何らかよりいっそう客観的な線引きの双方から遠ざかるのであるから，［そうした基準から］法律家に与えられる方向づけは，法的情報を与えるのは控えよ，というものではないかも知れない．代わりに，その行動が，あれやこれやの意味で『違法』であるのみならず，さらにまたそれは『本当に悪い』のであって出現すべきものではない，というその法律家による評価と組み合わせたものとしてその情報を提供するよう，法律家が要請されることになるかも知れない[69]．

---

69)　下記第Ⅳ部をみよ．

F．違法でありそうな行動について論議を始めたのは誰か：法律家か依頼者か？

　法に反する行動を引き出すかも知れない法的情報を提供することの倫理上の正当性は，少なくとも部分的には，依頼者がそれを求めたのであるか否かに依存する，と多くの法律家が示唆している．この思考の線の下では，依頼者が『実定法規』あるいは法的結果についての情報を要求していたのならば，法律家の第一次の職責はその情報を提供することである．しかし，もし依頼者が求めていなかったのであれば，その情報を提供するのは，法律家が違法な行動を示唆しているということになるのであって，したがって正当ではないことになろう．

　手初めの例として，依頼者が最近財政困難に苦しんでおり，その上いまある契約上の債務は重大な財政危機をもたらす，と仮定してみよ．その法律家の知るところでは，依頼者はこれらの契約を破棄することを考えてはいないのであるが，法律家は，依頼者にとり債務の履行を続けた場合よりも破棄の結果の方がはるかに害が少ない，と信じている．その法律家が依頼者に対し，破棄がもたらすであろう法的結果を告げること，そしてそれが依頼者の立場をよりよいものにするという法律家の意見を告げることは，悪いことなのであろうか？ [あるいは逆に] そうした助言を怠るのが，悪いことなのか？　それは，業務過誤であろうか？

　第二例，[先に] われわれの [検討の対象にしていた] モーテル事例における依頼者は，不具合になった湯沸かし器が宿泊客に重大な危害をもたらすかも知れないので，湯沸かし器を取り換えるのは営業を停止し廃業する結果を招きそうであり，そうなるのは忍び難いが，それでも取り換えの義務がある，と考えていると想像してみよ．(1)刑事法上と不法行為法上の義務の性格の差異，(2)被害を受けた人物が [損害賠償] 請求を求めるに際して直面するであろう困難及び不確かさ（彼が法律家に相談することになるかどうか，及び [訴訟手続での] 開示及びトライアルの困難さを含む），(3) [被害者からの請求に対する]

保険会社による防御の義務を含め，依頼者が加入している責任保険の意義，これらの事項に関し，法律家は，［そのモーテル所有者である］依頼者を教育すべきであろうか？（より工夫に富む法律家であれば，加えて，湯沸かし器をクレジットで購入し設置する可能性を持ち出すべきであるのか？［その場合］債務が履行遅滞におちいるのはほぼ確実であり，そうなれば，［依頼者は］債権者が期限を猶予してくれるよりも債務の担保となっている湯沸かし器あるいはモーテルを取り上げる可能性があることを知りつつ，債権者への支払いを引き伸ばすことになる．この助言は，先行パラグラフにおける契約違反を予期した助言に過ぎないものか，それとも一線を超えて将来の詐欺を示唆するものであるのか？　それは詐欺ではあっても，事情を知らないモーテル宿泊者に実際生じることがある重大な身体的侵害を阻止する解決策にはなる，と思われることに注意せよ．）

　最後の例として，投資のための共同住宅4棟を所有する裕福な依頼者を考えてみよ．共同住宅の各棟には社会保障拠出金のための抵当権が設定されているのであるが，彼にとりその支払いを続けることが（可能ではあるが）不経済となっている．法律家は，その依頼者が抵当権の1件にのみ関していつであれ2カ月間の支払いを遅滞しているだけである限りは，それ以上少しも支払いをしないままでその不動産を放棄することができる，と知っている[70]．その法律家が，依頼者に対し政府の執行方針に関する情報を提供することは，依頼者に契約を破棄させ，かつ政府に実質的な損失をもたらすようになることが，高度にありそうであるが，それは悪いことであるのか？［それとも］そのような助言を与えるのを怠ることが，業務過誤なのか？（政府がその執行方針に描き出そうと試みている操作的定義，すなわち『投資家』と『通常の所有者』の区別

---

70)　この非公式の執行慣行は，ある連邦金融庁にいる一人の公務員との電話での会話で，私の同僚の一人に伝えられた．その慣行が，通常の住居所有者と投資家とを見分ける大ざっぱな手段を意図していることは明白である．そのような慣行に関して『可聴的分離』に理由があるならば，それが私的開業の法律家に漏洩されたということは奇妙に思われる．

を『濫用』するのは，一種の詐欺であるのか？）[71]

　これらの状況のそれぞれにおいて，依頼者が［助言を］求めていなかったということは，決定的な差異になるであろうか？　法律家の役割にかかわる二つのまったく相違する認識は，異別の方向を指し示すものである．第一の方向，法律家が法に反する行為の創出者であるというのは,善いこととは聞こえない.法は，広い範囲において，政体がある有意義な仕方で利益あると判断した行動に人々を導くための，そして政体が危険あるいは有害とみなす行動から人々を遠ざけるための，社会の公式手段である．法律家がそのような誘導とは反対の相談助言を依頼者に対しするよう積極的に乗り出すことは，疑いも無く反社会的行動であろうし，法律家のイメジにマイナスの半面を付加する種類の行動である，とみられよう[72]．

　しかし，この認識の強度は，この論説で先に論じた要因のすべてに依存している．その法律規定は，本当に『法』であるのか，それとも廃用あるいは執行方針によって侵食されて，社会がそれほど関心を示さないようにみえる何物かに化していはしないか？　その行動は本当に禁止されているものか，それとも法的費用もしくはペナルティを賦課されているだけのものなのか？　その行動は，本当に悪いものであるのか，それとも法的に禁止されているだけのものなのか？

　第二の，まったく別の認識は，より法的に世慣れした依頼者がその者よりも知ることの少ない依頼者に対して有する利益は，あるいは良心的であることのより少ない依頼者が良心的であることのより多い依頼者に対して有する利益

---

71) われわれは，法律家の助言にかかわり，ここに連続体のようなものをもつことになろう．犯罪性の誘発→厳しいやり方→練達の能力→業務過誤．われわれは，このスペクトルの双方の端は望んでいないと了解できるが，しかしそれら両端をいかにして見分けるかはそれほど明確ではない．

72) Robert C. Post, On the Popular Image of the Lawyer: Reflections in a Dark Glass, 75 CAL. L. REV. 379, 389 (1987); see Robert W. Gordon, The Independence of Lawyers, 68 B. U. L. REV. 1, 68-83 (1988)（法律家の独立して行為する能力についての批判と防御を示している）．

は，明らかに不公平なものである，ということに関する．（私はここで，より世慣れしていない依頼者あるいはより良心的な依頼者は，法律家との間で問題のある討議を始めることがより少ないであろう，と想定している．）法律家の第一の職責——実定法規利用の提供——が，それは公平ではないだろう，と示唆している．法は，公共財であるべしと意図されている．［個人ごとに］別異に役立てられ得る法という見通しは，厄介である[73]．法律家は，法を役立つものとするために機能し，一個の主要公共資源すなわち実定法規の利用に，市民を等しく近づけるように機能する[74]．ここで考察されている区分は，そうした法律家活動の肯定的役割をくつがえすように見受けられる．質問するだけの利口さがある人物は，実定法規の利用を獲得する．知ることのより少ない，あるいは好奇心のより少ない，あるいは世慣れのより少ない依頼者は，実定法規の利用を獲得しない．法律家は一般に，依頼者が十分に実定法規を知らず，自身は何を欲するかや何を必要とするかが分かっていないだろうと理解して，その理解を誇りにしている．法律家という職業は，しばしば，依頼者が置かれている状況と実定法規とが交差するところについて依頼者を教育するために十分なことを明らかにするねらいでの，技量に富んだ面接に従事しなければならない．法律家には，実定法規がどのような選択肢を与えているかを依頼者に分からせるための相談助言をする必要がしばしば生じる．このような仕方で，世慣れている者と世慣れていない者が，法律家の援助によって有意義に平等化されるのである．

　それでも，ちょうど第一の認識におけると同様に，平等に利用されるべき『法』と言えるものは何であるのか，という難問が残されている．われわれが先に考察した諸問題に立ち戻るのである．もしもわれわれが，どの種の法なら

---

73) 公布が『法の支配』の一要件であると考えられている．上記注1に引用した文献をみよ．しかし，上記第Ⅱ部 D. の議論と比較せよ．

74) 逆のこととして，法律サーヴィスは常に乏しい資源である故に，どちらの依頼者に法律家は奉仕すべきであるのか決定することも，法律家の道徳上の責任の一部であるという，ウイリアム・サイモンの意見を考えてみるのがよい．Simon, 上記注17, at 1092-96 ; see also Pepper, Amoral Role, 上記注3, at 619-21.

ば依頼者が侵犯してその結果を入手する権利をもつのか，について知っているのであったならば，あるいはどのような情況の下ならば依頼者が実定法規の一部としてそうした選択肢をもつことになるのかを知っているのであったならば，そのときには，法律家がそうした選択肢についての討議を開始することができる場合，あるいは逆にそれが依頼者にとり法的選択肢ではなく，したがって法律家がそれを提案するのが不適当である場合を，われわれは知ることにもなりもしよう．ところが，そのような区別には，実務法律家の手が届かないのである．

G．助言が，違法な行動よりも合法である行動をもたらす公算

依頼者が法律家の知識を法的規範を遵守するために用いるのか，あるいは法的規範を侵害するために用いるか，その蓋然性を基礎にして，われわれは法律家に手引きを提供することができるか．実定法規あるいは法的規範を侵犯する依頼者の意図について法律家によく分かっていなければいないだけ，実定法規についての情報提供を違法な行動の援助として分類することが困難となる．そこで，もしその助言は実定法規あるいは法的規範を侵犯するために使われるであろうと法律家が予見する理由がないときには，その法律家には助言を与える自由がある，と示唆する第一次の法的ガイドを創出しうるであろう．われわれは，このガイドの反対側に，依頼者は実定法規の知識をその実定法規を侵犯するために用いると法律家が<u>知っている</u>ときには，助言の提供を禁ずるルールを設けることになろう．

そのような手引きをより洗練されたものにするために，努力をすることができよう．実定法規の服従について社会がもつ利益を保護する志向で引かれる線は，その情報が実定法規あるいは法規範の侵犯を容易にする実質的な可能性のあるときには，その情報を法律家は提供すべきではない，という定めをするであろう[75]．（一つの系は，そのような状況にあって，法律家が依頼者とさらに

---

75) そのような線に沿った規定がキュータック委員会 Kutak Commission により，そ

第1章　実定法規の許す限界までの相談助言　63

意思疎通して，依頼者の意図もしくは蓋然的な行為について知ろうとするのはよいが[76]，しかし，その情報が実定法規あるいは法的規範に逆行する行動を容易にするために用いられるのは高度の蓋然性のこととしてあり得ない，とその法律家が決断するまでは，情報を提供することはできない，というものであろう.）依頼者に有利な［上述のものと］まったく異なる線は，法律家はそのような助言を与えることが許されるとする線，すなわちその依頼者が情報を実定法規あるいは法的規範を侵犯するために用いるであろうことが『本当にありそうだ』というのでなければ，［どちらか］疑問であるときの利益は依頼者に与えてよい，という線であろう．その他にもいくつかの『中間の』変種も有り得る（例，『本当にありそうだ』に代えて『ありそうだ』）．あるいは，次のアプローチがよりいっそう標準的なもののように機能しうるかも知れない．すなわち，情報が実定法規あるいは法的規範を侵犯するのに用いられるであろうことの蓋然性が大きければ大きいほど，法律家がそれを提供することの正当性は低くなる，と.

　法律家の助言を制限するのに可能なこのアプローチとの関連で，2点の要因が考慮されるべきであろう．第一，そのアプローチが有用なものになるのは，

のモデル・ルールズ・オブ・ザ・プロフェッショナル・コンダクトの討議草案の中で提案されていた．『その法律家が，（1）依頼者によって違法な一連の行動を進めるのに用いられる……であろうと合理的に予見し得る助言を法律家は与えるべきではない.』MODEL RULES OF PROFESSIONAL CONDUCT Rule 2.3(a) (Discussion Draft 1980). この規定は斥けられて，まったく別異の規定が採択されたのは，第Ⅲ部で論じるとおり．『であろうと合理的に予見』［という語句］は，明らかに過失不法行為法において展開された合理的予見可能性の観念に基づいている．しかし，過失不法行為法においての『合理的予見可能性』は，あること（予見されていること）が起こるかも知れない，ということを示し，それが起こるであろう，ということは示していない．したがって，キュータック委員会による2個の用法の結合はあいまいである．依頼者が違法行為に従事する『かも知れない』ではなしに，『であろう』ということの『合理的予見可能性』について，どのようなレベルの蓋然性が必要とされるのかは明確でない．

76)　HAZARD & HODES, 上記注6, §1.2：506. にある例証的事案をみよ．

上記で詳細に検討している他の要因の一つあるいはそれ以上と結合してのみである，ということになりそうである．予見できる契約破棄を援助することは完全に受け入れ可能であろうが，予見できる殺人を援助するのはそうではないであろう．かくして，刑事／民事線引きが法的限界として採用されるべきであったならば[77]，問われるのは，侵犯を容易ならしめるであろう法的情報が法律家により与えられるのを禁止するためには，依頼者のなす犯罪的侵犯がどの程度に蓋然的（もしくはどの程度に予見可能）なものでなければならないのか，そしてその蓋然性を明白ならしめるためにどの種の調査が法律家に要求されているのか，であろう．自然犯／法定犯線引きが適当なガイドとして受容されるのであれば，同一の問いに答える必要があろう．実定法規についての情報が依頼者に与えられるべきでない場合をどのような線引きで決定しようとも，依頼者による（どのように定義されるかにかかわらず）実定法規の（どのように定義されるかにかかわらず）善くない使用が，［助言］禁止の引金を引くことになるとされねばならない蓋然性の程度に関しては，補充的な手引きがやはり必要とされるであろう．

　第二，この蓋然性もしくは予見可能性の手引きは，おそらくは法的に悪い行動の考察に手を着けたのは誰であるのか？[78]，というすぐ上のところで論じた区分とからまり合うところが多いであろう．そうなるのは，可能である将来の行動から生じる法的効果についての法律家による検討それ自体が，依頼者にその行動の可能性をもたらしたり，さもなくば依頼者のそのように行動する蓋然性を実質的に変更したりもするであろうからである．依頼者がその行動の法的意義を知らなかったのであれば，まさにそのような行動をする可能性からして依頼者には生じることがなかったかも知れない．例えば，1リットル当たり0.050グラムのアンモニア廃水レベル及びそれが0.075以下であれば執行されないという事情に関して，依頼者に教え込みをすれば，将来において依頼者が1

---

77) 部分的にはそうあったとおりである．上記注12の MODEL RULES, Rule 1.2(d) をみよ．第Ⅲ部で論じている．
78) 上記第Ⅱ部Fをみよ．

第 1 章　実定法規の許す限界までの相談助言　65

リットル当たり 0.050 グラム以上の排出をするであろう蓋然性に実質的な影響が生じるであろう．第二の例は，古典的な殺人の精密分析の状況であり，そこで精神異常の防御に関し，及びその他の考えられる防御がありそうもないことに関して，依頼者を教え込めば，そのような［精神異常の］防御を根拠づけるものとして論議の対象となる『諸事実』を作り出すために，その依頼者は法律家に対して，そして後には裁判所に対して，嘘を吐くであろう蓋然性が多分に増大する[79]．依頼者が情報を法的に悪い行動の補助として用いる蓋然性の，なんらかの変種を基礎にしたルールあるいは原理を制定する際には，規準は，その法的情報が伝達される以前の蓋然性についていうものであるのか，後についていうものであるのかが決定されていなければならない．われわれの関心は，依頼者の行動に及ぶ実定法規の効果にかかわるのであるから，情報が伝達される前よりも後においての，行動の蓋然性に焦点を結ぶのがもっとも賢明であると思われる．

　情報の効果に焦点を結ぶこと，すなわち前―及び―後という問題は，より絶対的な限界を示唆することに通じるかも知れない．もしその情報を伝達することが，問題になっている実定法規もしくは法的規範を依頼者が侵犯する蓋然性をより大ならしめるのであれば，法律家は，依頼者に教え込むべきではない．それでも，そうした結論は，本論説においてこれまで諸論点を考察してきたことの意義を否定するか，あるいはそれら諸論点に立ち帰らせることになるであろう．依頼者の，契約を破棄する『権利』，法定犯に属する犯罪を実行する『権利』あるいは問題となっている実定法規がいかに執行されるのか知る『権利』を熟考するよう［われわれを］立ち帰らせる．

H．区分，ガイダンス，そして複雑性

　7 個の区分，これらの区分についてのかなりの数の組み合わせ，そしてそれらに由来するいくつかのルールを，法律家のための何らかの手引きを見つける努力として詳しく調べ終わったいま，どこにわれわれはいるのか？　境界にあ

---

79)　See ROBERT TRAVER, ANATOMY OF A MURDER (1958).

るいくつかの状況を除けば，明白な回答を提供する単一の要因は存在しない，と私は述べたい．例えば，明白な法の廃用ならば，依頼者にそのことを伝えることができよう．もう一つの例として，法律家は，明白かつ重大な自然犯である行動を援助するであろう実定法規に関する知識を伝えてその行動を容易ならしめることは，すべきではない[80]．

これらの重要ではあるけれども周辺に位置する状況は別にして，7個の要因は，決定的なものではない――それらは，われわれにルールあるいは解答を与えるものではない．

民事／刑事線引きは，法律家たちによってもっとも多く受け入れられ，言葉に出されているものの一である．しかし，水質汚染設例や税［申告］審査設例が示しているとおり，その受容と叙述とは，とくに深いとか考え抜かれているとかいう訳ではない．これら［水質汚染や税申告の設例］は，形式としては犯罪行動であるものを容易にしている状況ではあるが，しかしたいていの法律家は，［その状況において］依頼者に［関連の］実定法規に関する情報を提供するのは適切なことであると考えている．そのような訳で，上記に論じた区別のうちでも，刑事／民事区分は，最初見受けられたほどには役に立たない．自然犯／法定犯区分はもっともよく役に立つであろうが，しかしそれはいくつかのまったく異なる定式を有している[81]．自然犯／法定犯区分のあれこれの形式に刑事／民事線引きを結合したものが，たいていの法律家が適用している実際活動の限界におそらくもっとも近いようである．水質汚染及び税審査の設例において論点となっている行動は，およそ犯罪的ではあるが，それは自然犯では

---

80) 第Ⅱ部E.で設定した2個のルールのうちの一は，次のとおりである．
　依頼者が，(1)法により明白に禁じられており，(2)明白な社会的コンセンサスにより重大かつ実質的な道徳上の悪であるものをともなう行動を容易ならしめるために，その法的情報もしくは助言を使用する蓋然性が使用しない蓋然性よりも大きいときには，法律家はその依頼者に法的助言または情報を提供すべきでない．
　このルールのごときものを法律家行動のガイドとすべきなのであり，したがってモデル・ルールズの中に含められているべきなのである．

81) 上記第Ⅱ部E.をみよ．

第1章　実定法規の許す限界までの相談助言　67

ないから，たいていの法律家が情報を提供しているのであろう[82]．また，犯罪性と道徳上の悪性と双方が結合した場合には，たいていの法律家はためらい，実定法規に関する援助の情報を提供しないであろう．自然犯であるとする性格づけは，不運にも，それ自体が不明確なのであるし，個人の道徳性に緊密に関連しているので，大いなる紛議及び意見対立が関わり合うことになる．2個の要因の結合は，何であれ双方の弱点を包含する．したがって，その結合は，どちらかの区分だけの場合よりももっと決定的であり役に立ちはするが，明白なかつルールのような手引きを与えるというものではない．

われわれは，それら諸要因を一つの表にまとめて連合させる試みをすることができよう．次頁の図表がそれであるが，これもやはり明白さを生み出すものではない．むしろ，それは複雑性を例証するものとなる．七個の可能な区分が，それぞれ上記に論じたとおり重大な難問及び変種をその中にもっている．（それらの変種までをも含める試みは，さらになお惑わせる図表をもたらすであろう．）ここで考察している種類の状況に直面する法律家は，要因のそれぞれを考慮して，格子の適当なマス目の一つ一つにチェック印をつけるとよい．格子の左側にチェック印が多ければ多いほど，その法律家は，実定法規についての情報を依頼者に提供するべきであるという方により傾いている．あるいは，その法律家は，そうした過程を経る際に，問題の状況に対する各要因の重要性に基づいて，それぞれのチェック印にウエイト（おそらく1から4までの番号）を付けてもよいだろう．一，二の事案例についてそのような演習をやってみる

---

82) 第Ⅱ部B.2.で指摘したとおり，規制の土俵では民事罰と刑事罰とが重なり合うことになりそうである．税［申告］審査くじ引き状況では，罰は民事的なものになる傾向の方が大きい．この類型の状況における税務法律家の責任は，多くの議論の主題をなしてきた．See, e. g., ABA Comm. on Ethics and Professional Responsibility, Formal Op. 85-352 (1985) ; BERNARD WOLFMAN & JAMES P. HOLDEN, ETHICAL PROBLEMS IN FEDERAL TAX PRACTICE (1985) ; George Cooper, The Avoidance Dynamic: A Tale of Tax Planning, Tax Ethics, and Tax Reform, 80 COLUM. L. REV. 1553 (1980) ; Michael C. Durst. The Tax lawyer's Professional Responsibility, 39 U. FLA. L. REV. 1027 (1987).

と，驚くべく興味がかき立てられる．チェックは，明白には決定的とはならない配置で広がるが（通例，相当の数が両側に広がるが），チェックをどちらの側に置くべきか，そしてその要因がどのくらい重要なものとすべきかを決定する過程は，直接の答えを示さないにしても，明らかに有益である．

Criminal Violation (Law as prohibition) 犯罪的侵犯（禁止である法）		Civil Violation (Law as cost) 民事侵犯（コストである法）	
Conduct *Malum in Se* (Conduct wrong in itself) 自然犯（それ自体悪である行動）		Conduct *Malum Prohibitum* (Conduct "merely" prohibited) 法定犯（『単に』禁じられている行動）	
Enforced Law 執行されている法	Rarely Enforced Law 稀に執行されている法		Unenforced Law 執行されていない法
Enforcement of Law 法の執行	Procedural Law 手続法		Substantive Legal Rules 実体的法ルールズ
Private Information 内密の情報		Public Information 公開の情報	
Lawyer-Initiated Discussion 法律家が始めた討議		Client-Initiated Discussion 依頼者が始めた討議	
Likely information will be used to assist unlawful conduct 違法な行動を援助するのに 用いられることのありそうな情報		Unlikely information will be used to assist unlawful conduct 違法な行動を援助するのに 用いられることのなさそうな情報	

第一図　第Ⅱ部で論じられた諸区分

ついで，このことは，要因の――あるいは格子の――価値は，第一次には，問題の状況を分析するのを助ける過程を提供するところにあると示唆している．諸区分は，法律家の注意をいくつもの異なる見通しに集め，そこからして特定の状況が見分けられるのであり，かつそれぞれを分離して考慮することを許すのである．かくしてその過程は，法律家の直観を伝授しかつ洗練するメカニズムを提供して，法律家の状況についての考慮を規律する助けとなる．複雑性があるとともに決定的ガイドが欠落していることからして，洗練され反省的である直観が，求め得る最大のものであると言えよう．状況の一側面，すなわ

ち格子の中の一要因が，まさしく［直観から］より重要に思えるであろう．それは，自然犯／法定犯区分であることが多いであろう．法律家が援助するであろう行動に，何か根本的に悪いことが存在しているか？　あるいは，その助言は本当に『法』についてのものとみられるか，そうでなく本当は，法の執行についてのもの及び執行をいかに回避するかについてのものであるのか．そして，特定の状況における一個の要因がいっそう重要であるという——その行動は<u>本当に悪い</u>（あるいは悪くない），もしくはその助言は『法』のいっそう中心をなす面についてではなしに，探知を回避することについてである，という——感覚は，われわれを法律家の直観に頼らせているのであるが，それは少なくとも，状況をいくつもの可能な識別要因，いくつもの意義のある可能な見通しという利点から考慮するよう強制してきた直観なのである．かくして，ここまでの究明は，問題に直面したときに用いる1個のルール又は1組のルールズを法律家に提供することからは遠いけれども，実質的に役立つものである．第Ⅲ部において続けられるのは，実定法規に関しての究明，それが方向づけあるいはガイダンスにつき明白さを提供するかどうかを決定するための簡潔な究明である．

　ともあれ，実定法規に進む前に，われわれが究明している問いが統合されて，3個のいっそう包括的な面としてみることもできたかもしれない，ということは指摘しておくべきであろう．第一，容易化される依頼者のその行動は，本物の悪をともなうものであるか？　図表上の最初の2行（刑事／民事及び自然犯／法定犯区分）は，その問いを対象にしている．第二，その助言又は情報は，『法』に関して伝えるものであるのか？　図表上の中間の3行（法の執行に結び付く論点をまとめたもの，及び内密の情報と公開の情報という区分を対象とする）は，その法学上の基本問題，すなわち法とは何かという問題の一面である．第三，その助言又は情報は依頼者を動かして行動に従事させるものであるのか？　図表上の下の2行（その論題の［討議］開始及び依頼者が違法に行為することの蓋然性）は，この最後の要因に関連している．私自身の感じるところでは，しかしそのような統合は，明らかならしめるものであるよりも，覆い隠すものである．7個の区分のそれぞれは，まったくばらばらの論点にかかわ

っている．この理由からして，本論説の第Ⅱ部がこれら区分された展望のそれぞれから諸論点を探究したのである．

Ⅲ．実 定 法 規［＝ロイヤー・コード］

　法律家の行動を規制しガイドすることを意図した実定法規［であるロイヤー・コード］が，すっかりわれわれの主題に直接の対処をしている．すなわちABAによるモデル・ルールズ・オフ・プロフェッショナル・コンダクトModel Rules of Professional Conductのルール1.2(d)は，次のとおりに言う．『法律家は，法律家が犯罪的あるいは詐欺的と知っている行動に依頼者が従事するよう相談助言をしないものとし，又はそうした行動について依頼者を支援しないものとする．しかし，何であれ提案されている行動の進行の法的結果について法律家が依頼者と討議することは，許されている．』[83] もし，『逮捕されること』及び『処罰されること』は『法的結果』である，とみなすことになれば，このルールは，われわれが考慮してきた状況のすべてにおいて，法律家が依頼者に実定法規についての情報を提供することを許容する．第Ⅱ部における究明は，現在の法的実務が，この種の結果を多くの実体的領域（例，労働法，契約［法］，不法行為［法］及び水質汚染状況）において実定法規に関連をもつ情報であると見なしていることのみならず，そうした助言のどれかを境界外のものとして分離する明白に正しい線引きは存在しないことをも示している．

　ルールの1.2(d)において引かれている線は，一方の，犯罪的あるいは詐欺的行動を指示，示唆あるいは援助すること，と他方の，実定法規（『法的結果』）に関する情報を提供すること，との間にある．しかし，上記に詳しく検討した状況が示すとおり，実定法規について依頼者を教育することは，その実定法規の侵犯を示唆ないし援助することに等しい，というのがしばしば有り得る事態なのである．それ故，そのルールの明示された言い回しが，『実定法規』を伝

83）　MODEL RULES, 上記注12, Rule 1.2(d).

えることは常に受容されてよく，かつそのこと自体が示唆ないし援助であるとみなされてはならないと示すことにより，この重なりに直接かつ明瞭に対処している，という事情を指摘するのは重要なことである．このようにも敷延されよう．示唆ないし援助するのはいけないが，『しかし』そうした禁止にもかかわらず，『いかなる』行動のあり方に関してであれ，実定法規がどうなっているかを依頼者に知らせることは，『してよい』[84]．言い換えれば，『行動することがもくろまれている［依頼者の］あり方がもたらす法的結果を検討する［こと］』は，その検討が犯罪的もしくは詐欺的行動につき，相談助言しあるいは援助する効果をともなうにしても，なお許容されるのである．そのように読まれたルールは，外国犯罪人引渡［条約］，陪審員買収そして児童証言の情報設例を含めて，第Ⅰ部に掲げた例のスペクトルの全面にわたる情報を提供することを許容している．重要なのは，このルールの言い回しが，依頼者は実定法規の執行について知らされてよい，と明確にしているようにみえることである．『法』とは，［この場面では］決定的な語ではない．『法的結果』とは，法律家が『もくろまれたいかなる行動のあり方』に関しても伝えることを許されている事柄なのである[85]．

84） これが起草されたルールの意図であることは，モデル・ルールズの討議草案から排除されたこのルールの前身によっても確かめられる．［その前身は，］『法律家は，法律家にとり筋の通った理由で（1）依頼者により違法な行動のあり方を進めるのに用いられるであろうと予見される……助言を与えるべきではない．』［であった］．MODEL RULES OF PROFESSIONAL CONDUCT RULE 2.3(a) (Discussion Draft 1980). このルールは，精確な法的情報を提供することと，違法な行動を示唆することとの重複にかかわり，最終的に採択された言葉とはまったく異なる対処をしている．
85） この道にさらに踏み込めば，このルールは，警察掲示板についての助言，上記第Ⅱ部C.参照，までをも許すものと見受けられる．警察官のパトロールにより逮捕されることは，『法的結果』であるとみられるだろうからである．もちろんこのルールは，依頼者の行動が発見されることを『法的結果』の範疇から除外している，と解釈されてよい，とするのも可能ではある．しかし，この解釈には第Ⅱ部C.3.で言及した難点がともなう．

Rule 1.2(d)に付されている Comment は，この線引きを，明白に記された語が示すほど鮮明には認めていない．このコメントのパラグラフ 7 は，その一部で，『法律家は（犯罪的ないし詐欺的）目的を，例えばそれがいかにすれば隠せるかを示唆することによって，推進するのは避けるよう求められている』と述べている[86]．しかし，その情報が隠されようとしている活動の『法的結果』についての『討議』の一部分であるときには，そのコメントに背馳するものとして，『しかし法律家は何であれもくろまれた行動のあり方の法的結果を討議することができる』という明白に記された語が存在する[87]．ルール1.2に付されたコメントのパラグラフ 6 は，ルールにすっかり背馳している訳ではないが，次のように述べて，問題点を無視している．すなわち，『疑問とされる行動の法的側面の分析を提示することと，犯罪あるいは詐欺が処罰を回避して行われるようにする手段を勧めることとの間には，決定的な区別が存在する．』[88]と．しかしここでもまた，はっきり記された文字が，この『区分のきわどい重なり』（どちらでもある，と考えることができる情報の討議）が，例外のある原則だとされていることを明瞭に示している．それらは，『法的側面の分析』であるとみなされるのである[89]．

86) MODEL RULES, 上記注12, Rule 1.2(d) cmt. para. 7.
87) Id. Rule 1.2(d)（強調を付加した）．これだけが，モデル・ルールズにおける明白に記された文字とコメントの間での唯一ないしはあからさまな矛盾なのではない．例として，モデル・ルール3.2の記された文字とそのルールに付されているコメントの最後の文章とを比較せよ．矛盾がある場合には，ルールの本文がコメントを制約する，とされているのは明白である．ルールズに先行する『意図範囲 Scope』規定が，その一部分で次のとおりに述べている．「コメントは解釈のガイドとなるものであるが，各ルールの本文が決定する．」Id. Scope para. 9.『コメントはルールに義務を付加するのではなく，ルールを遵守して実務を行うための手引きを与えるものである．』Id. para. 1.
88) Id. Rule 1.2 cmt. para. 6.
89) ウォルフラム教授は，ルールの本文に鮮明な区分の線があることは認めるが，『ルール1.2(d)のそのように迷わせることの大きい読み方は，その論点の提出を受けたどの主体によっても受け入れられることが明らかにないであろう』と主張する．WOLFRAM, 上記注6, at 694-95. そうした行動だけを基礎にして法律家を制裁するこ

一見したところ，その規定は，このように，市民（依頼者）が実定法規を知る権利を有しており，それ故に法律家は，実定法規（執行を含む．これは行動の『法的結果』の一部とみられよう）について真実の情報を提供することが禁止されてはならない，とする結論を体現している．『法は公開情報である』というのが前提をなす，と思われる．[しかし]興味深いことに，これが原則ではまったくない．その訳は，法律家は，依頼者に実定法規についての情報を提供するよう要請されてはいないからである．法律家は，依頼者と『法的結果を討議する』よう要求されないものとされている．そこから，法律家が依頼者に知らせる『権利』を有しているのであり，依頼者は知る『権利』を有していない，ということになる．したがって，そのルールのねらいは，この難しい領域において法律家を保護するだけのことにとどまるであろう．ルールの基礎にある前提のよりいっそう趣味のよい［表現での］理解の仕方は，ひとえにこれらの問題が1個のルールにとってはあまりにも多様かつ困難であるので，法律家の裁量にゆだねるのが最善である，というものであろう（私が第Ⅳ部において，もっと長い探究をしての結論）．

それでも，1.2(d)以外の諸ルールが法律家に実定法規及び法的結果を［依頼者らに対し］提供するよう要求している，ということもあり得る．その他の規定が，依頼者自身を支配する『実定法規』を知る依頼者の『権利』を，ある程度にわたり具体化していることもあり得る．ルール1.4(d)は，『法律家は，[当

とに関する典拠が欠けている事情――下記注109-20及びそれがともなう本文をみよ――からして，これは奇妙な主張である．

バンディ教授とエロージ教授は，コメントのパラグラフ6から引用した『決定的区分』文章に依拠して，『その行動が違法であるとの助言は明白に許容されているが，しかしその他の類型の助言は，許された分析及び禁止された援助の間の境界に関する不確実性によって曇らされている』と結論づけて，本文に示唆されたルールについての明白な解釈に抵抗している．Bundy & Elhauge, 上記注7, at 324.

ニューマン教授は，ルールによりなされている明白な区分を認めている．彼は，法律家が依頼者の行動を指示しているとみなし，その故に，法律家の言葉が取り得る二つの形態，『命令形態』か『結果討議』形態か，のいずれかの強調をこのルールについて見分けようとする．Newman 上記注5, at 290-92.

面の事案につきその法律家がする］信認代理に関して，依頼者が事情に通じた決定をするのを許すのに合理的に必要な程度まで，事案の説明をすべきである．』と規定する[90]．ルール2.1は，『法律家は……率直な助言を与えるべきである．』と述べている[91]．ルール1.2は，法律家が，『信認代理の目標に関する依頼者の決定に黙従すべきであり，……かつそれら目標を追求すべき手段に関して依頼者と相談すべきである．』と規定する[92]．1.2(d)に付されたコメントの一部分は，単純に次のとおり主張している．『法律家は，依頼者の行動から結果として出てきそうな実際的結果について，正直な意見を与えるよう要請されている』[93]．そして，第一次的ルールであるルール1.1は，法律家が『competentである［＝要請に応え得るだけの十分な能力のある］信認代理を［依頼者に］提供する』ことを要求している[94]．これら四個のルールは，われわれが考察している状況において実定法規にかかわる情報を法律家が提供することを要求するものである，という強力な議論を構成することができはしないであろうか[95]．

ルール1.2はまた，依頼者によりなされた行動の可能性と法律家によりなされた行動の可能性とを区別している，とも解釈されてよいのかも知れない．そ

---

90) MODEL RULES, 上記注12, Rule 1.4(b).
91) Id. Rule 2.1.
92) Id. Rule 1.2(a).
93) Id. Rule 1.2(d) cmt. para. 6.
94) Id. Rule 1.1.
95) See generally Susan R. Martyn, Informed Consent in the Practice of Law, 48 GEO. WASH. L. REV 307 (1980); Judith L. Maute, Allocation of Decisionmaking Authority Under the Model Rules of Professional Conduct, 17 U. C. DAVIS L. REV. 1049 (1984); Pepper, Lawyers' Ethics, 上記注24 at 947-49. 実定法規（それがどのようなことを意味すると解釈されていようとも）を侵犯する決断が，依頼者の自由に行い得る『決断』ではなく，したがって何であれルール1.4(b)の下での義務からは黙示的に除外されていると判定して，反対の解釈をすることもまた可能である．Cf. Nix v. Whiteside, 475 U. S. 157 (1986)（依頼者の偽証供述を防ぐ法律家による強制は，依頼者からカウンセルの有効な援助を受ける権利を奪ったものではない，と判示）．

第1章　実定法規の許す限界までの相談助言　75

のルールは，法律家は『何であれもくろまれている行動のあり方の法的結果を討議してよい』と述べているのであるが，しかし誰によって『もくろまれている』のかは言っていない．一見したところでは，そのルールがもくろみをするのは誰であるのかを特定してはいない故に，かつ『何であれ』という語が使われている故に，その『法的結果』につき依頼者と討議してよい『行動のあり方』とは，法律家と依頼者のどちらが考慮の対象としたのでもよい，とみなすことになりそうである[96]．しかし，もし，この規定は依頼者により持ち出された詐欺的行動あるいは犯罪的行動の可能性にのみ適用される，と読まれるのであれば，1.2(d)の二つの部分の間にある重複はかなりにせばめられたことになるであろう．言いかえれば，実定法規について依頼者を教育することが，機能において，実定法規を侵犯『するよう』依頼者に助言することと等価である場合がはるかに少なくなるのは，依頼者により『提案された』行動にのみ第一次的禁止[97]が適用される，と読むときにおいてである．このような理解は，第Ⅱ部のF節で検討した区別をたどることになろうし，そこで提起されていたやっかいな懸念にぶつかるであろう．実定法規に反する依頼者の行動の起動者に法律家がなるべきだというのは，正しいとは思えないこと言うまでもない．

　しかし，何を訊ねるべきか十分に知る者は実定法規の完全な利用を得ることができるのに，他面では，（世慣れることが少ないか良心的であるかして）何を訊ねるべきか十分に知らない者が実定法規の知識から隔てられる，というのも，またやっかいなことである．ルール1.2(d)の概括規定は第一の認識を支持し，例外規定は第二の認識を支持するようにみえる．1.2(d)の総体としてのもっとも明白で平明な意味は，『もくろまれている』という語を含め，第一の認識よりも第二の認識——実定法規の平等で完全な利用——により合致している．

　『法的結果』に関して依頼者に知らせる［法律家の］『権利』の他にも，また

---

96)　See FREEDMAN, 上記注8, at 146 ; Newman. 上記注5, at 292-94.
97)　そのルールは，『法律家……はすべきではない……しかし法律家は……することができる』，というように述べられている．

ルール1.2(d)は,『犯罪的もしくは詐欺的』行動に『依頼者が従事するよう助言すること』又は『犯罪的もしくは詐欺的』行動を援助することを法律家に禁じてもいる．この言語表現には，大規模の語られざる例外が含まれている．つまり，法律家は，その他の不法行為行動，契約破棄，ないしはそれ以外の法的に不当な行動は，助言若しくは援助してよい，としているのである．その結果，(実定法規及び法的結果に関する情報を提供することとは異なるものとしての) 行動示唆もしくは行動援助との関連では，法律家懲戒の目的で引かれる線は，民事／刑事線引きであり，その線には詐欺的行動を［懲戒事案に］加えるための小さい突起がある．このことは，詐欺が犯罪によく『似ている』ため線を横切るからである．あるいは，このように言ってもよいだろう．その線引きは，自然犯／法定犯区別についての起草者の観念に由来しており，詐欺は犯罪一般と同じくそれ自体が道徳上の悪である，と観念されているのだと．そのルールのこの［突起］部分は，依頼者から，第1年目は大変に利益がありそうだがその後の年度にははるかに利益が減少しそうである多年度［継続］契約に関して助言を求められている法律家が，利益の上がった年以降は［契約を］破棄する可能性につき，依頼者に対し法律家の方から示唆してもよい，ということを意味している．また，モーテル所有者から相談を受けた法律家が，欠陥のある湯沸かし器を［欠陥を］知りながら使用することがおそらくは（金銭面での）負担が最小となる選択肢である可能性について，示唆してもよい［ということを意味している］[98]．（［ただし］そのルールは，どちらの事案においても，法律家によるそのような行動がそれ自体として不法行為であるかどうかは決定していないし，その行動を理由とする民事損害賠償責任から法律家を守るものでも

---

98) 助言が禁止されると思われる1個の例は，法律家がモーテルの所有者に，所有者はその債務を履行できないであろうと知りながら，新しい湯沸かし器をクレジットで購入するよう示唆することであろう．上記第Ⅲ部F.をみよ．適用される州の法の下でそのような行動が詐欺と分類されていたならば，法律家は，1.2(d)の適用によりその行動を示唆することができないことになろう．そのような選択肢は何も知らない人物に対する重大な侵害でありうるから，そうした状況にそのルールを適用するのは厄介なことである．

第1章 実定法規の許す限界までの相談助言　77

ない.)

　このように,モデル・ルールの1.2(d)は,二つのくっきりとした線引きを採用している.民事／刑事線引き(もしくはそれにごく近接したもの)及び実定法規(『法的結果』)に関する情報の提供とその他の種類の依頼者に対する『援助』との間での線引き,がそれである.禁止されるためには,その法律家の行動が双方の線引きの悪い側にある,というのでなければならない.『法律家は,(7)その法律家が違法であると,もしくは詐欺的であると知っている行動について,依頼者に助言しあるいは援助すべきではない.』[と規定している][モデル・ルールズに]先行する[ABAモデル・コード中の]ルールであるDisciplinary Rule[綱紀規定]7-102(A)は(いまなおマサチューセッツ,ニューヨーク及びオハイオを含めた10近くの州で適用されているのであるが),これらの分割の双方に関してあいまいである.実定法規に関する正確な情報を提供することは,『相談助言』あるいは『援助』["counsel" or "assistance"]であるのか？ [その後に宣示されたABA]モデル・ルールズは,そうではないことを明確化しており,かつさらに前置詞を変えることによっていっそうの明確化を付け加えている.法律家は,禁止された行動に『依頼者が従事する』よう助言してはならない.不法行為となる行動もしくは契約の破棄は,『違法』であるのか[99]？『詐欺的 fraudulent』を付加カテゴリーとして使用していることは,『違法 illegal』で『犯罪的 criminal』を意味すると含意している,というようにもみられよう.しかしこの[違法]という術語は,もっとより多くのことを意味しうるのである.(そして,どっさりとある法律書籍が,もちろん,皮相的である同意語を抱え込んでおり,『詐欺的』もそれであると解釈されているのかも知れない.) 指導的法律辞典における単一の定義は,はるかに幅広いものである.すなわち,『[違法] Illegal. 法に反する,あるいは法により是認されていない』.契約の破棄も不法行為となる行動も,法により明示して是認されてはいないが,しかしそれでも,それらは禁止される,と表明されているの

---

99)　See Hazard, 上記注62, at 671-75.

でもまたない[100]．

　かくして［上記の］Disciplinary Rule 7-102(A)(7)の下では，上述の『幅広い中間地帯から』の２点の例は禁止されるであろう，とすることもまたまったくあり得ることなのであった．１リットル当たり0.050グラム廃水限界に関する環境保護庁の（非）執行方針についての情報，及び［税申告書の］２％審査割合についての関連する法的情報を依頼者に提供することが，『違法な行動の援助』とみなされるのは大いにあり得ることである．さらにこの幅広い中間地帯からのもう一つの例は，第Ⅰ部の初めに簡単に言及したものであるが，［ABAコードのDR］7-102(A)(7)と［ABAルールズのルール］1.2(d)の間にある差異を例証し，後者が，現在のこととして受容されている法律家の実務を正確に反映するものである，と示唆する．労働法に関して，経営者側を代理するのを専門としている法律家たちは，組合づくりの努力に反対して抗争したいと望んでいる使用者，あるいは現存する組合を『つぶす』試みをしている使用者に対し，その使用者は連邦労働関係法（NLRA）の規定を侵犯することになる，と示唆するのが常である．使用者は，その法律により『不当労働行為』と定義されている行動を進めることで，組合づくりを効果的に抑止したり，少なくとも組合づくりの努力をした者たちの士気を大きくくじいたりする効果を挙げることができる．不当労働行為［についての救済］申立てに対する連邦労働関係委員会の裁定は，通例は数年を要し，かつその救済はその不当労働行為の犠牲者であった特定の労働者のための遡及賃金［支払命令］と職場復帰［命令］に限られている．実定法規及びその執行にかかわるこれらの事実がひとたび使用者に示されるや，単純な費用／便益分析が（しばしばその法律家による明示の勧告の裏打ちをともないながら），使用者をして労働関係法の規定に故意の違反をさせることになる場合も多くみられる[101]．これは，通常の法的用語法の下では，

---

100)　BLACK'S LAW DICTIONARY 747 (6th ed. 1990).
101)　ロバート・ゴードンが，この法律家による組織的な実定法規とりわけ規制法規の意図覆滅という一般的現象を論じている．Gordon, 上記注72, and Robert W. Gordon, Corporate Law Practice as a Public Calling, 49 MD. L. REV. 255 (1990). ここでの責任

第1章 実定法規の許す限界までの相談助言　79

依頼者による『違法な』行動に該当すると思われ，もしそうであれば，その法律家は明らかにその違法な行動を『助言し援助』していることになる．しかし，そのような労働関係法の侵犯が，犯罪的でも詐欺的でもないことも，また明白である．［モデル・コードの DR］7-101(A)(7)の下では，法律家のその行動は禁止されているものとみられる．［モデル・ルールズのルール］1.2(d)の下では，法律家のその行動は保護されているものとみられる．7-101(A)(7)が有効であった年月を通じて，かつ今日まで引き続き[102]，労働関係法律家によるそのような行動は，公開された明白なものとして存在しており，制裁されたことがない[103]．

　規制法規から取ったこの例の外側では，［モデル・コードの DR］7-102(A)(7)

　が（ゴードンの示唆するとおり）法律家の責任なのか，それとも実定法規の責任なのかは難しい問題である．法律家は（第一に）何が実定法規であるかに関し依頼者を教育すべきであるのか，あるいは法律家は（第一に）実定法規の背後にある目標を推進すべきであるのか？　法律家はおそらく双方をすべきなのであろうが，しかしどちらが第一であるのかは難しい問題である．私は，第Ⅳ部と第Ⅴ部でその問題を間接的に採り上げる．ゴードンに加え，see Simon, 上記注17. 私は先行する論説で，答えは『双方』であるが，『法の利用』を提供することが第一である，と示唆していた．See Pepper, Amoral Role, 上記注3, at 616-24. 630-32 ; Pepper, Lawyers' Ethics, 上記注24, at 947-61 ; Pepper, Rejoinder, 上記注7, at 662-72.

102) ABA Model Code は1969年に［ABA の会議を］通過し，数年内に各州により広く採択された．STEPHEN GILLERS & ROY D. SIMON, JR., REGULATION OF LAWYERS : STATUTES AND STANDARDS at xv (1995). ABA Model Rules は1983年に通過し，各州により採択されたのはそれよりはるかにゆっくりとである．Id. at xvi. 現在［1995年］の時点で，38の州がこの新ルールズを採択しているが，ニューヨークのごとき若干の卓越した州は別である．Id.

103) 制裁されていない［という言葉］で，私が言おうとしているのは，法律家懲戒（公表される戒告，業務停止あるいは退会命令）の報道された先例が存在しないことの他，その他の［損害賠償］責任の報道された先例もない，ということである．その助言を与えることによって法律家自身が労働関係法を侵犯した，と判示されたこともないし，個別の労働者もしくは組合に損害を与えたとして，契約関係侵害の請求原因で賠償責任ありと判示されたこともない．注106-109がともなう本文をみよ．

にある『違法』の語の下ではおそらく禁止されるであろう助言は，その範囲が広大であった。裁判所が無効と判示している条項を契約に挿入したときの法的結果に関して依頼者を教育することは，『違法』な行動の援助になるのか？　その管轄区の控訴裁判所によって合法的ではないと判示された行動を行政機関が続けることに関して，その機関に法的助言を提供するのは，『違法』な行動の援助になるのか[104]？　当該問題を裁判した裁判所のすべてによって『欠陥があり』かつ『過度に危険である』と判示された製品の製造を続けることの結果について法的助言を提供するのは，違法な行動の援助であるのか？　たいていの法律家は，そうした法的助言を提供することは禁止されていないと同意するであろう。（もっとも，種々の事情につき，そうした助言を与えることの賢明さに関しては，不一致があろうし，そうした助言をいかにして与えるべきかに関しては異なる見解をもつことがあろう。また，その助言と組み合わせてどのような助言──あるいは警告──が与えられるべきかに関しても，不一致があろう）。かくして，たいていの法律家は，［モデル・ルールズのルール］1.2(d)が受容されている法律家業務を正確に反映している，ということに同意するであろうし，また［モデル・コードのDR］7-102(A)(7)の下でのはるかにいっそう幅広くありうる制限が，受容されている実務を反映したものではなかった，ということにもまた同意するであろう。事実，旧ルールから新ルールへの変化

---

[104]　1980年代の初期に社会保障管理庁 the Social Security Administration (SSA) が，周知のかつ争いを呼んだ『非黙従』"nonacquiescence" の方針を押し進めた。管理庁は，ある控訴裁判所の判決意見につき連邦最高裁へ上訴することはしなかったが，その判決意見に従うこともまたしなかった──その管轄区内において宣明されている法を尊重しなかったのである。知識がある法律家が付いており，かつ管理庁の決定につき裁判所に出訴する資力をもつ原告は，連邦裁判所の法による支配を受けていた。そうでない者たちは，その行政庁による反対の解釈によって支配されていた。連邦労働関係委員会及び国税庁もまた非黙従を行った。See William W. Buzbee, Administrative Agency Intracircuit Nonacquiescence, 85 COLUM. L. REV. 582 (1985); Steven P. Eichel, "Respectful Disagreement": Nonacquiescence by Federal Administrative Agencies in United States Courts of Appeals Precedents, 18 COLUM. J. L. & Soc. PROBs. 463 (1985).

第 1 章　実定法規の許す限界までの相談助言　81

は，実質の変化を意図してはいなかったのであって，そうではなく単に，法律家につき理解されている［活動］限界についてのいっそう精密で注意深い命題制定であった，ということのようである．双方のルールの下で入手できる判例は数が限られているが，それが示していることは同一なのであり，かつこのような理解を支持している．

　［ABAのモデル・コードやモデル・ルールズの］諸ルールから目を転じて公表された裁判官意見に向かうと，この論点につき本論説ではごく僅かしか調べていないことに読者は気づかれるであろう．執行に関する情報を含めた実定法規あるいは法的結果に関する正確な情報を依頼者に提供した，というそのことだけを根拠として，法律家が懲戒され，あるいは民事上もしくは刑事上責任を負うと判示された事案は，私は一つも発見していない．先行する二つのパラグラフにおける例示のすべてについても，それ以前に設例した例示についても，このことは真実である．しかし，そうした行動は許容される，と明示して判示している意見を発見することも，やはりまた困難である．これらの問題は訴訟で争われたことがほとんどないように見受けられる．こうした事情は，その行動が合法的であるのはごく明らかなので，事案が訴訟に持ち込まれてこなかった，ということを示唆している．（そう判示した判例法の存在している方がより具合がよい，と法律家たちが感じるのは確実なことなのであるが）[105]

---

105)　法律家の行動に適用され得る『法外の和解 non-law of settlement』とでも名付けられてよいものが最近発展しているのに対して示されている不快感には，実質的な理由がある．1980年代のO. P. M.事件から最近のケイ・ショーラー事件まで，損害賠償責任が［その事案のありようでは］否定されるし，明白な司法先例やその他の明白に確立された法の規定に基づいてもいない，という事情があるにもかかわらず，法律事務所及びその保険者が大変に多額の和解に応じている，というよく知れ渡った事案が多く存在する．See Hassett v. McColley (In re O.P.M. Leasing Servs., Inc.), 28 B. R. 740 (Bankr. S. D. N. Y. 1983); Jones Day Settles OTS Claims on S & L, Will Pay $51 Million, 9 ABA/BNA Law. Manual on Prof. Conduct 109 (1993); Susan P. Koniak, When Courts Refuse To Frame the Law and Others Frame It to Their Will, 66 S. CAL. L. REV. 1075 (1993); Kirk A. Swanson, Debate Continues on Ethics After Kaye Scholer Accord, 8 ABA/BNA Law. Manual on Prof. Conduct 109 (1992); Steven

一個の例外は，依頼者に契約を破棄するようにと，あるいはいまだ契約の段階に達していない将来的取引関係を勝手に変更するようにと勧める，法律家の承認された特権である[106]．この局面に関しては，大きな一団をなしている判例法が存在し，法律家（それとともに同様の地位に置かれた代理人）は，契約妨害についての意図的不法行為を理由にして責任ありと判断されてはならない，ということを承認している．この法理は，［正式の審理に先立つ］プリーディング及び簡易判決の段階で適用され［て，訴訟手続の初期段階ですでに損害賠償請求を敗訴させ］ることが多い．(1)法律家が専門職業としての関連範囲内で助言を与え，もしくは行動を推奨しており，(2)その伝達が依頼者の利益のためであって，［依頼者とは］分離された当事者としての法律家のためではなく，(3)法律家の動機をなしているのが，侵害を受ける当事者に対する『害意 malice』ではないならば，その特権の適用がある[107]．

France, Can the Bar Regulate the Large Firms ?, LEGAL TIMES, Jan. 31, 1994, at 28 (Kaye, Scholer 事務所のピーター・フィシュベイン Peter Fishbein に対しては，懲戒手続を進める理由が存在しない，とするニューヨーク州法律家団体の認定を論じている); Amy Stevens & Paulette Thomas, Legal Crisis: How a Big Law Firm Was Brought to Knees by Zealous Regulators, WALL ST. J., Mar. 13, 1992, at A1. これらの事案における［業務過誤損害賠償請求の］申立て［において原告側］は，実定法規及びその執行にかかわり正確な情報を提供することを超えるものとして，依頼者の不法行為的行動，明白な偽りのコミュニケーション，及びその他の依頼者の不法行為的行動援助があったと明らかにすることはできなかった．本論説が検討の対象にしている諸論点は，［これらの事案では］出現してはいないし，これらの和解の基礎をなしてはいない．

106) RONALD E. MALLEN & JEFFREY M. SMTTH, LEGAL MALPRACTICE § 6.23 (3d ed. 1989). 契約を履行しないようにと，あるいは他人とこれから契約関係を結ばないようにと，第三者に意図的にはたらきかける者が，その第三者に
 (a)真実の情報を与え，あるいは
 (b)助言を求められてその要請の範囲内で誠実な助言をした，
というのであれば，他人間の契約関係に不当に干渉したということにはならない．Id.; see also RESTATEMENT (SECOND) OF TORTS § 772 (1977).

107) See Los Angeles Airways v. Davis, 687 F.2d 321 (9th Cir. 1982)（カリフォルニア法を要約し適用している．); Worldwide Marine Trading v. Marine Transp. Serv., 527 F.

第 1 章　実定法規の許す限界までの相談助言　83

　この原則が契約に対する干渉の関連においてのみ公式に承認されていることは，法的規範の侵害に通ずる助言にとって，契約への干渉がもっとも異論の出にくい状況である，という直観を強化する．しかし，契約への干渉［事案］だけが，一個の原則を発達させるに足りるだけの頻度をもって法律家が被告の地位に立たされてきた唯一の領域なのである，ということもまたあり得る．そうでありそうだというのは，(a)違法と論じ得る行動を法的助言がもたらしたのであると推測し，かつ(b)かなりの額の責任保険に加入している専門職の被告を［訴訟の本来の被告である契約を破棄した相手方とともに］付加しておくことは明らかに意味がある，と［相手方に対する］潜在的な訴訟提起者あるいはその［代理人］法律家がみることになりがちなのは，不法行為的行動や犯罪においてよりも，契約かつ商事の場面においてだからである．この原則は拡張して，反トラスト法侵犯が疑われる場合の助言をもその範囲に取り込むようにみえ，さらにより一般的に，契約あるいは優越業務関係への不法行為としての干渉にまで適用されてよい，と示唆されてもいる[108]．

　　Supp. 581 (E. D. Pa. 1981); Schott v. Glover, 440 N. E. 2d 376 (Ill. App. Ct. 1982); Beatie v. DeLong, 561 N. Y. S. 2d 448 (App. Div. 1990). Fraidin v. Weitzman, 611 A. 2d 1046 (Md. Ct. Spec. App. 1992) では，この特権に関して陪審に対しなされた指示を裁判所が是認しているが，その指示の最後の 2 点は，本論説で取り組んでいる基礎問題を直接に再叙述したものである．

　　　したがって，［業務過誤損害賠償請求訴訟の］被告とされたアターニィ［＝法律家］が，その依頼者に対して依頼者を代理する範囲内で法的助言を与えただけであり，かつその法的助言が依頼者の利益のためであって，もっぱらその法律家のためのものではない，と認定されるのであれば，意図をもって契約に干渉する共謀という主張に関する陪審の認定は，被告である法律家又はその事務所に有利なものとなるはずである．

　　　いずれにせよ，法律家が，その依頼者は違法な活動に従事しているという事実を現に知っていれば，その違法活動の遂行を手助け，援助あるいは奨励するのは良くないことである．Id. at 1078.

[108]　See Brown v. Donco Enters., 783 F. 2d 644 (6th Cir. 1986); Tillamook Cheese & Dairy Ass'n v. Tillamook County Creamery Ass'n, 358 F. 2d 115 (9th Cir, 1966); Invictus Records v. American Broadcasting Cos., 98 F. R. D. 419 (E. D. Mich. 1982);

法律家が懲戒を受けたり，その他の形で法的に有責であると判断されたりしている事案は，いつも実定法規に関する正確な助言の提供を超えて依頼者の侵害的行動に向かうよりいっそう積極的な関与に関わるものである[109]。一例として，よく知られている In re Ryder 事件では，裁判所は，［モデル・コードの］DR 7-107(A)(7)の先駆け［であるルール］に依拠して，銃身を切り詰めた一丁のショットガンと盗まれた金銭とを依頼者の銀行貸金庫から近くの法律家自身の名前で借りた貸金庫に移したことを理由に，法律家を懲戒に付している[110]。その行動は，犯罪行動（贓物隠匿及び違法火器収受並びに保持）の積極的な援助を構成しており，正確な法的助言の提供あるいは依頼者の信頼秘密の確保をはるかに超えている．いっそう典型的で，かつわれわれが考慮しつつある論点により近い状況は，People v. Calt 事件である[111]。ジョン・ブロッサーは，ゲイツ・エナジィ・プロダクツに雇用されていた．彼は，転勤を命じられており，雇用されている者の住居の売却にかかる一定額の移転費用と仲介手数料の補償の支払いを［使用者から］受け取る権利があった．しかし，ブロッサーは自分の住居を所有しておらず，女兄弟と同居していた．ブロッサーから相談を受けた［法律家］カルトは，その女兄弟に家屋の所有権を放棄させてブロッサーの

Worldwide Marine Trading, 527 F. Supp. 581（反トラスト及び不法行為的契約干渉の双方についての申立て）．

109) See Newman, 上記注5．

110) 263 F. Supp. 360 (E. D. Va.), aff'd, 381 F. 2d 713 (4th Cir. 1967)．裁判所は，ライダーが［1908年の ABA の職業倫理］カノン15及び32を侵犯したと判示した．カノン32の一部は次のとおり述べている．『依頼者は，われわれ法律家がそのための奉仕者である実定法規に対する不誠実をともなう役務あるいは助言を……受ける権利を有しないし，法律家は与えるべきではない．』ABA CANONS OF PROFESSIONAL ETHICS Canon 32 (1908)．カノン15は，一部分で次のとおり述べている．『しかし，法律家に向けての貴重なる委託が，実定法規の境界の外部においてではなく内部において遂行されるべきであることは，確実に肝に銘じられているべきである．』Id. Canon 15．ライダーは，連邦裁判所での業務を18カ月停止された．263 F. Supp. at 370．

111) 817 P. 2d 969 (Colo. 1991).

所有とし，その後で『売り』戻しをするようにと助言した．しかし［そうすることを］女兄弟が拒んだので，カルトは，『架空の住居売却にかかわる仲介手数料及びその他の費用』を書き表したものとして『虚偽の権利移転書』を作成し署名した．カルトは，この詐欺によって［ブロッサーが］得た補償の5分の3以上を自分の報酬として受け取った．裁判所は，DR 7-107(A)(7)及び他の三個の懲戒ルールに依拠して，カルトを除名する処分をした[112]．

［その法律家］カルトは，たんに，詐欺的請求となる行為，詐欺の法的結果及びそれがいかに探知され得るかについて助言することを超えて，二つの事犯をしていたのに注意せよ．彼は，ブロッサーに外形だけの取引を仮構するよう助言すること，及び詐欺的文書を積極的に作成すること，の二つのことをしていたのである．第一のことは，法的助言を超えて詐欺的行動のあからさまな推奨をなしている．第二のことは，法的助言及び依頼者への伝達一般を超えて，詐欺の援助及び促進となっている．これは，依頼者のした違法な行動を援助した，という理由で法律家の責任が認定される諸事件にみられる特徴である．法律家は，実定法規，法的結果及び法の執行にかかわる助言をするだけ以上のことを行っている[113]．実際のところ，報道されている法律家懲戒あるいはその

---

[112] Id. at 970-71. DR 7-107(A)(7)に加えて，裁判所は DR 1-102(A)(3)（法律家は，道徳的堕落に係わりあう違法な行動に従事してはならない．）及び DR 102(A)(4)（法律家は，不誠実，詐欺，欺瞞あるいは不実表示に係わりあう行動に従事してはならない．）に依拠した．Id. たいていの法律家懲戒事案は，同じように1個以上のルールに依拠しており，かつこれがふつう一種類以上の非行に併用されている．あいまいなままにいくつかのルール及びいくつかの非行に依拠するこの種の裁判から成り立っている先例の一群は，個別のルールのための司法解釈ないし注解を明瞭に見分けることを困難ならしめしている．

[113] 例えば，受託者及びその代理人法律家による信託財産の浪費が申し立てられた事件である Pierce v. Lyman, 3 Cal. Rptr. 2d 236 (Ct. App. 1991) 事件で，［上訴］裁判所は，法律家の抗弁が［原裁判では］支持されていたのを覆すにあたり，次の点を指摘した．『依頼者に対して被告［法律家］が単なる法的助言の提供以上のことをした，と申し立てられている．信認義務違反を知っていたということ以上のことが申し立てられている．積極的な隠匿，裁判所に対する不実の表示，そして個人的財産利益取得の自己取引が主張されている』．Id. at 243 ; see also Newburger, Loeb & Co.

他の損害賠償事案で，より積極的な付加としての援助はともなわず，たんに第一の非行すなわち違法行為の推奨だけが原因をなしているものは，ほとんど存在しない[114]．［この法律家］カルト［がした行動］は，［法律家の］非行が，単なる推奨を超えて積極的援助にまで進んだ，という点にもまた特徴がある．このことは，法律家が通例として，実定法規，依頼者に与えられた選択肢及び依頼者がなすべきことだけを伝えるだけにとどまらない行動をしている，という事実の反映にしかすぎないであろう．法律家は，そうした伝達に続けて，依頼者が選択した行動を積極的に援助するのである．あるいは，そのことは，実務において承認されているものとして，次のとおりの境界線が存在することを意味してもいよう．すなわち，もっとも広義での『実定法規』について依頼者

    v. Gross, 563 F. 2d 1057, 1080 (2d Cir. 1977)（ニューヨーク州の法原則は，『代理人法律家には，たとえそれが間違ったものであれ，誠実な助言を与える特権が認められており，かつ原則としてはその依頼者の動機の故に責任を問われることがない』というものであるが，その特権は，『悪意をもって，詐欺的に，あるいは他人の法的権利を踏みにじることを知りつつ行為するライセンスを創出するものではない』から，［本件には］この原則が適用されない，と判断する).

114) Townsend v. State Bar of Cal., 197 P.2d 326 (Cal. 1948) では，法律家が依頼者に対し，間もなく言い渡されると法律家が知っている判決を妨害するために，虚偽の権利移転をするよう助言した，という根拠で3年間の業務停止に付された．しかし，裁判所が［その懲戒裁判の中に］記している事実関係は，当該行動を推奨することに加えて，その法律家は（それが虚構の仕方で使用されることを知りつつ）［権利移転の要件である］捺印証書を作成し，かつ詐欺を容易にするためその捺印証書に遡っての日付を記した，ということを明らかにしている．Id. at 327-29. Attorney Grievance Comm'n v. Kerpelman, 420 A. 2d 940 (Md. 1980) 事件では，法律家が依頼者［父親］にその子供を監護命令に反して母親から奪うよう助言した，という理由で懲戒されている．他のいくつかの非行も懲戒の根拠にされているが，ともかくその法律家は，多数の依頼者たちに『子さらい』をするよう助言した旨の自白をしている．Id. at 958. Also, see In re Bullowa, 229 N. Y. S. 145 (App. Div. 1928) 及び CENTER FOR PROFESSIONAL RESPONSIBILITY, AM. BAR Ass'N, ANNOTATED MODEL RULES OF PROFESSIONAL CONDUCT 39 (2d ed. 1992)（『犯罪行為又は詐欺行為に従事するよう依頼者に助言すること』と題されているセクション）にまとめられている諸事件をみよ．

第1章　実定法規の許す限界までの相談助言　87

に話すのはよい．はたらきとしては，実定法規の侵犯を示唆もしくは援助するのと同じになる，というときでさえも，そうしてよい．しかし，依頼者にそのような伝達をすることを超えて，何らかの形態の積極的援助にまで法律家が進むことはできない［とする区分を示す境界線である］．

異なる角度から実定法規をみても，結果は同一である．不法行為のリステイトメント並びに代理のリステイトメント及びモデル刑事法典には，違法な行動につき他人を幇助した者は，主犯と並んで有責である，とする言葉が含まれているとともに，法律家の行動について例外を定めることはしていない[115]．例えば，代理のリステイトメントにあるコメントは，その一部分で次のとおりに述べている．『本人を助けて……不法行為に関与した代理人は，原則として，代理人自身が共同不法行為者として損害総体につき責任を負う．』[116] 相似に，不法行為のリステイトメントは，このように述べている．『他人の不法行為的行動から第三者に生じた危害については，(b)他人の行動が義務違反を構成すると知っていて，かつ他人がそのように行動するよう実質的な援助もしくは促進をした者は，責任を負う．』[117] しかし，その唯一の援助が正確な法的助言を与えることにとどまる法律家に責任が課された先例は，どちらのセクションの下でも，報道されてはいない[118]．事情は，刑法についても相似である．ニュー

---

115)　これら諸規定の検討及び諸規定の意味については，Hazard, 上記注 62. at 677-82. をみよ．

116)　RESTATEMENT (SECOND) OF AGENCY § 343 cmt. d (1957). Section 343 自体は，次のとおり述べている．他の点では不法行為である行為を行った代理人は，彼が本人の命令であるいは本人のために行為した，という事実によって責任を免れることはない．例外となるのは，代理人が本人の特権，もしくは本人の利益保護のために代理人に与えられている特権を行使している場合，あるいは本人が危害を受けた人物に対して保護の義務を負っていないか，通常の義務以下の保護義務を負う，という場合である．

117)　RESTATEMENT (SECOND) OF TORTS § 876 (1977).

118)　ハザード教授は，ずっと以前の彼の論説で，実定法規にかかわる正確な情報を提供するだけ（『実定法規の限界についての専門家による定義』）から，違法な行動を遂行する明からさまな行為（『それなくしては，依頼者が不正の目的を達成できな

ヨーク州には刑事幇助に関する制定法があり，関係部分で次のとおり規定している．

1．犯罪を実行する意図をもつ人物に対し手助けを与えることになる蓋然性を信じて，その人物にその犯罪実行の手段あるいは機会を提供し，かつその人物が重罪［に該当する犯罪］を実行することを実際に手助けした者は，第四級［もっとも軽度］の犯罪幇助につき有罪となる[119]．

ニューヨーク州の制定法の下で法律家がその依頼者の行動につき有責とされた事件は，存在していない．同様に，相似の幇助制定法を採用しているそ

いであろう手段の提供』）まで，ありうる援助の『スペクトル』を指摘していた．そこでの彼の結論は，『このスペクトルの最小手段側で援助を提供することは，法が明白に承認している．他方の側での行動は，法が明白に禁止している．』［というものであった］．Hazard. 上記注62, at 671. 結び近くになって，ハザード教授は正しくも指摘する．『ほとんどの事件において，法律家は，その依頼者が明白に違法な目的を成し遂げるのをあからさまに援助している．』Id. at 682. しかし，その論説の明示的結論は逆の示唆を伝えている．もしも『法律家が，依頼者の一連の行動を，<u>その行動を続けるよう依頼者をはげましあるいは探知されるリスクの減らし方を示す助言を与えることによって</u>，またはその一連の行動を実質的に促進する行為を遂行することによって，容易ならしめたときは』，その法律家は責任を負うことになる．Id.（強調は引用者）．ハザード教授が引用している諸先例を注意深く読めば，より正しいと言えるのは，後の方から引き出せる示唆よりも，前の方の結論であることが知られる．例えば In re Feltman, 237 A. 2d 473 (N. J. 1968) 事件が，『裁判所は，法律家が犯罪の実行の仕方あるいは詐欺のはたらき方に関して助言を与えることは正当ではない，と判示している』という主張の根拠として引用されている．Hazard, 上記注62, at 682. しかし，その裁判の［理由としてかかげられた］意見は，明示して，戒告の根拠をなしているのは，法律家が与えた助言ではなしに，法律家が『その外面において不実の』送達を是認して署名をした事実の故である，と述べているのである．Feltman, 237 A. 2d at 474. この関連ではどちらもハザード教授が引用している In re Giordano, 229 A. 2d 524 (N. J. 1967) 及び Townsend（上記注114）に記述されている）をも考察せよ．上記注62, at 682.

119) N. Y. PENAL LAW § 115.00 (McKinney 1987).

の他の三の州においても，法的助言を与えたことを理由とした法律家の責任にかかわる事件は，一つとして報道されていない[120]．

つまるところ，［ロイヤー・コードや先例などの］実定法規は，われわれが探究してきた問題にかかわり，抑制したりあるいは手引きを与えたりする仕方でルールを設けることは，ほとんどしていない．実定法規は，法律家が犯罪行動あるいは詐欺的行動を推奨したり援助したりしてはならない，と示してはいる．しかし，法律家は，実定法規（及び『法的結果』）にかかわる正確な情報を提供してよいのであり，その情報が推奨あるいは援助のはたらきをする場合ですらも，その提供をしてよいことが明らかである．犯罪行為及び詐欺行為を除けば，［依頼者の行動を規律する］実定法規に関し法律家が依頼者を教育してよいのみならず，法に反する行動を示唆することまでしてよい，と［ロイヤー・コードなどの］実定法規が示しているように見受けられる．（しかし，そうした助言の正当性を再保証する判例法は少ない，というのが悩みである．）そのような訳で，現在の展開のあり方では，われわれが考察してきた状況について，実定法規が法律家に大きな範囲の裁量権を与えているようにみられるのである．

Ⅳ．相談助言と品格

A．4個の前提

上述したところ全体を読解してきた法律家にとって，どのようなガイダンス

---

120) ARIZ. REV. STAT. ANN. § 3-1004 (1989); KY. REV. STAT. ANN. §§ 506.080＝506.100 (Michie/Bobbs-Merrill 1990); N. D. CENT. CODE § 12.1-06-02 (1985). Hazard, 上記注62, at 681-82は，従犯の責任を対象とするモデル刑法典（1985）の §§ 2.06(1), 2.06(2)(c), and 2.06(3)(a)(ii) を論じて，それらの規定が法律家の犯罪責任の根拠を与えるかも知れないと，示唆している．しかし，モデル刑事法典の注釈は，そのような規定の下で，法律家が実定法規及びそれがいかに執行されるかにつき正確な助言を与えたことを理由として，有罪と認定されたことがあるとは記していない．この関連でハザード教授が引用している諸事件については，上記注118をみよ．

がそこに見いだされたであろうか？　実定法規は，ありうるすべての行動の法的結果を法律家が依頼者とともに検討してよい，と法律家に告げてはいるが，しかしそれをしなければならない，とは法律家に告げてはいない[121]．上記に展開した7個の区分は，分析の仕方，着手の方法，テスト方法そして直観を磨くのを助ける過程を提供している．しかし，それらの区分はほとんどが，特定の又は具体的な解答を与えることはなくて，かえって問題の複雑さと困難さのありようを示すものである．つまり，それらは意味深い解明を与えるのが通例ではあるが，しかしただ部分的な手引きであるにとどまる．

　下記において[122]簡潔に論じる法律家自身の手段及び直観は別として，ガイダンスを提供しうる前提あるいは基盤が他に存在するであろうか？　第Ⅰ部でいくつものそうした前提に言及しておいたのであり，いまここでこれら出発地点を要約するのは有用であろう．第一の前提は，法は，個人が生活を送るに際して個人に利用可能であるようにと意図された公共財である，というものである．言い換えれば，法の根本目標は，行動を導くのに利用が可能となることである．このことは，依頼者たるものは，自分を支配している実定法規に関する知識について，明白な利益を，そしておそらくは権利をも有している，ということを意味する[123]．第二の前提は，専門職としての法律家の主要職責がその

---

121)　Model Rules 1.1, 1.2, 1.4, 及び 2.1. により要求されている程度は除く．上記注90-95がともなう本文をみよ．

122)　下記注148-53及びそれがともなう本文をみよ．

123)　人の行動を支配する実定法規について知る憲法上の権利が存在する，という命題を支持するための実のある議論を組み立てることもできよう．その議論は，NAACP v. Button, 371 U. S. 415 (1963) 及び United Transp. Union v. State Bar, 401 U. S. 576 (1971) などの先例を類推して構築できるであろう．後者の裁判で，裁判所は次のとおり説示している．『当裁判所の諸先例 NMCP v. Button, Trainmen 及び United Mine Workers をともに貫通している線は，裁判所の有意義な利用を獲得するために企てられた集団的活動が，憲法第一修正の保護の範囲内にある基本権である，とするものである．』Id. at 585. 1個の請求の法的基礎にかかわる知識は，『裁判所の利用』にとり先決条件であると思われる．そして，いくつものあり方において，その権利は，NAACP v. Button 先例以下一連の事件で解釈された権利よりも，いっそ

第1章　実定法規の許す限界までの相談助言　91

依頼者を援助することであり，その役割の核心部分は，それなしではたいていの素人依頼者にとって不可能となる法の利用を法律家が提供する，というものである[124]．（この前提のコロラリィが，依頼者を判定したり規制したりすることは，ある境界地帯では正当なこととされるかも知れないにしても，第一次の法律家役割ではない，というものである[125]）．第三の前提は，法律家がする依頼者援助は，実定法規の限界によって拘束されている，というものである．法律家たるものは，違法な行動について依頼者を援助すべきではない．

　本論説において考察している状況の文脈中において，これら3個の前提は，一つの基本的難問を示唆する．すなわち，依頼者の実定法を知る権利の比重を決定して，それと，法律家が法及び法的規範の侵犯を援助するのを防止する社会の利害関心の重さとを，均衡させるという難問である．私自身が感じるのは，『秘密法』という観念は，自由でかつ平等な存在としての市民及び人々の奉仕者としての政府という概念とは両立しない，ということである．しかし，こうした理解にかぶさってくるものとして，われわれがこれまで調べてきたように，いかなる状況の下で何が『法』とされるのか，を決定することの困難さ及び複雑さがある．また，ある種の執行方針及び実務の関連では，『可聴的分離』［ともいうべき仕方］を正当化するであろう考慮もまた支配している．このように，あの7点の区分が，均衡についての私のその予測に要因として介入し，かつ予測を複雑化する．そのような本当に重要な注意書に制限されつつも，私はやはり，われわれの憲法秩序が，人びとは，彼らを支配する意図を有する『実定法規』を知るにつき，『権利』に近接したあるものを有することを前提にしている，と主張したい．（その知識を人々から遠ざけておくという観念は，高い所

　　う基本的なものではないかと思われる．

124)　この論拠は，Heller 先例においてさらに展開されている，上記注21; Pepper, Amoral Role, 上記注3 ; and Pepper, Lawyers' Ethics, 上記注24.

125)　ウイリアム・サイモンとデイヴィド・リューバンが，伝統的に理解されあるいは受容されてきたのよりもはるかに大きな範囲の判定（あるいは審査）を法律家の役割として認めようとする根拠を設定している．LUBAN, 上記注34, at 1-234 ; Simon, 上記注17.

に何人かもしくは何か制度が存在していて，実定法規について誰が何を知るべきかを決定する，ということを，不安をもたらすようにして暗示する）．

したがって私の見解では，最初の2個の前提は，法律家が実定法規に関して依頼者を教育するのは，原則として正当なことである，という［反証があるときは覆され得る］推定を根拠づけるのであり，そしてこの推定が，法律家が何をすべきか熟考する際の大切な出発点をなすのである．しかし第三の前提と第Ⅱ部において探究した諸区分とは，その推定が反証される場合も存在するのであり，［そこでは］その行動を支配したり判定したりするであろう実定法規――もしくは法規関連情報――を知らされる『権利』を依頼者がもたない，ということを強く示唆している．これら3個の前提を一括すると，われわれの基礎的問題が再記述されることになる[126]．それら3個の前提は，関連ある法及び法的考慮を学習する依頼者に有利な［反駁可能］推定であると再定式化されて，思考開始の方向づけ（あるいは偏向）を示唆しはする．けれども，それらは，法律家がその推定がいつ反駁されたことになるのかを決定すべきときの，決断の方法を与えてはいない．いましばし，(1)モーテルの所有者及び(2)長期にわたる契約の折衝をしているが数年後に契約破棄をする可能性をも考え合わせている当事者［の設例］を再考してみよ．これらの状況それぞれにあの7点の区分をよく考えて適用しても，どのような法的情報が伝えられるべきであるのか，それとも伝えられるべきでないのかに関して，決定的な手引きは出てこない．［そうであれば］法律家は，次にどこに向かうことになるのか？　上記に言及した前提にかかわり，二つの見解がきわめて適切ではないかと思われる．第一，ここに法律家と依頼者の生活が出会っているのであるが，法律家は，第一次のかかわり合いをもつのが依頼者の生活である，ということを忘れるべきではない．そのモーテルを所有し，自分の生活の多くをそれに投資してきたの

---

[126]　それらの前提はまた，ある程度は，ABAのモデル・ルールズのもっとも適切なものを再記述してもいる．最初の二つの前提は，第Ⅲ部においてその前文を引用したモデル・ルール1.4(b)において顧慮されている．第三［の前提］は，第Ⅲ部で立ち入って論じたモデル・ルール1.2(d)に具体化されている．

は，依頼者なのである．欠陥のある湯沸かし器を維持しつつ業務を続けるかどうかにつき，選択をしようとしているのは，依頼者なのである．契約破棄（かつおそらくは，計画されたいくつかの選択肢の単なるひとつとしての破棄）という秘匿された意図もしくは傾向を抱えて，長期にわたる契約を結ぶことにするのも，またはしないことにするのも，それは依頼者なのである．このことは，なされるべき決定が第一次には依頼者の決定であるということ，そして多分『法的』なものであろう情報を与えないのは誤りである，ということを示唆している[127]．他面，各事案には，考慮されねばならない犠牲者，依頼者によって重大な加害を与えられるかも知れない第三者が存在している．広範囲に理解されるものとしての実定法規（リーガル・リアリストの見解）のみを伝達することは，あまりにもしばしば，法的規範に違反する悪い行動に従事することの（依頼者の観点からすれば）奨励にもなるのである[128]．実定法規を伝達するだけであるならば，第三者を害する違法な行動の援助としてはたらくことが少なくない．

それ故に，私は，第四の基礎，すなわち当面の難問につき別種の見通しを提供し，かつわれわれを問題解決のための別種の過程に引き寄せる一個の前提を付け加えたい．その前提というのは，法律家はその依頼者の目標ないし欲求を［固定された観念の下に］思い描くべきではない，というものである．法律家は，依頼者が最大可能な富あるいは自由を欲している，とみなすべきではない[129]．法律家は，その依頼者がホームズ［判事が述べた］『悪漢』であって，法的知識が彼に予見できるようにしてくれる物質的結果だけを念頭においてい

---

127) 依頼者が大会社であって個人でない場合にこの要因が計算から除かれるべき程度は，重要な問題であろうが，しかし本論説の範囲外にある．下記注137及びそれがともなう本文をみよ．

128) このことは，第Ⅰ部C.で簡潔に論じた．

129) See Pepper, Amoral Role, 上記注3, at 630-31 ; see also Warren Lehman, The Pursuit of a Client's Interest, 77 MICH. L. REV. 1078, 1084-97 (1979); Pepper, Lawyers' Ethics, 上記注24, at 944-49.

る，とみなすべきではない[130]．そのように無礼な仮定をさける仕方は，依頼者と語ること，依頼者の事情，欲求，及び選好を依頼者とともにみきわめ，これらすべてに実定法規がいかに衝突しあるいは影響を与えるかについて，検討の話し合いをすることである．この方策は，本論説の全体にわたり展開してきた要因分析を補完する問題処理として，対話及び相談助言の過程を指し示している．本論説において論じた論点を提起している諸状況に直面したとき，法律家は，ただ考え分析するだけであってはならない．加えて，依頼者と話し合うべきなのである．

　契約の折衝をしている依頼者は，本当に3年内にその契約を破棄することを意図しているのであろうか？　あるいは，そうではなしに，その依頼者はただ可能性について知りたいだけなのか？　実定法規のことは別として，契約がもたらす諸義務について依頼者と話を交わすことによって，かつ依頼者が［その契約］に依存する契約相手方に与えるかも知れない侵害について話を交わすことによって，法律家は，適切な情報を知ったり明らかにしたりすることができる場合もあろうし，また依頼者を助けて依頼者の意図及び行動に形を与えることもできるであろう．同様に，モーテルの所有者との会話は，［湯沸かし器の不具合で］事故に会った被害者が負うひどい火傷はいかなる重大な影響を及ぼすかを，商売の続行が所有者にとりどのくらい重要であるのかを，加えてこれら二つのことのつながりを，明らかにすることもあろう．法律家が依頼者から［関連の諸事情を］知れば知るほど，自分が直面するジレンマの実態をいっそうよく知ることになる．もしも，その依頼者は実定法規についての情報をその実定法規を侵犯するために使用するであろうということが判明したときには，法律家がいかに進むべきかの分析を助けるいっそうの情報，いっそうの微妙な事情を［そうした対話が］法律家に与えるであろう．加えて，そうした対話は，それ自体が，依頼者（及びその法律家）の選好あるいは意図を変えさせることもあるだろう．かくして，可能性が拡大することにもなろう[131]．

---

130)　Holmes, 上記注15, at 459.
131)　私がここで勧告していることを，私は別のところで，法律家と依頼者の間での

二人の異なる法律家を想像してみよ．一方は，［依頼者に］密着しない法律家で，(1)依頼者をその法律家のところに来させることになった状況，及び(2)その依頼者の欲求，について比較的簡潔かつ明瞭に理解したい，と望んでいる．もう一人は，counselor［助言者］としての法律家であり，依頼者及びその事情，必要及び欲求について，より完全でいっそう行き届き，かつまとまりのある見取り図を求めている．ケネス・マンは，彼の著書 Defending White-Collar Crime［ホワイト・カラー犯罪の弁護］の中で，依頼者が彼の有罪を立証するのに役立つ文書を持っているが，その文書を滅却することはもうひとつの付加的な犯罪となるであろう，というありふれた状況を論じている．一方の法律家はこのように述べる．

　提出命令が発せられたその時点においては，依頼者が提出すべき文書は現存していた，と推測される事案が多くある．この手続における私の職責は，大変に限られたものである．私は，もちろん，依頼者が司法妨害の訴因で有罪とされることを望んではいない．そこで，私は依頼者にそうしたことが起こったときの恐ろしい結果について警告する．しかし，最終的には，依頼者

『道徳に関する対話』と呼んでいる．それは，本論説で調べているたぐいの状況について適切であるのみでなく，法律家と依頼者の間に成立する関係の総体にとっても適切なものである．See Pepper, Amoral Role, 上記注3, at 630-32 ; Pepper, Lawyers' Ethics, 上記注24, at 944-50. この概念は，シャッファー教授の労作に由来する．See, e. g., THOMAS L. SHAFFER, ON BEING A CHRISTIAN AND A LAWYER (1981); THOMAS L. SHAFFER & ROBERT F. COCHRAN, JR., LAWYERS, CLIENTS, AND MORAL RESPONSIBILITY (1994). 依頼者との相談助言にともなういくつかの論点の検討については，see SAMMONS, 上記注47 ; Robert D. Dinerstein, Client-Centered Counseling: Reappraisal and Refinement, 32 ARlz. L. REV. 501 (1990); Stephen Ellmann, Client-Centeredness Multiplied: Individual Autonomy and Collective Mobilization in Public Interest Lawyers' Representation of Groups, 78 VA. L. REV. I 103 (1992); Stephen Ellmann, Lawyers and Clients, 34 UCLA L. REV. 717 (1987); Thomas D. Morgan, Thinking About Lawyers as Counselors, 42 U. FLA. L. REV. 213 (1990).

が選択することである．依頼者がその文書を滅却するであろうことを，私は疑っていない．［この場面で］私は，そうした成り行きを『知っていた』ことになるのか？　いや，ならない．しかし，二つのことを，かつひとまとめにして二つを，言うべきである．すなわち，そのような状況証拠に基づいて誰かを有罪とすることはできないであろう．しかし，自分なりの結論は引き出せる，と[132]．

ここでは，誰を，法律家は保護しているのか？　かつ，どの種の相談助言イメジが思い浮かべられているのか？　私が知るのは，腕をまっすぐに伸ばして，依頼者を突き放している法律家である．そして，私が思い描くのは，孤独な依頼者，彼の法律家からは直接の手助けを得ることができず，依頼者が独力で解釈をしなければならない，とする謎めいた黙示の助言を与えられている依頼者である．

あなたが水質汚染仮設例あるいは安楽死仮設例における依頼者であったとして，あなたならどちらの法律家を望むか？　あなたは，上記に言及したような『密着しない』法律家を選ぼうとするのか，それとも，喜んで気持ちを通じ合い，状況の総体に関する助言を与えてくれる法律家，おそらくは出すのが難しい結論にあなたが自身で到達するように，あなたからの相談によろこんで耳を傾け援助を与えてくれる法律家を選ぼうとするのか？　あなたには重い病気に罹っている年とった配偶者あるいは両親がいて，回復の見込みはないがすぐに終末を迎えるとも言えない，という状況を想像してみよ．その病人は，烈しい苦痛に悩んでおり，生き続けることは欲していない．その人は，死ぬことを望み，かつその用意がある．思案の果てに，かつおそらくは平常の場合ならばはっきり考えるであろうようには考えることが難しい中で，あなたは，愛する人のために望みをかなえてやる方法をみつけようとしている．［そこで］あなた

---

[132]　KENNETH MANN, DEFENDING WHITE-COLLAR CRIME 110 (1985)（強調付加）（内国歳入庁の手続における法律家—依頼者関係にある法律家について述べている）．

は，かかりつけの法律家あるいは誰か一人の法律家に相談する[133]．あなたなら次のような法律家たちのいずれに会うことを選好するであろうか？　第一の法律家は，丁重に話を聴き，いくつかの質問をしてから，愛する人の命を絶つのは殺人となるであろうと，あなたが考慮している行動は犯罪に当たるものであると，告げる[134]．刑罰は重い［ですよ，と告げる］．沈黙［で終わる］．第

---

133) 法律家についての公衆のイメージからして，何故相談するのが法律家なのか，とあなたは不審に思っているかも知れない．おそらく，医師は特に同情的ではないし，あるいは話しやすくもない．おそらくあなたには，医学の迷路を案内してくれる家庭医がいないのであろう．おそらく，この問題を気楽に持ち出す相手としての牧師を知らないのであろう．おそらく，この問題を語り合える友人をもっていないのであろう．あるいは，事案についての『客観的な』あるいは『専門家の』見解を欲する，ということなのであろう．多分，あなたは実定法規が［この状況に置かれた］あなたのためにどのような手引きを用意しているのか，知りたいかも知れないし，そうした行動が犯罪に当たるかどうかを知りたいのかも知れない．多分，あなたは法律家が利口で，知識のある人間だと思っているのであろう．あるいは，あなたは過去においてその判断が適切で，かつ役に立ってくれた法律家を知っていた，ということかも知れない．

　　　依頼者たちは，もっとも親しい友人にも話さない事柄を，法律家（及び医師）に対して，ときには［面談を始めてから］最初の5分内に打ち明けることがある．ときには，彼らが法律家を見つけるのは，その法律家が彼らの友人ではないという理由による．（著者の一人であるコクランは，かつてコクランが依頼者たちの教会には通っていないという理由で，コクランの許を訪れる依頼者が引き続いた，という経験をもつ．）法律家は感情面で密着してはいないことが，法律家が，その友人に対しては語るのをはばかるような事柄（道徳上の事柄）を，依頼者に対しては言えるようにするのである．
THOMAS L. SHAFFER & ROBERT F. COCHRAN, JR., TEACHER'S MANUAL TO ACCOMPANY LAWYERS, CLIENTS, AND MORAL RESPONSIBILITY 30 (1994) ; see also Anthony T. Kronman, Living in the Law, 54 U. CHI. L. REV. 835, 850-53 (1987)（法律家たちの適切な判断のためのきわだった能力は，同情と超然の組み合わせである，と性格づける．）

134) ほとんどの裁判権域において，自殺を助けるのは，殺人とはされないにしても，犯罪となる．See Juliana Reno, Comment. A Little Help from My Friends: The Legal Status of Assisted Suicide, 25 CREIGHTON L. REV. 1151, 1175-83 (1992); Catherine

二の法律家は，実定法規については，第一の法律家と同じ情報を提供してくれる．しかしこちらの法律家は，付け加えて，病気及び予後にかかわる情報を，そして，すぐに終末を迎えるとも言えずまた治癒もありえないと，苦痛は収まりがつかず病人は死ぬ方を選びたがっていると，判断しているその根拠にかかわる情報を［依頼者が明かすよう］さらに求める．これらの問いに対し筋が通り説得力のある回答が与えられたならば，この第二の法律家は，状況は同情できるものであること，そしてそうした事実関係であれば，検察官が訴追しない方を選ぶのではないか，ということを伝えてくれる．第二の法律家は，その出来事がニュースメディアの注目するところとならなかったときには，そうした［不起訴］決定はいっそう期待できるし，また出来事が検察官の注意をひかなければ，よりいっそう期待できると語ってくれる．もしも起訴されたときですら，と第二の法律家は言う．事情が大いに同情すべきものであるから，おそらく陪審は，殺人の構成要件に関する裁判官の説示を無視して，無罪にしてくれるであろう，と．検察官は，陪審のこのような判定がありうることを知っていて，かつ検察官自身も同情していて，魅力的な司法取引，多分懲役はともなわない司法取引を申し出るであろう．その第二の法律家は，ほとんどすべての点にわたり，よろこんで依頼者の質問に答え，依頼者が置かれている状況のこうした法的側面のすべてを検討し続ける[135]．

D. Shaffer, Note, Criminal Liability for Assisting Suicide, 86 COLUM. L. REV. 348 (1986). 選択肢を単純にするために，ここでの仮設例としての法的助言においては，殺人と自殺幇助の区分は度外視している．

135) 心裡のありようにかかわり，真実あるいは虚偽を語ることの意味合いについて依頼者が質問をした場合，第二の法律家ならば，虚偽を語れば偽証罪となるであろうことを告げ，したがって第二の法律家は，その可能性についてそれ以上は依頼者に話すことはできない，と思うことになる．See TRAVER, 上記注79; see also FREEDMAN, 上記注8, at 156-58 (discussing TRAVER, 上記注79). 私は上記でこの問題を簡潔に論じている．上記第Ⅱ部 G. をみよ．依頼者が，その行動は検察官に決して認知されないであろう，という可能性について話を続ける場合にも，同じ回答が与えられる．犯罪を隠蔽することもそれ自体が犯罪であるから，法律家は［その論題で］依頼者を援助することができない．こうした返答は，法律家に『何であ

第1章　実定法規の許す限界までの相談助言　99

　第三の法律家は，第一の法律家が提供したのと同じ情報を提供し，第二の法律家が提供した情報の大部分を提供する．しかし，この第三の法律家は，冷静な対処をして，依頼者が極度に取り乱していることに気づく．第三の法律家は，依頼者が思い描いている過激な行為とは無縁の何らかの解決法――何らかの手助け――があるはず，と示唆する．第三の法律家は，依頼者が医師から得ている援助について尋ねる．看護人のケアはどんなものなのか．依頼者は，その愛しい人のケアをするについて何か支援を受けているのか．病院あるいは医師が，ソーシャルワーカーや社会福祉機関を役立つかも知れないとして依頼者に紹介しているか．依頼者はホスピスの援助を求めたことがあるか．第三の法律家が示唆している支援を得るための依頼者の資産状態はどのようなものであるのか．第三の法律家は，依頼者に対し，彼がしようかと考慮していることについて誰に話をしたか，それをすることの代替策として何かないか尋ねる．第三の法律家は，依頼者が尋ねている方向に沿った法的助言を依頼者にもっと提供することはいとわないが，しかし，よければ，まず何か役に立ちそうな人たちあるいは機関の名前と電話番号を知るための電話連絡をしてみては，と述べる[136]．もし依頼者がそのような電話連絡をしたくないと言うのであれば，第

　　れ試みられようとしている一連の行動の法的結果』を論じ合うことを許しているモデル・ルールズのルール 1.2(d)の下では，明白には必要とされていないことに注意せよ．MODEL RULES, 上記注12, Rule 1.2(d); 上記注12 Rule 1.2(d); 上記第Ⅲ部をみよ．
136)　モデル・ルールズのルール2.1に付されたコメントは，そのような紹介をすることの相当性を示唆している．
　　厳密な法的質問を超える事案は，また別の専門職業の領域内にあることになろう．家族事案は，精神医学，臨床心理学あるいはソーシャルワークの能力の範囲内にある問題をともなうことがありうる．ビジネス事案は，会計専門職あるいは財政専門家の能力の範囲内にある問題をともなうことがありうる．他の分野の専門職に相談することが，それ自体として有能な法律家の推奨することである場合には，[依頼者から助言を求められている]法律家は，そうした勧告をすべきであろう．同時に，法律家の最善の助言は，諸専門家がする勧告が相互に背馳しているときに，[なすべき]一連の行為を推奨することを含むことが多い，MODEL RULES, 上記注12 Rule 2.1 cmt.

三の法律家は，どのサーヴィスを依頼者は求めたいと思うかについて話し合うことを提案し，依頼者に代わって電話をかけましょう，と言う．そして，もしも依頼者には話をもって行く相手が他にいないとか，あるいは他の誰にも話したくないというのであれば，第三の法律家は，双方の時間の都合がつくかぎり，その日の後刻あるいは翌日またこの対話を続けましょう，と提案する．要するに，第三の法律家は，依頼者が代替策を見つけだす努力をすべきであり，法律家はよろこんでそれを援助する，と示唆している．

　この3類型の法律家たちには，どのように順位が与えられるか？　あなたなら，いずれの法律家と付き合いたいか？　はじめの2類型の法律家たちは，大なり小なり拡大して理解される実定法規を対象にしている．第三類型の法律家は，その上さらに，依頼者の事情の法的側面よりも向こうまでをも見ようとしている．実定法規を法律家が適用するに際しての法的仮言命題としての依頼者，というものは超えて，ことをみようとしている．[この類型の法律家にとっては]一人の[活きた]人物としての依頼者を援助することが第一なのであり，法的問題としての依頼者は第二なのである．第二例の対話の方が第一例の対話よりも，依頼者にとりいっそう誠実，公正かつ役立つもの，と私には思える．第二例の対話がもつ危険性は，本論説がそれを主要な関心事にしてきたのであるが，第三の法律家のテクニックを用いることによって大きく改善され得る．私が構想している法律家のための相談助言方式は，第二と第三の法律家の組み合わせとも言えるものの写しである．より拡大して理解された実定法規についての情報が，より拡大して理解された依頼者の問題あるいは事情についての情報と混和されるべきである．（次のことに注意しなければならないであろう．そのような混和は，多くの事案においては，対話の結末に至れば実定法規についての情報を明かさない訳にはいかないことを意味する．情報は，それまでのやりとりですでに伝達されてしまっている.）

　第二及び第三の法律家の取り組み方を併用した対話は，本論説で示した仮設例それぞれについて想定できる．各状況において，想定対話の性格が相違するのはもちろんである．またもしわれわれが，個人の人間としての生活について

第1章　実定法規の許す限界までの相談助言　101

の包括的で多様な関心ではなしに，会社依頼者を仮定しているのであれば，法的にも社会的にも限定された利益及び損失への関心を伴うが故に，意義深く重要な相違があろう[137]。

しかし，会社の状況においても——あるいはおそらく特に会社の状況においてこそ——法律家は，依頼者の関心が最大可能な利潤にあると推測すべきではない[138]。水質汚染事案について[139]，あるいは契約破棄が企図されかつ裁判所審理に3年の遅れがある事案について[140]，会社の役員に助言することを想像してみよ。水質汚染事案においては，たしかに，1リットルあたり0.025グラムだけ余分のアンモニア廃水が人間，動物あるいは財物に危害を与える蓋然性があるか否か，あるならばどの程度どのようにしてなのかを研究してみる余地は存在する。また，書かれたものとしての実定法規に，それが実定法規であるという理由から，依頼者がどの程度にわたり価値を見て，拘束されていると感じるかを明らかにする余地もまた存在する。さらに，依頼者が実定法規の目的（実定法規の文字とは対置された目的）に賛意をもち，あるいは拘束されていると感じる程度は，選択をするにつき重要な要因となるし，依頼者ごとに変化

---

[137] 依頼者が大会社である場合には，大会社が法律家との関係で弱い立場にあるというよりも，社会あるいは第三者である人物や諸存在がその会社に対し弱い立場にある，という場合の方が多い。その事実が，依頼者を保護するという専門職についての伝統的理解を疑問に付する。See Deborah L. Rhode, Ethical Perspectives on Legal Practice, 37 STAN. L. REV. 589, 612-17 (1985). その事実はまた，このセクションの最初の本文で示唆した，すべての法的情報を明かす方に有利な推定を弱めもする。そうした考慮には意味があるが，しかし本論説の範囲の外で問題にすべきことである。法律家の倫理の論点がいかに認識されるべきかに影響をもつ3点の二分法の素描として，上記注24のPepper, Lawyers' Ethics, 939頁注24をみよ。

[138] 実際，会社依頼者と［法律事務所の］上席法律家との関係は長期のものであることが多く，かつ，少なくとも会社内法律家にとっては［会社依頼者との関係が］『親密』である。そうした関連では，道徳にかかわる対話の見込みがすっかり実のあるものとなりもするであろう。See HAZARD，上記注38, at 141-44.

[139] See 上記第Ⅰ部B.

[140] See id.

するであろう[141]．また，依頼者が何であれ理由の立つ法的境界線の内側に止まる方を選ぶか，それとも近道をして危険を冒す理由があるのかも，明らかにされねばならないことである．もし依頼者にそうした理由があるならば，その理由の重要性が探究され，秤量されてよい[142]．［仮説例としての］契約状況においては，(1)契約破棄が考えられている法的関係の性格，(2)その破棄により獲得されるもの，及びその獲得の長期—及び短期—にわたる全体としての価値，そして(3)破棄があったならば他方の当事者が被るであろう被害の程度，を探究する余地が存在する．もし，他方の当事者は［その契約破棄の結果］倒産することになって，長く続いてきた友人及び知己に仕事と収入の喪失をもたらすことになりそうであれば，そして依頼者が獲得するものは短期のもので，会社の総体としての財政事情との関連では僅かなものである，ということになりそうであれば，依頼者所属の専門職支配人が，その短期の利益は決定的な要因ではない，と判断するかも知れない．そうした通常のことではない道徳上の衡量は別としても，依頼者は，拘束する約定としての契約の義務について，現代の契約法［解釈学］が有するのよりも一層規範的な理解をもっているかも知れないのである．

　そうした対話は，『法的な』助言及び専門熟練にはかかわりがないから法律家にとり不適当なものである，と信じている法律家が多くいる．本論説の草稿

---

141)　See 上記注21 Heller, at 2516-23.
142)　規制遵守に関する相談助言——水質汚染設例でみたような状況——との関連で，ロバート・ゴードンが助言の『大ざっぱな類型学』を示している．『法律家は，本当の遵守，見かけの遵守，逆らって無効にすること，あるいは侵害して［罰金を］支払うというホームズの悪者がとる戦略，またはこれらのなんらかの組み合わせの中から選ぶことができる』．Gordon, 上記注101, at 277 (citation omitted). ゴードンは，可能性のいっそう拡大されたリストを提示している．上記注72, Gordon, at 26-28. これらすべての可能性が利用できるか，正当であるかは，依頼者の必要，欲求，代替策に対する順応性，法律家の助言に耳を傾ける程度，法的規制及びその執行の性格，などなどの関連に依存する．See also 上記注21 Heller. 上記注21, at 2514-30. (『状況全面把握相談助言 full-picture counseling』について記述し，それを［上掲注21の］コゾエ・ベアード事件に適用している．)

第1章　実定法規の許す限界までの相談助言　103

を読んでくれた人達のうちある人は,『自分が勤めている事務所では,そうしたことを理由として請求書を廻すことはできないでしょう』から,と言った[143]．しかし,その業務支配人は,自分の役割が株主のための利益に対する忠誠によって限定されていると考えることから,そうした要因に言及しないかも知れない,ということ,及び法律家は,相似に,そうした要因にふれることは純粋に法的な助言と援助を与えるという役割の外に踏み出すという理由で,それらの要因にふれないこともあり得る．私の学生の一人が言ったように,［支配人と法律家と］二人が,もし考慮されたとすればそれぞれにとり説得するものとなるかも知れない論点を［踏み込まないで］避けるように,互いに『［遠慮の］反応をし合う』かも知れない．

この関連において,種々の［法律家］業務責任講義教科書に収録されていて周知の先例である Spaulding v. Zimmerman[144]に,簡単にふれてみたい．一人の法律家が,車の事故で身体に障害を受けた原告から提起された訴訟において,加害運転者であった被告を代理していた．被告側が依頼した医師は,原告側の医師によっては発見されていなかった生命をおびやかしかねない動脈瘤を［原告の体内に］発見したけれども,これが［原告］には明かされないままその事件が和解で決着をみた．その［被告側の］法律家は,依頼者の金銭的利益と引き換えに無辜の命を危険にさらしてもよいのか,というのが教科書において述べられている主要な論点である．私の疑問は,被告の保険を引き受けている会社の,おそらくは和解を決める責任を負っているであろう中等レベルの支配人

---

143) しかし,モデル・ルールズ及びマクレイト報告の双方が,非法律的考慮を依頼者と討議することを支持している．MODEL RULES, 上記注12 Rule 2.1 & cmt.; AMERICAN BAR ASS'N, SECTION OF LEGAL EDUC. & ADMISSIONS TO THE BAR. LEGAL EDUCATION AND PROFESSIONAL DEVELOPMENT-AN EDUCATIONAL CONTINUUM 213 (1992) ("MacCrate Report")．後者は,『依頼者が他の個人にあるいは社会に不利な影響をもたらすかも知れない決定をしたり行動をしたりする場合には』,法律家は,『正義,公正及び道徳性の考慮を依頼者が顧みるように』と助言することを勧めている．Id.

144) 116 N.W. 2d 704 (Minn. 1962).

は，原告が死ぬかも知れないということについてよりも，会社の利益に（あるいは自分の昇進や安定に）より大きい関心をもつはずである，と何ゆえにわれわれは見なすのであろうか，というところにある．あるいは，何故にわれわれは，その支配人が，その法律家よりも道徳上の感受性において劣るであろう，と考えるのか．この事件の基礎をなす事実関係を説明し得るものが何かあるとすれば，それは，おそらく法律家と依頼者が相互に『［遠慮するように］反応し合う』ということであろう．法律家と会社依頼者[145)]とが，お互いに［相手がとるであろう］『非情な』金銭志向の立場を思い描き，より幅広い文脈で考える余裕は持たず，そうした考慮を施すよう他方に対して説得することもしない，という訳である．もしどちらかでも，自分たちが無辜の人物に死をもたらすかも知れないという可能性に思いを致し，そのことを他方に語っていたならば，当面の問題に対しもっと生産的な解決法が探られていたかも知れない．（また，被告に依頼されて［原告を診察し］，原告の動脈瘤を発見したにもかかわらず，誰かが原告患者に知らせなさい，と主張しなかった医師の倫理についても疑問が呈せられる）．

　自分の依頼者の目標や欲求を初めから決めてかかることはしない法律家，相談助言を［上記］第三の法律家類型でいっそう深めることを欲する法律家にとって，その場合の対話がとる方向は多岐にわたる．法律家業務活動のそのような相談助言モデルを真剣に考える際にはいくつかの困難があるが，その一は，そのように想定される対話が大変に多くの［展開］可能性をもち，1個完全な対話を筋道立てたり，仮設例で示したりすることができにくい，という事実である．何であれ一個特定の対話の具体的内容が何であるかにかかわりなく，ある場合にはこの線に沿った話し合いが，本論説で探究した倫理上の問題を一掃する決定を依頼者にさせる，ということははっきりさせておくべきである．ときには，依頼者は，問題となっている意図された行動が，当面する事情の下では悪いものであり，正当化できる利益よりも大きな害を引き起こすと，あるい

---

145) 被保険者が実際の依頼者であった．しかし，［和解］関連の決定については，保険会社がほとんど確実に依頼者として行動している．

はただリスクには値しないと，結論づけるであろう．もしそうなった場合には，実定法規について法律家のする助言が実定法規の侵犯を容易ならしめるのではないかと，その法律家が懸念する必要はもはやなくなる．しかし問題がこのような仕方では消滅しない場合ですらも，カウンセラー＝法律家の手法を執る法律家は，そうしない法律家よりも，状況について多くを知ることになろう．おそらくはいっそう重要なこととして，法律家は，依頼者，当面の状況そしてその法律家の依頼者との関連について，より多くの感触を得ることになるはずである．

B．沼地に踏み込む行進

すぐ前のところで詳しく検討した4点の前提は，方向，情報そして過程を示してはいるが，しかしここで調べているような難問に対する明白な解決策をそれらが詳しく描き出すことはないような局面も，また多く存在するであろう．実定法規は，法律家は『何であれ提案されている一連の行動の法的結果につき討議する』ことができる，としている[146]．その規定は，違法な行動の援助を禁止しているいっそう概括的な規定の例外として，右の許可を掲げているのである．そう解さないかぎりは，より詳しいガイダンスとしての意味がほとんど認められない．第Ⅱ部で論じた七個の区分は，有益ではあるが，しかし決定的でないことも多い．これらの区分について考えるとき，そしてこの問題を体系的に扱おうとするとき，私はしばしばあたかも沼地に踏み込む行進をしているかのように感じた．あまりにも多くの区別及び問題を眺める仕方から生じてくるのは，それらがどれも直観的に明白な方向は示していないか，又は立脚する堅固な地盤を与えてはくれないので，自分の思考がじょじょに拡散して消滅したり沈んだりしつつある，という感覚である．

こうなるのも驚きではない．道徳上の諸問題は，複雑すぎかつ多面的であるために，規則で固定された解決は出させない，という場面が多いのである[147]．

---

146) MODEL RULES, 上記注12, Rule 1.2(d) （強調付加）．
147) See, e. g., Stuart Hampshire, Public and Private Morality, in PUBLIC AND PRIVATE

しかし，基礎的前提，法的ルール，そして関連する要因の分析は決定的なものではないと，もしもするのであるならば，法律家は何に頼ればよいのか？　法律家の（上記で精査した7個の区分を考慮することにより精製されるべき）直観は，何に由来し，かつ精製の過程が確定的でなかったときには，どこへ向かうことになるのか？　依頼者との対話及び相談助言に従事するに際して，道徳上の基盤を法律家に与えるものは何であるのか？　ここでは，倫理についての新アリストテレス派の理解が魅力的である．こうした質問に対し記述において正確な回答をそれが与えている，とみえるからである．この理解によれば，法律家の道徳直観と，その直観が分析的に精製され教育されてからなされる法律家の選択とは，その法律家の品格によって決定される，という．道徳にかかわる認識[148]及び判断は，主としてルールや原理により決定されるのではなく，主として品格により決定される．逆に，道徳上の品格は，道徳の認識及び行動の習慣から成り立っている．

　人はそうした習慣をどのようにして身につけるのか？　それ自体が伝統の一部である共同体の中にあって生活し成長することから，両親，教師たち及び指導者たちから，要するに子供が大人に育つその仕方から［身につけるのである］．認識及び行動のそうした傾向もしくは習慣は——徳［virtues］とも呼ばれることがあるが——，それら自体が伝統及び共同体といういっそう大きなものの部分をなしている，より大きい慣行の一部分である[149]．われわれの問題にとっ

MORALITY (Stuart Hampshire ed., 1978); Reed E. Loder, Tighter Rules of Professional Conduct: Saltwater for Thirst, 1 GEO. J. LEGAL ETHICS 311 (1987). ハムプシャーは，言葉では言い表しがたい（かつおそらくは，確定しがたい）善良な理性が，教育を受けた道徳直観にとり基礎をなすのではないか，と論じている．

148) その認識が先に現れて，なされる選択を決定するであろうから，認識は選択そのことよりもいっそう重要であろう．Pepper, Lawyers' Ethics, 上記注24, at 953 (トーマス・シャッファーの労作を注解し引用している).

149) 倫理にかかわる新アリストテレス派の見解を私が素描するのは，主としてアラスデア・マッキンタイアからの引用である．ALASDAIR MACINTYRE, AFTER VIRTUE (2d ed. 1985). トーマス・シャッファーが，この見解を法律家の倫理についての討議に導入した．See, e.g., THOMAS SHAFFER, AMERICAN LAWYERS AND

第1章 実定法規の許す限界までの相談助言 107

ての興味深い可能性は，法律実務がそうした『慣行』に場所を提供し得るかどうか，法律実務が徳及び品格を守り育てることのできるたぐいの共同体及び伝統を構成し得るかどうか，である。

トーマス・シャッファーは，彼が若かったときの法律実務における経験をいくつか物語り，職業上の品格の発展（すなわち，正しいことを知り道徳を知るよう導く習慣及び性癖，つまり本論説において解明したたぐいの状況において

THEIR COMMUNITIES (1991); THOMAS SHAFFER, AMERICAN LEGAL ETHICS: TEXT, READINGS, AND DISCUSSION TOPICS (1985); 上記注131 SHAFFER. マッキンタイア及びシャッファーに依拠することにより，プルーラリズム，寛容，権利のごときリベラルな政治的原理についての彼らの批判を採用するつもりは，私にはない。二つの展望が大きな程度において共存可能であるという論拠については，see 上記注24 Pepper, Lawyers' Ethics. マッキンタイアに関する以下のコメントにおいてジェフリィ・ストウトは，大部分正しい，と私は信じている。

われわれの社会及びそれに特徴的である公的言説の諸流儀を眺める最善のありかたは，十分詳細に述べられた善の概念に関して同意を達成するのに明らかに失敗したことの結果であるとみること——代替策としてより良い何かが出てくるまでは，より多くの人々が同意できるであろう善についてのぼんやりとした概念を目指す妥協をすることにより，その失敗がもたらす損害を限定しようと合意する人々の取り決め及び協約とみること，であると私は論じたい。人権の言葉及び個人の尊重は，比較的にぼんやりした善の概念が人々が理性的協定を確保し得る最大のものである状況において，実際面でのこととして正当化された制度及び折衷案からの概念的流出物であるとみられよう。私は，この言葉に関する標準的な哲学上の防御についての，マキンタイアの判定を支持する。私は，徳及び共通善にかかわる語りを再生させたい，という彼の欲求を共有するものである。しかし，権利及び尊重についての言葉そのものには，私は彼ほど疑いをもつことはない。私はまた，彼ほどには，権利と尊重について語ることが徳と善について語ることと調和して存続することはできないとみなす，という気にはなれない。

JEFFREY STOUT, ETHICS AFTER BABEL 225 (1988); see also JOHN RAWLS, POLITICAL LIBERALISM (1993) (リベラルな政治的道徳及びその共同体に対する関係を記述している). 法律家の倫理的役割及び義務は，すっかり直接に，［一方にある］実定法規と［他方の］依頼者及び依頼者の権利の間におけるその法律家の立場とからの帰結として形成される。See Pepper, Amoral Role, 上記注3 ; Pepper, Lawyers' Ethics, 上記注24 ; Pepper, Rejoinder, 上記注7.

身を処する仕方の発展）に必要な範型を提供することができた指導者たちを，彼は見つけたと示唆している[150]．

　われわれが考慮してきた分析が，明白な解答を，あるいは正しい解答への通路を，提供することがないならば，シャッファー教授が1960年代の初期にインディアナポリスの法律事務所において見いだしたと自身信じている環境に，道徳上の問題に直面したとき賢明に選択するのに必要な習慣をその内ではぐくむ環境に，そして実務にかかわる知恵を身をもって示しかつ培う指導者たちに，私の学生たちは，実務において遭遇することになる，とみなし得るであろうか？法律新聞，社会学的及び経験的論述，そして聞き書きの論述に反映している法律家総体の現状は，『ノー』というのがその答えであると示唆している[151]．金銭第一の関心及びそれに結び付いた若い法律家に期待される報酬請求可能［事務処理］時間数の増加が，品格を養成するのに必要な討議と訓練に向けられる時間あるいは意向をほとんど無いものにしていると見受けられる．より悪いことに，そうした展開自体が，法律家たちの間に品格及び実務的知恵が欠けていることの反映かも知れないのである[152]．ジェフリィ・スタウトが示唆しているとおり，われわれのプロフェッション及びその諸制度は，徳及びその他の（ただ今支配的な金銭という外的な善に対立するものとしての）内的善を培養することができる場所であり得るはずである[153]．しかし，［実際には現在］

---

150) THOMAS SHAFFER, FAITH AND THE PROFESSIONS 130-433 (1987).

151) See, e. g., ANTHONY T. KRONMAN, THE LOST LAWYER (1993); Robert W. Gordon, Bargaining with the Devil, 105 HARV. L. REV. 2041 (1992) (RICHARD D. KAHLENBERG. BROKEN CONTRACT (1992) の書評). 法律事務所内で示されているモデルが，しばしば不適切なものであることを示す経験的研究の一として，see Lawrence K. Hellman. The Effects of Law Office Work on the Formation of Law Students' Professional Values. 4 GEO. J. LEGAL ETHICS 537 (1991).

152) 私が『かも知れない』というのは，いくつかの事務所の主宰者たちは，市場での競争がもたらす強制のために，他の事務所にならわざるを得ないと感じていることがあり得るからである．［事務所内の］実際的知恵を持つ上級法律家たちは，新米の法律家に品格を伸長させるゆとりは存在しない，と認識しているかも知れない．

153) STOUT, 上記注149, at 266-92.

その方向への進展を示すものは，ほとんど存在していない．もっと多くの専門家と市民とが，実務的知恵（これは，発展させられた，教育のある道徳的品格のことを言うもう一つの仕方である）という技能を発展させていれば，それはよいことであろう．しかし，いかにすればわれわれが，家族の中で，法律事務所の中で及び会社のオフィスの中で，そして社会総体のさまざまな制度及び専門職業の中で，その技能を築き上げる方向に進むことになるのかは，明白というに程遠い．

V. 結　　語

　言いたいのは，こういうことである．すなわち，本論説のかかわる中心的問題に対する解決策は，われわれのプロフェッションの役割及び課題に関連した実際的知恵を（それが展開され得る限りで），上記に述べた四点の前提に由来するいくつかのルール仮案の結合に加えたものから成り立っているのである．そのルールもしくは原則の第一としては，依頼者はその者の状況を支配する実定法規を知る権利を持つと推定される，ということがある．なおここで『法』とは，広く定義された現代的意義のそれであると理解される．第二のルールもしくは原則は，その依頼者が実定法規又は重要な法的規範もしくは道徳規範を侵犯するかも知れないと予見しうる理由が存在するときには，法律家は，カウンセリングとしての対話に従事する道徳上の義務を負うと推定される，というものである．これらのルールを適用するとき，そしてその推定がいついかようにして覆されるかを決定するにあたり，本論説において展開された7個の区分が役に立つであろう．しかし，そうした分析的な支援に加えて，このような問題の中で道を切り開いて進もうとしている法律家は，解決策に達するのに必要なのが，自分自身の実際的知恵の行使と展開である，ということにも気づくべきである．その熟考をするに際しては，品格に――道徳上の習性の黙示的な認識及び評価に――依存することを避けることはできない．この理由からして，広義の法律家業務の職業倫理に関して論じるとき，われわれ――実務家，教師，

［全体としての］プロフェッション——は，(1)そのようなルール及び原則の一団の仮案を定立すること，(2)それらを適用するための実際的知恵を［全体としての］プロフェッションにおいて培養する文化を創出すること，これらのことをすべきである．ここで二元論を唱えるのは，法律家の第一次的な仕事が依頼者に実定法規の利用を得させることである——依頼者は，この点に権利にも似たものを持つ，と言える——とみる『権利』志向の視野が［一方にあるところ］法律家の職業生活につき，『徳』——そして『品格』——志向で臨もうとする態度［もまた他方に存在し，それが前者］に接合できる，ということを示すためである．われわれは，職業人に対する関係において弱い立場に置かれ，あるいは依存していることの多い依頼者たちを保護するためのルール及び原則を必要とするし，次に，依頼者たちの行動に対する関係において，しばしば弱い立場に置かれることがある第三者を保護するためのルール及び原則を必要とする．そのうえ，われわれが実際的知恵を必要とするのは，法律家業務の道徳にかかわる種々の問いに対処するのに，ルール及び原則だけは十分ではない，という単純な理由からである．

第2章
道徳を超えたところにある法律家の倫理的役割：防御，問題点，及びいくつかの可能性

The Lawyer's Amoral Ethical Role: A Problem, and Some Possibilities

Ⅰ．第一級市民身分モデル
Ⅱ．批判と一つの答え
Ⅲ．リーガル・リアリズムの問題
Ⅳ．法的リアリズムという難問に対しありうる回答
Ⅴ．結論：法律家の道徳的自律について

［論説まえがき］
　倫理からみた法律家の職業役割は，道徳を超えたところにある，ということが，いまでは一般に受け入れられている．本論文は，法律家のそうした役割を正当化するための，モラルの面での根拠を明らかにする．その正当化は，まず第一に，［法律家の職業上の依頼者である］個人の自律，平等そして多様性という価値観を前提にしている．これらの諸価値に依拠して，著者は，超道徳的な役割が専門職業人としての法律家にとり正しい道徳的態度であること，『善い［ふさわしい］good』役割であることを論じる．本論文は，次に，そのような道徳的態度に関してもっとも頻繁に現れてくる批判のうちの2点に答える．第一の批判は，［依頼者となる人びととの間の］経済的な不平等と，法律家のサーヴィスには金を払わねばならないという事実とに基づくものである．第二の批判は，法律家がする仕事の大部分は［当事者が対抗し合っている］『アドヴァーサリィ・システム』［つまり裁判そのこと］には関連がない，という

事情を根拠にしている．ついで著者は，その超道徳的役割にアメリカの法律家たちにとり支配的な法哲学である『リーガル・リアリズム』が結び付いて創り出された重大な難問につき詳しく検討する．伝統的な超道徳的役割の下で法律家の行動に課される限界が実定法規であるとするならば，そのときには，リアリストが『法 law』の不確定性及び操作可能性を強調していることは，法律家を困難な道徳的立場に立たせる．最後に，この難問を処理するための一連の可能性を示すが，そのうちもっとも有望と思われるのは，問題の超道徳的役割に付随するものとしての，法律家と依頼者との間に交わされる『道徳に関する対話 moral dialogue』である．

［本文］

いま［1986年］に先立つ11年前に，リチャード・ワッサーストローム Richard Wasserstrom が，法律家—依頼者関係［ロイヤー＝クライアント関係］のモラル局面に関心を集中した挑発的な論説を発表している[1]．そのときからこれまでの間，この論題は，実務法律家団体においても[2]，学界においても[3]，

---

1) Wasserstrom, Lawyers as Professionals : Some Moral Issues, 5 Hum. Rts. 1 (1975).
2) ABA が，1977年に，「法にかかわる専門職業の倫理的諸前提及び諸問題について包括的に再考慮すること」を任務とした (Proposed Final Draft. Model Rules of Professional Conduct, Chairman's Introduction, 1981) 職業規準の評価に関する委員会 the Commission on Evaluation of Professional Standards を組織した．キュータック委員会として知られているこのグループの努力の結果，ABA が新しい［職業］倫理コードである the Model Rules of Professional Conduct を採択し，またアメリカ公判ロイヤー協会 the Association of Trial Lawyers of America が［それに］代替すべきものとして the American Lawyer's Code of Conduct を提案した．この経過には，多数の協議会及び集会，公開された大部の注釈及び解釈文書，さらには大量の修正が伴っている．基底にある倫理，すなわち法律家の道徳的役割全般との関連では，それまでの ABA Code of Professional Responsibility と新しい Model Rules との間に差異はほとんど存在しない．Hodes, The Code of Professional Responsibility, The Kutak Rules, and the Trial Lawyer's Code: Surprisingly, Three Peas in a Pod, 35 U. Miami L. Rev. 739, 746-750 (1981). 本論説における［旧］コードの参照は，［新］ルールズの対応する部分を示さずに行う．
3) E. g., G. Bellow & B. Moulton, The Lawyering Process——Ethics and Professional

第 2 章　道徳を超えたところにある法律家の倫理的役割　113

大きな注目を集めてきた．ワッサーストロームが解明していることの大部分は，法律家―依頼者関係に関しての，役割に応じて区別される道徳性 the role-differentiated morality を対象にしており，彼は，これを専門家の超道徳的な役割と呼んでいる．ワッサーストロームは，そうした役割の価値について批判的ではあったが，しかし「［態度］決定をしてはいない」．本論説は，言われている法律家の超道徳的役割を［これに対する非難から］防御しようとするものである．

　ワッサーストロームのみるところでは，「すべての専門家の役割は」，依頼者や患者以外の個人の利益よりも，「依頼者や患者の利益を優先するところにある」．「現にアターニィ―クライアント関係［法律家―依頼者関係］が成立している場合には，他の条件が等しければ，普通人ならばなす必要がなくまたなすべきではない事柄を，アターニィ［＝ここでは，アメリカの法律家］は，なすのが適当である場合がしばしばあり，しかもそれをするのが義務的でさえある場合も多い」[4]．それは，プロフェッション［＝法律家職能団体］の内部では一般的に受容されてきた法律家の正常な職責の理解である．ひとたび法律家が依頼者との職業的関係に入ったならば，依頼者に奉仕する法律家の行動は，素人の同一行動が判定されるのとは別の道徳規準によって判定される，というのがその考え方である．反対尋問において，法律家は，証人が真実を語っていると自分には分かっているときでも，陪審に向かいその証人は嘘をついているとほのめかしてもよいのである．法律家は，依頼者がタバコ，小型拳銃あるいはポルノグラフィを販売し頒布することができるように，契約書を起案してやったり，会社を設立してやったりしてもよい．法律家は，もしも依頼者の子供た

Responsibility (1981) ; M. Freedman, Lawyers' Ethics in an Adversary System (1975); G. Hazard, Ethics in the Practice of Law (1978); Schneyer, Moral Philosophy's Standard Misconception of Legal Ethics,1984 Wis. L. Rev. 1529 ; Dauer & Leff:, Correspondence, The Lawyer as Friend, 86 Yale L.J. 573 (1977); Fried, The Lawyer as Friend: The Moral Foundations of the Lawyer-Client Relation, 85 Yale L.J. 1000 (1976). 下記注7に挙げる資料をもみよ．

4)　Wasserstrom, 上記注1, at 5.

ちが別の信仰の者と結婚したならば，相続廃除をするという内容の遺言書を，依頼者のために起案してやってもよい．専門家ではない人物のする同一の行動が道徳的には受容しがたいとしても，そして依頼者の目標あるいは手段が道徳的には受容しがたいとしても，法律家がするそうした行動であるならば，それが違法ではないときには，その行動は道徳的に正当化され得る，というのが伝統的な見方である．法律家及び依頼者がなしていることが違法でないかぎり，道徳上の責任を引き受けるのは依頼者であって，法律家ではない［という訳である］．

このような超道徳的役割は，プロフェッション内部では受容されている規準なのであるが，これまでのところ，この規準を一般人に受容させるモラル面での根拠づけは，明晰には記述されてこなかった[5]．ワッサーストロームの論説以降の10年間を通じて，熱のこもった学界の議論，つまり立派な人物は立派な法律家たり得るかという問い[6]で象徴される議論があったにもかかわらず，真相としてはその状態が続いてきたのである．［ここに関心の的としている］超道徳的役割についての批判は，とてつもなく多様であり，経済学から法学を経て宗教にまで及ぶものであった[7]．超道徳的役割の正当化でもっともありふれ

---

5) 明晰な記述及び正当化が，Curtis, The Ethics of Advocacy, 4 Stan. L. Rev. 3 (1951); Fried, 上記注3; 及び Freedman, Professional Responsibility in a Professional System, 27 Catholic U.L.Rev.191 (1978) に見いだされる．いくつかの点においては，ここに用意される正当化はフリードマン及びフライドにより提出されているものを詳述及び修正したものである．

6) この問いは，語句を僅かに変えてあるが，フライド Fried の論説，上記注3，1060頁の第一行である．

7) See, e. g., Luban, The Adversary System Excuse, in D. Luban, ed., The Good Lawyer 83 (1984) (道徳哲学 moral philosophy); M. Frankel, Partisan Justice (1980); T. Shaffer, On Being a Christian and a Lawyer (1981) (宗教 religion); Abel, Why Does the ABA Promulgate Ethical Rules? 59 Tex. L. Rev.639 (1981) (社会経済学分析 socioeconomic analysis); D'Amato & Eberle, Three Models of Legal Ethics, 27 St.Louis U. L. J. 761 (1983) (道徳哲学 moral philosophy); Rhode, Why the ABA Bothers: A Functional Perspective on Professional Codes, 59 Tex. L. Rev. 689 (1981) (社会経済学分析 socioeconomic analysis); Schwartz, The Zeal of the Civil

たものは，『アドヴァーサリィ・システム』という言葉で枠づけられ，アドヴォケイト［＝アターニィの一機能＝法廷における弁護人，弁論者］の役割は，ジャッジ［＝裁判官］の役割とは別異に正当化される，という点に焦点を結ぶものであった[8]．本論説の第Ⅰ部は，それよりもはるかに広汎な，法律家の超道徳的職業役割の正当化としての the "first-class citizenship model"［『第一級市民身分モデル』］を提出する．第Ⅱ部は，超道徳的役割に対する批判のうちのもっともありふれた2点に向けられる．第Ⅲ部は，実定法規についての支配的リーガルリアリズム論者の見解に超道徳的職業役割が結び付けられた場合に，この［第一級市民身分］モデルに生じる重大な難点を記述する．第Ⅳ部は，リーガルリアリズム［にかかわる］難点を緩和し得る可能性をいくつか検討する．

Ⅰ．第一級市民身分モデル

第一級市民身分モデルへの導入説明として，私は，プロフェッションが負う義務の概念を簡単に説明することから始めたい．プロフェッションという観念はまさに，サーヴィスという機能を暗示している．プロフェッションに属する者は，ある程度にわたりその者の利益を，その者のサーヴィスを必要としている人たちの利益に従属させることになる，という考え方である[9]．この志向を示唆しているのは，プロフェッションの概念を定義している次の7点の特性で

　　Advocate, 1983 A. B. F. Res. J. 543 (法的分析 legal analysis); Simon, The Ideology of Advocacy: Procedural Justice and Professional Ethics, 1978 Wis.L.Rev.30 (法理学 Jurisprudence); Wasserstrom, 上記注1 (道徳哲学 moral philosophy).

8) 例えば，Freedman, 上記注3; Fuller & Randall, Professional Responsibility: Report of the Joint Conference, 44 A. B. A. J. 1159 (1958); Curtis, 上記注5.

9) B. Bledstein, The Culture of Professionalism 87 (1976); M. S. Larson, The Rise of Professionalism 56-63 (1977); W. E. Moore, The Professions: Roles and Rules 13-15 (1970).

ある[10].

1．プロフェッションとは，生計を立てる手段である．

2．プロフェッションとは，知能的労働及び長年月にわたる高等教育を要する場合が多い特殊知識，訓練そして能力を基盤としている．

3．プロフェッショナル［＝プロフェッションに属する者］により，この知識及び能力を基にしてなされるサーヴィスは，個人にとりその生活の種々の要点において必要となるのであり，かつ最大の個人的関心事（例えば，身体の健康，自由，宗教上の救済ないしは心理的幸福）であることが多い．

4．特殊な知識がかかわっていることの故に，プロフェッショナルによりなされるサーヴィスの質は，素人の視角からはテストできない．個人は，そのサーヴィスを<u>必要とする</u>のであるが，しかしそれを評価することはできないので，したがってプロフェッショナルとの関係において個人は<u>弱い立場</u>にある．

5．プロフェッションは，個人によりしばしば必要とされるサーヴィスについて独占を維持しており，その結果として，相当な経済面の力を行使している．

6．プロフェッションは，構成員の資格を決定し管理するについて，さらにプロフェッション活動を監視統制するについて，大部分自律的である．

7．自律の一部には，サーヴィスのあり方を詳述した倫理規定が含まれるのが通例である．

［上掲の］第6番目と第7番目の特性は，公衆が必要とはしているのであるが［公衆自身で］評価をすることはできないサーヴィスを，プロフェッションが独占してそこから生計を得ている，という事実の代償である．

この7点の諸特性は，つまるところ，プロフェッション構成員にとっての生来的な有利さ，すなわちプロフェッションのサーヴィスを必要としている者たちをしのぐという有利さを意味するとともに，プロフェッション構成員とその

---

10) これらの特性は，Wasserstrom, 上記注1の2頁注1に示されている相似の定義に由来する．また Bledstein, 注9の87；Larson, 上記注9のx頁；Moore, 上記注9の4-22頁をもみよ．

第2章 道徳を超えたところにある法律家の倫理的役割 117

サーヴィスを必要とし（サーヴィスに対価を支払う）者たちとの間に広汎な経済的利害の衝突があることをも示唆している．この均衡を失した衝突の救済として，最重要の基盤的な職業上の義務が［次のとおりに］存在する．すなわち，依頼者の利益と当プロフェッショナルの利害とが衝突するときには，プロフェッショナルの方が，プロフェッショナルの利害を抑制して，依頼者の有利になるようにすべきなのである[11]．

リーガル・プロフェッションの倫理コード［規範集成］は，上記に列挙した要因及び衝突を反映している．ABAのModel Code of Professional Responsibility（4分の3を超える州において統制力をもつ文書）の大部分は，［アメリカのアターニィという］プロフェッションの経済的福利を強化するよう仕組まれているようにも見えはする[12]．しかしその大部分はまた，依頼者の利益を法律家の利益よりも上位に置くように，依頼者を法律家の自己利益から保護するように仕組まれているようにも見えるのである．この論文がかかわるのは，リーガル・プロフェッションの倫理のいま指摘した第二の側面である．『ギルド』規定は別にして，プロフェッション構成員の役割は，プロフェッション構成員自身よりもまずは依頼者に奉仕することにある．上記に列挙した七点の定義的要素をもって素描された不均等な力及び機会を正当化するものが何かあるとすれば，それはこのプロフェッショナリズムという基盤的倫理なのである．この倫理だけが，法律家と依頼者の間において道徳上の背馳が現実化するとき，その法律家は，依頼者の見解を尊重すべきである，ということを示唆している．しかし，これはここで提出すべき論拠ではない．プロフェッションのサーヴィスについての理論的方向づけをめぐるこの見解は，ただ契機をなしているだけである．

われわれが出発点とする前提は，法は万人に利用可能な公共財として存在している，ということである．社会は，個人若しくは集団の目標が私的に成就す

---

11) Morgan, The Evolving Concept of Professional Responsibility, 90 Harv. L. Rev. 702, 705 (1977).

12) Id.

ることを容易にし可能にするためのさまざまな機構を，社会の『法創造者』——立法府，裁判所，行政機関，及び同様のもの——を通じて作り出してきた．企業の法人形態，契約，信託，遺言，及び私的苦情の決着のために公共の力を利用させる民事裁判所への出訴は，すべてが個人若しくは集団に権力を授けるための手段である．すべてが，私的使用のため一般に利用可能なものとして，［法創造者の］集合体により創出された『法 law』なのである．［さらに］これらの構造化機構に加えて，それらの法についての知識が，一般に利用可能なものかつ権限を与えるものになるように意図されている莫大な量の法——借地借家法，労働法，OSHA［職業安全衛生法］，社会保障［法］——が存在しており，このリストはなお拡大して莫大なものにすることができる．［構造化機構の法規と規制の法規］双方の形式での法を利用することは，人が目標を達成するための能力を増大させるのである[13]．

　［以下の論述の］第二の前提は，個人の自律という原理に対する社会的な信認である．この前提は，自由及び自律は道徳上の善であるという信念，自由な選択は拘束よりもよいという信念，われわれ各人は，選択を他から押し付けられるよりも，可能な範囲まで自分自身で選択する方を望む，という信念を基礎にしている．この信念がわれわれの法制度に組み込まれているから，われわれの法制度は，自由と多様性に可能なかぎりの余地を与えることによって，個人の自律を扶けるものとなっている．規制的法律はさしあたり別のこととして（かつ，規制的法律が巨大なものになっていて，後に言及する法化に寄与していることは認めるとして），われわれの法は，(1)仕事を私的に構成するのを許容するように（契約，法人，遺言，信託など），及び(2)見過ごすことのできない行為を［処罰対象として］定義するように，仕立て上げられている[14]．そのうちの後者は，われわれがそれより下に踏み入ってはならない床面を設けているのであるが，しかしその床面より上に，できるだけの余地を個人的な決定

---

13)　L. Fuller, The Principles of Social Order 230-37 (1981); R. Summers, Lon L. Fuller 84-86 (1984).

14)　H. L. A. Hart, The Concept of Law 27-28 (1961).

第2章　道徳を超えたところにある法律家の倫理的役割　119

のために残している．シガレットやアルコールを製造したり頒布したりすること，あるいはある人がその子供たちを異なる信仰の者と結婚したからという理由で廃嫡することは，道徳の面ではよくないかも知れないが，［そうした問題にかかわり］善し悪しの決定を普遍化することは，私的な領域の中にとどめられている．『正しい』あるいは『善い』行動に関しては，多様性と自律とが選好されている．われわれの法につき，何が正しく善いかに関しては，公的，集合的決定に対置される私的，個人的決定に，可能な限り大きい余地を残しておくべきだ，というのが理論である．

　われわれの第一前提は，法は自律を増大させる公共財であるように意図されている，というものである．第二の前提は，個人の自律の増大は道徳上の善である，というものである．第三に進むと，われわれの社会のごとく高度に法化された社会においては，自律はしばしば［現行］法の活用に依存する，ということになる[15]．端的に言えば，第一級の市民性は，［現行］法の活用に依存している．そして，法を活用すること——法人の設立及び利用のための活用，いくらの残業手当を支払わねばならないかあるいは受け取る権利があるかを知るための法の活用——は，公式には万人に解放されているが，現実にはただ法律家を通じてのみできることである[16]．われわれの法律は，通例として，簡単なものではない．通例として，おのずから実現するものではない．ほとんどの人びとにとりほとんどの場合，法律に有意の接近をするには，法律家の助力を必要とする．かくしてそこから生じる結論，第一級の市民性は，法律家の助力に依存することが多い．このように考え進めることが示唆するのは，法律家が

---

[15] Law, The Messages of a Legal Education. in S. Gillers, ed., Looking at Law School 92, 104-5 (1984); Alschuler, The Search for Truth Continued. The Privilege Retailed : A Response to Judge Frankel. 54 U. Colo. L. Rev. 67, 72-75 (1982); Freedman. 上記注5, at 204 (1978); Fried, 上記注3, at 1073; Wexler, Practicing Law for Poor People. 79 Yale L.J. 1049 (1970).

[16] 利用は，間接のこともあり得る．それは，法律家が組合あるいは使用者の業界団体の助言者としてはたらき，それら団体がついで構成員である被用者あるいは使用者に賃金及び労働時間にガイドラインを伝える，という仕方である．

実現を助ける行動が，耐えられないとされている床面よりも上にあるならば——法に反しないならば，そのときには法律家のすることは社会的な善である，ということである．法律家は，依頼者にとり第一級の市民性への手段，意味のある自律への手段である．

　法律家が実現を助ける行為のそれぞれについて，その法律家が道徳上の責任をもつとすること，法律家が不道徳であると信ずることを助けるのは拒絶する道徳上の義務をその法律家がもつとすることは，法律家の信念をもって個人の自律及び多様性に代える，ということになる．そのような審査ふるい分けは，裁判官として振る舞う補助者による先行的な抑制に，かつ法律家の寡頭制による支配に，各個人を従属させることになる[17]．（もし，提案されているのが，もう一つの考え方として，法律家による審査ふるい分けは，その法律家の個人的道徳性に基づくものではなしに，道徳に関する社会の見解あるいは職業上の倫理コードに表明されているガイドラインに基づくものであるべきだというのであれば，それは，自律の原理に背馳して，個人による道徳決定に置き換えるために強制的道徳決定を持ち出していることになる．そのときには，内密の形態の法創出によって，私的な決定の余地がいっそうせばめられてしまう．）その行動が十分に『悪い』のであるならば，その行動は，明示して法違反とされるべきであると思われる．もしその行動が悪でないのであれば，市民たちを，各個人が依頼する特定の法律家によるたまたまの道徳上の判断に服従させようとするのは，何ゆえであるのか？　法律があまりに漠然としているために，あるいはその行動を前もって特定しておくのが難しすぎるために，あるいは社会的若しくは政治的関心が十分に存在してはいないために，その行動を法違反とするのは難しすぎるというとき，われわれは，個々の法律家にケース・バイ・ケースの立法と監視とを授権しようと意図するであろうか？

　一個の例が役に立つであろう．ワッサーストローム教授は，子供がニカラグアでの戦争に関してもっている意見を理由として，その子供を廃嫡する遺言を

---

17)　Freedman. 上記注5, at 195; Wasserstrom, 上記注1, at 10-11.

起案することを，法律家は拒絶すべきである，と言おうとしている[18]．「しかし」と，フリードマン教授は反問する．「法律家の依頼者に対するパターナリズムは，依頼者のその子供に対するパターナリズムよりも優先されるのであろうか？」．そして，フリードマン教授はさらに問い進む．政治上の信念を根拠としてする廃嫡という問題についての，依頼者の意見の多様性を法律家の見解の多様性で置き換えることには何らかの理由が存在しているか？[19] われわれは，この論点に関し法を定めているべきであるのか？ もしそうでないならば，法律家たちの多様な良心をもって，もしくは法律家総体の集合的良心をもって，遺言という法的手段の使用を阻止することに理由はあるのか？ また，裕福な者にとり有利になる税法の抜け穴や，信頼の置ける証人に対する弾劾志向の反対尋問のように，そのことに関する実定法規は明確であるが，しかし実定法規の内容がその法律家の抱く道徳的信念に反するものであるとき，この特定の人物もしくは情況のために法律家が立法するよう（要求することは言わずもがな）許すのは何故であるのか？

第一級市民身分モデルを支える究極の重要な価値が平等性の価値であることは，明白である．もし法が1個の公共財であり，法を利用することが自律を増すのであれば，平等な利用が重要となる．各個人に付く法律家たちの道徳的意見が不揃いであることから，それら依頼者の実定法規利用が不平等に漉し分けられる，というのは正当化できることとは思えない．現に今あるそしておそらくは永久的であろう実定法規利用の不平等を前提にするときですらも，その不平等に，もうひとつの不平等を付け加える理由は存しない．（自身の資力の私的な配分により，公的援助により，あるいは法律家の——又は職能団体の——提供しようという選択により）法律家の利用が達成されたとして，その利用の範囲は，［依頼を受けた］個別の法律家の良心に依存すべきことになるのであろうか？ 自律及び平等という価値観は，そうなるべきでないと示唆している．

---

18) Wasserstrom, 上記注1, at 7.
19) Freedman, 上記注5, at 194-95.

依頼者の良心が法律家の良心に優先すべきである，と示唆している[20]．法律家というものは自身がなすすべてのことにつき道徳上責任を負うべきである，とする見解にともなう不愉快なことの一は，結果として不平等が生じることである．そこでは，妨げられない実定法規の利用がただ法的に世慣れした者たち，あるいは実定法規の利用につき十分に独習できる者たちだけにとって可能となり，他方で世慣れない者たち——一般に教育を受けることが少なかった者たち——は，利用なしのままに放置されるか，実定法規の利用が法律家の道徳上の判断及び拒否権に服するという［限度での］利用だけしかできないことになる．

Ⅱ．批判と一つの答え

A．経済的不平等を指摘しての非難

以上に述べたことは，即座に次のような指摘を引き出す．すなわち，法は理論的には公共財であるが，事実としてはそうではない，と．また，それゆえ第一級市民モデルを正当化する基軸前提の一つは偽りである，と．われわれの社会におけるその他のほとんどすべてのものと同様に，法の利用は，市場を通じて——この場合は法律家のサーヴィスにかかわる市場を通じて，配分されている．そこで，富める者が貧しき者に対して不釣り合いに利用できるのであるから，法の公共的性格と，個人の自律及び第一級市民性に関連する法の存在意義とを思えば，このような状況はとりわけ受け容れがたい．ここに，超倫理的役割についての第一の批判が焦点を結んでいる．もしも，だれでもが法律家を通じて『第一級市民性』を達成しているのであったならば，超倫理的役割とい

---

20) これは，第Ⅰ部の冒頭で提示された基底的職業倫理の反響である．それはまた，法律家の道徳上の自律にとっての余地があるのかどうか疑問に思わせる．法律家の道徳にかかわる自律の行使につき，もっとも多く関心が表明されている点は，法律家による依頼者の選択である．この要因及びより意義深い要因が，下記第Ⅳ部D及びE節と第Ⅴ部で提示される．

うことも正当化できはしたであろう．ところが，だれでもがそれを達成しているのではない［という訳である］．アメリカにおける［人々の間での］はなはだしい，かつ生来的な資力の不平等は，法律家にとっての超道徳的職業倫理がモラルのこととして正当化されるのを否定している[21]．

経済的な不平等が真実であるとは認めるにしても，しかし，超道徳的役割は善くない役割である，ということをそれが意味したり，ただいまその役割を果たしている法律家が善い人物ではあり得ない，ということをそれが意味したりしている訳ではない．相似の批判は，食料品店や家屋建築業者についてもされるであろう．食物と住居とは，（われわれのシステムでは）公共財ではないけれども，それらは，法がそうであるよりもいっそう根底から［個人に］自律を得させるものである．それなのに，食料品店，家屋建築業者あるいは家主の道徳上の役割について社会が心を煩わせることは，法律家の役割についてよりもはるかに少ない[22]．われわれは，第一次的に市場システムの中で生活しているのであって，第一次的に社会主義システムの中で生活しているのではない．したがって，法律家の倫理を定義するについての現代的課題は，この市場という文脈において回答を出されるべきなのである，と言えよう．法律家が，魔術をもって，経済あるいは法的サーヴィスを社会主義化するというのはできることではない．

おそらくはより核心をついて，このことを言い換えるならば，ここには二個の論点が存在している．法的サーヴィスの分配と，分配されるものの内実とである[23]．配分されるものの道徳的内容――［依頼者の依頼を法律家が受諾す

---

21) J. Auerbach, Unequal Justice (1976); Abel, 上記注7の685-86頁及び注250と255に引用されている文献; A. Goldman, The Moral Foundations of Professional Ethics 124 (1980).
22) このことは，専門職関係が比較的親密な人的性格をもつこと及び法律家の誠実さが売り物であるかのようにみられるその仕方によって説明されるであろう．上記注1, at n.1 & p.14.のワッサーストロームによる職業人の定義の6番目の要素及び法律家の偽善についての彼の議論をみよ．
23) 『経済的不平等』論点と，その法及び法的サーヴィスに対する関係への興味深い

ることにより］確立されたものとしての法律家―依頼者関係の倫理的性格――が，この論文の主題である．実定法規の利用（法的サーヴィス）の配分は，別個の主題である．法をより真なる公共財にしようとする努力は進行中であるが（あるいは，それが失敗してわれわれは現状のままに捨て置かれると仮定しても），利用可能な法的サーヴィスの道徳的内容はどのようなものとなるべきか，という別の論点がなお残る．法的サーヴィスの利用が十分に可能でないから，法律家の超道徳的な促進者役割を［否定して］裁判官として振る舞うような促進者役割に変成しよう，と示唆するのは脈絡を失った話である．そうした変成は，不平等に不平等を重ねることになるであろう――まず，法律家利用の不平等，ついで特定の法律家がその依頼者に利用を許すのはどの法であるか，にかかわる不平等．

　［法律家が］裁判官のように振る舞う促進者役割は，不平等を重ねることになるのではなく，その逆になると，すなわち実定法規利用が法律家による道徳評価をもってする阻止的な抑制をもって，実定法規の利用ができる者にそれができない者に対する関係で現れる優越を均衡させるから，力の釣り合いを保つことになる，と論じられうることもあろう[24]．［しかし］この議論に対し懐疑の反応をするに足りる2点の理由がある．第一，配分の不平等は，全面的でもないし，一様でもない．少なくとも，『疎外されている者たち』のうちいくらかは，法律家を通じてかなりの実定法規利用を得てきた[25]．労働組合[26]，［公

取り組みについては，そして本文における区別を承認する優れた概観については，Galanter, Why the "Haves" Come Out Ahead : Speculations on the Limits of Legal Change, 9 LAW & SOC'Y Rev. 95 (1974-75). をみよ．

24）　このことは，多数の側での黙示の観念をなすものと思われる．See, e. g., Auerbach, 上記注21; Luban, 上記注7; Wasserstrom, 上記注1.

25）　Rabinowitz, The Radical Tradition in the Law, in D. Kairys, ed., The Politics of Law 310 (1982); A. Cinger, The Relevant Lawyers (1972); Sparer, Fundamental Human Rights, Legal Entitlements, and the Social Struggle: A Friendly Critique of the Critical Legal Studies Movement, 36 Stan. L. Rev. 509 (1984) ; Gabel & Harris, Building Power and Breaking Images: Critical Legal Theory and the Practice of Law, 3 N. Y. U. Rev. L. & Soc. Change 369 (1982-83).

第 2 章　道徳を超えたところにある法律家の倫理的役割　125

選弁護人の援助を与えられる〕刑事被告人[27]，市民権組織[28]，がその 3 個の明白な例である．社会正義において増大があることを多くの人びとが認めている領域において，主軸の役割は法律家たちが演じてきたのである[29]．第二に，法律家とその『疎外されていない』依頼者の間には，道徳的な認知力の大きな差異はほとんどありそうにもない[30]．多分われわれはもっと多くの（歴史的？　経験的？）データを必要としているであろう．振り返ってみて，もし法律家が彼ら自身の（大部分はミドルクラスもしくはアッパークラスの）価値観を基にしたサーヴィスを変更し，もしくは控えていたならば，社会正義，平等あるいは一般の福祉が増大していた，と言えるのであろうか？　法律家の超道徳的役割に対置されたものとしてのモラリスト的役割が，20世紀のアメリカの社会史にどんな影響を与えることになったと言えようか？　いずれにせよ，そうではなしに第一級市民性議論が有効である範囲にわたって，法律家の利用の拡大及び平等化は，第一級市民性の議論に適合もし，かつその議論によって示唆されてもいる目標なのである，と答弁したい[31]．逆に，法律家を依頼者の実定法規利用にとっての道徳上の遮蔽物に変成することは，実定法規の利用の平等性との関連では，ほんとうに疑問を生じる企てなのである．

---

26)　See. e. g., Klare, Judicial Deradicalization of the Wagner Act and the Origins of Modern Legal Consciousness, 1937-1941, 62 Minn. L. Rev. 265 (1978); Sparer, 上記注25.

27)　See, e.g. Bachmann, Lawyers, Law. and Social Change, 13 N.Y.U. Rev. L. & Soc. Change 1, 23-26 (1984-85). See generally Choper, Consequences of Supreme Court Decisions Upholding Individual Constitutional Rights, 83 Mich. L. Rev. 1 (1984).

28)　Auerbach, 上記注21, at 263-68 (1976).

29)　See, 上記注25.

30)　Auerbach. 上記注21, at14-39 (1976); Nelson, Ideology, Practice, and Professional Autonomy: Social Values and Client Relationships in the Large Law Firm, 37 Stan. L. Rev. 503 (1985).

31)　Galanter, 上記注23が，『超道徳的役割』と法律家利用の拡大及び平等化の効果とについて，多義的にみられる観察を示している．同所114-19頁を同所138-44頁と比較せよ．

論議を先に進めるに先立ち，経済的不平等批判に関連する1個の注意を記しておくべきであろう．第一級市民性モデルは，高度に法化された社会においては法律家が必要物である，ということ，及び法律家は，市民の願望を容易に実現するようはかることとの関連で，超道徳的役割をもつべきである，ということを示唆している．それは，法律家の利用がいかように整えられるべきなのかを示唆するものではない．リーガル・プロフェッションにある独占のもつ性質及び程度——例えば，準法律家が独立に実務を行うことは許されるか，とか，非法律家活動を禁じる規則が銀行家，公認不動産仲介人あるいは会計士に対しても強行されるべきであるかとか——は，本論文で検討される問題とは切り離された問題である[32]．『脱専門職化』という語は，(1)専門職の諸規則がもつ市場［での自由取引］制限的性格に言及するものでも，あるいは(2)超道徳的専門職役割に言及するものでも，どちらでもあり得る[33]．本論文におけるここまでの議論は，第二の意味での脱専門職化を説くのはまちがった考え方である，というものであるが，第一の意味での脱専門職化に関しては，何も立場を示してはいない．

B．アドヴァーサリィ・システムの批判

法律家の超道徳的役割を論じる文献の多くは，法律家のしていることについて素人が共通に抱く考え，すなわち刑事弁護を対象にしてきた．『困難に陥っている人間』を膨大な国家の総力が圧倒しようとしており，その者のもっとも基本的な自由を拘束して牢獄にぶち込もうとしている状況に直面すれば，実定法規になれ親しんだ戦士の助けが必要となるので，超道徳的役割は正当化され

---

32) 関連の文献は膨大に存在している．See, e. g., Rhode, Policing the Professional Monopoly: A Constitutional and Empirical Analysis of Unauthorized Practice Prohibitions, 34 Stan. L. Rev. 1 (1981); Morgan, 上記注11; Ehrlich & Schwartz Reducing the Costs of Legal Services: Possible Approaches by the Federal Govermment, reprinted in A. Kaufman, Problems in Professional Responsibility at 582 (1st ed.1976).

33) 後者の意味での脱専門職化に関しては，see Simon, 上記注7．

る［という訳である］[34]．この文脈では，しかし，もう一人の戦士である検察官が［弁護にあたる］法律家よりも大きな力をもって，法律家の超道徳性に対抗し均衡を得ようとしている．さらに意味があるのは，その役割では刑事弁護に携わる法律家よりも明らかに超道徳性の少ない裁判官及び陪審員が［刑事裁判の場には］存在することである．法律家の役割の批判者たちは，この状況を民事の訴訟及び非訴訟（ほとんどの法律家がほとんどの時間をこの仕事に費やしている[35]）から区別して，うまく立ち回ってきた．批判者たちは言う．刑事司法のシステムのどちらかといえば異常な文脈だけによって正当化される役割は，それよりもはるかに大きく通例をなしている法律家の［民事にかかわる］役割においては正当化されていない，と．中立の立場から実定法規を適用することに責任をもつ裁判官がいないところ，他人の『実定法規』利用によって犠牲にされたり搾取されたりするかも知れない人びとを保護する法律家がいないところ——そうした［裁判外での民事事案の］状況にあっては，と超道徳的役割を批判する者たちは言う．法律家は，中立の裁判官の役割を引き受けて，［依頼者による］実定法規の利用及び活用をふるい分けしなければならないことになる，と．彼らの言うところの要点は，ペリー・メイスンをモデルにした役割は，消費者契約約款を起案してシアーズ［ローバック社など大衆を相手に商売をしている企業］のためにはたらく法律家にはそぐわない，というものである．

したがって，上記に素描した法律家の超道徳的役割を正当化する企てが，アドヴァーサリィ・システムに言及していたことは一度としてなく，反対側［当事者のため］の法律家あるいは中立の裁判官や陪審の存在を言う前提論拠はなにも基礎としていなかったというのは，意味のあることなのである．法律家の

---

34) E.g. M. Freedman, Lawyers' Ethics in an Adversary System (1975); D. Mellinkoff, The Conscience of a Lawyer (1973).

35) 上記注7のリューバンの論説は，"The Adversary System Excuse."［アドヴァーサリィ・システムの弁明］と題されている．また Schwartz 上記注7をみよ; Schwartz, The Professionalism and Accountability of Lawyers, 66 Calif. L. Rev. 669 (1978); Wasserstrom, 上記注1.

超道徳的役割につき普通なされている正当化にあっては，そのモデルは裁判 ajudication なのであり，したがってこれを法律家のオフィスに応用し適用する無理を通すのは難しい．本論文においては，モデルとするのが，実定法規にかかわる助言をし，かつ法的に活用できる装置によって依頼者の目標を成就しているオフィス・ロイヤーなのであり，そこで，そのモデルを訴訟に適用しようとして拡大しなくてもよいのである．訴訟は，信託や法人［設立］と同様に，目標成就のために活用できる装置のうちの一つであるにしかすぎない．民事のであれ刑事のであれ，被告に焦点が結ばれるときには，自律及び平等をいう議論の道徳的正当性はより明白である．それは，法的機構［の発動］が，自由に選択されているのではなしに，個人に押し付けられていることによる．しかし，モラル面での正当性は，被告役割に依存している訳ではない．以上にみるとおり，アドヴァーサリィ・システムを前提として超道徳的役割を理由づける議論は[36]，訴訟という配置においては，第一級市民性モデルを補足するものであるに過ぎず，したがってアドヴァーサリィ・システムに限られた視野を基礎にしてされている批判は，第一級市民性モデルの下では大きく要点を外している．

　第一級市民性モデルとアドヴァーサリィ・システム・モデルの間の関連にかかわり，的中する観察がさらに2点ある．その第一，上述のところに記したとおり，刑事被告は第一級市民性モデルの特別の一例であるに過ぎないのである．刑事の文脈においては，実定法規が許しているすべての事柄を完全に利用することにあるモラル上の価値は，ひたすらに何よりも明白であって，より劇的である．いずれにせよ，係争対象とされている事案の故に，またアドヴァーサリィ・システム（対立相手側の法律家［すなわち検察官］，中立の裁定者）という保護策の故に，刑事の文脈においては，実定法規がより多くを許しうるので

---

[36]　これらの議論は，ふつうアドヴァーサリィ・システムが真実を浮かび上がらせるという価値に焦点を結んでいる．Fuller & Randall, 上記注8, at 1160-61，また，司法制度に組み込まれた個人の尊厳を守ることの重要性にも焦点を結んでいる．Freedman, 上記注3．

第 2 章　道徳を超えたところにある法律家の倫理的役割　129

ある．例えば，刑事被告は自己負罪の証言をしなくてよい権利を持ち，この権利を行使したことを理由として法的責任を問われることはない．（陪審は，［被告人が］その権利を行使したことを根拠にして有罪とすることがないように，と［裁判官から］説示される．）しかし訴訟の文脈の外では，連邦の規制法規の下での証券の売買や，不当表示を禁じるコモン・ローの不法行為原則の下での家屋の売買のように，一定の文脈においては，負罪的事実を開示しないことを基礎にして民事責任が問われることもあり得る．相似に，われわれの最初の例を引くと，訴訟当事者がその法律家を通じて，証人は主尋問において真実を語っていなかったと，故意にかつ意図的に，ほのめかす内容の反対尋問をして，法廷を誤導してもよいのであり，その依頼者もその法律家も，実定法規の下で責任を問われることはない．しかし，シロアリにやられた家屋を売却するという非訴訟の関連では，シロアリがついていないと伝えるために類似のほのめかし及び半真実を使うならば，［売主である］依頼者の方には不当表示を理由とする不法行為責任を引き起こすのであるし，法律家の方は，その法律家が依頼者の『詐欺的行動』を『援助した』のであれば，［職業］倫理違反となることがある[37]．

　第二としては，刑事訴訟と民事訴訟の間の境界線，そして訴訟と非・訴訟の間の境界線は，批判者たちがいうほどには明確でない，ということがある[38]．刑事のシステムは，『国家』をしてその全力を挙げて個人に対抗させている[39]．しかるに，民事の訴訟のまさしき要点は，私的な原告の請求を被告に対して強制するために，『国家』の権力を獲得させ，そうすることによって，私的な警察もしくは軍隊を［権利者が］請求強制のために手に入れる必要ないしは効用を排除する，というところにある．民事訴訟は，ある紛議にかかわり，どちら

---

37)　ABA Model Code of Professional Responsibility, DR 7-102(A)(7).
38)　Weckstein, The Civil Advocate and the Multifaceted Functions of Dispute Settlement-Some Domestic and Crosscultural Perspectives, 1983 A.B.F. Res. J. 577（民事及び刑事の訴訟の類似性と，結果としての法律家の適正な役割）．
39)　E.g., Luban, 上記注5, at 92, 117; Wasserstrom, 上記注1, at 12.

の側が『国家』の膨大な権力をその側のために行使させるか，についての対抗競技である．

　訴訟と非・訴訟の間の区分は，確かにそれよりももっと明確ではあるが，しかしその境界線ですらも，当初思われるであろうほどには判然としていない．消費者と通信販売会社シアーズが，約款による契約の効力について，あるいは広告や展示の誤導的な性質について見解を異にするとき，［相対の交渉をしようとすれば］力と手段の不均等は巨大である．境界線を超えて訴訟の側に移れば，形式と実質の双方において，力が均等化されはする．しかし，その均等化のかなりの部分は，法律家が存在していることのお蔭なのである．『自分の側に法律家をもつ』とは，訴訟が，暗示していることの大部分なのである．（原告である消費者本人が［法律家に頼らず自分で］訴状をシアーズに対し提出するときには，力のバランスはどの程度変わることになろうか？）そのような訳で，いっそう重要な移行——より判然とした境界線——は，法律家をもつかもたないか，の間に存在すると言えよう[40]．力を均等化するためには（あるいは自律を実現するためには），訴訟に先立ち消費者が法律家を通じ実定法規を利用することの方が，シアーズ社の側での義務として［同社の］社内法律家がシアーズの実定法規利用に対する道徳的障壁かつ透過壁の機能を果たすとするよりも，現実性のより大きい仕方であると思われる．このようにみてくると，超道徳的役割の第一級市民性による正当化と，経済上の不平等を根拠とする批判との双方に立ち返ることになる．

　アドヴァーサリィ・システムの批判から先に進む前に，敵意ある世界に対抗する戦士——雇われガンマン——であると法律家をみているアドヴァーサリィ・システムが前提としている依頼者像は，ここに提出した法律家の全般的な役割にとっては，ぴったりした像ではないことを（それは刑事弁護法律家には

[40) もちろん，法律家を自分の側にもつことにより［依頼者に］つけ加わる力の一部分は，法律家が訴訟に踏み込む可能性——もしくは脅迫——をともなっていることが［相手方に］認識されるところにある．この関連において，『法律家への接近』と『訴訟の可能性』とは，1枚のコインの両面である．

ぴったりした像であるかも知れないが) 指摘しておくのが適切である．むしろ，第一級市民性モデルによりよく調和する依頼者像は，(うなりを上げている部品とぐるぐる回るデータ・テープの詰まった) はなはだしく巨大ではなはだしく複雑な機械の前に立ち，それを使用することを必要としている個人の像である．これが，われわれの社会において個人に向かい立ちはだかる『実定法規』なのである．その機械は，理論上は個人の使用のために存在しているのであるが，しかし適当な工具，計器その他いっそう秘儀的な道具立てをそなえ，かつそれらをどの箇所にどのように使うべきかを知っている誰かの助けがなければ，[素人である] 個人はその機械を使用することができない．

あるいは，その像は，コピーを出さない複写機 (あるいは動かない車) の前でいらいらしていて，技術者 (あるいは修理工) が直してくれるのをまっている者の像である．複写されようとしているものの内容が道徳的に善であるのか悪であるのか，あるいはお客がその車をどのような目的で使おうとしているのかは，普通は，技術者や修理工の道徳的関心事ではない．

Ⅲ．リーガル・リアリズムの問題

本論文は，法律家の倫理上の役割が道徳を超えたところにあるということを道徳の面で正当化することから始まった．続いて，その役割についての二点のもっとも一般的な批判に取り組み，それらの大部分を斥けることをした．ここで三番目の，ほとんど記述されてこなかった問題，すなわち第一級市民性から超道徳的役割を正当化することが提出している問題に転じる．超道徳的役割にとっての第一次的正当化根拠は，実定法規の利用ということなのであるが，検討のこの場面に至るまでは，『実定法規』とは何のことを言うのかについてはあまり問題としないままで，その正当化が示されていた．[ところで] 法については，相異なる三つの相が認められている．(1)構造化機構 (信託，法人，民事訴訟)，(2)「社会が」耐えることのできない行動の定義 (刑事法及び刑事訴訟)，(3)規制をする法，がその3相である．その意味するところは，実定法規

は現存するものであり，かつ決定できるものであるということ，法律家が発見し（あるいは知り）そして依頼者に伝達すべき『あるものが存在している』ということである．実定法規の『存在性』は，また超道徳的役割に課せられていると一般に理解されている限界の前提をなす仮定でもある．すなわち，法律家が依頼者を援助しうるのは，『実定法規の限界内において』のみのことなのである[41]．［しかし］このことは，素人ないし依頼者の観点からする実定法規の通常の理解には合致しているが，それでも法律家の観点からする理解には合致しない．ロー・スクールで教え込まれた法に関する支配的見解は，ここではそれを『リーガル・リアリズム』と呼ぶことにするが[42]，法を取り扱おうとするとき，それが対象として『外在』していて，発見されて適用されるべきものである，というような考え方はしない．超道徳的専門職役割と法に対する［このような］懐疑的態度との間にある動力学は，［これまで］ほとんど検討されることのなかった論題である．

　『リーガル・リアリズム』［の語を持ち出すこと］によって私が言おうとしているのは，法についての一つの見方であって，それは，法の精密さを強調するよりも文辞にこだわらないあいまいな性質の方を強調する見方，法の確実さを

---

41) ABA Code of Professional Responsibility, Ethical Considerations 7-1 and 7-19. モデル・コード全体にこの方針が行き渡っている．例えば，Disciplinary Rules 4-101 (C)(2) and (3), 7-101 (A)(1), 7-102 をみよ．

42) おそらくは誤導的ではあろうが，『リーガル・リアリズム』という語の選択は，『ロー・スクールで教え込まれている法についての支配的見解』の記述としては最高度の認知レベルに達しているという認識に由来する．『われわれは，今では全員がリアリストなのだ』というのが，現代の法学教授たちからしばしば発せられているコメントである．See, e.g., Kaufman, A Commentary on Pepper's "The Lawyer's Amoral Ethical Role," 1986 A.B.F. Res. J. at 654. 不幸なことに，『リーガル・リアリズム』［の語は］は，異なる人にとり異なる事柄を含意している．ロバート・サムナーの『プラグマティックな道具主義』という言い方が，多分よりよい記述的用語である．R. Summers, Instrumentalism and American Legal Theory (1982). 私の『リーガル・リアリズム』の用法は，サムナーの『プラグマティックな道具主義』を超えてより包括的なものを意図しているのであり，そのことは以下のパラグラフで詳しく示される．

強調するよりも操作可能性の方を強調する見方，そして法の規範内容を強調するよりも法の道具としての可能性を強調する見方である[43]．『実証主義』から，現代の法学教育は法と道徳の分離という観念を取り入れている．［そこで］依頼者に助言するに際して法律家が関心事とするのは，『べきである ought』ものとしての法よりも，『ある is』ものとしての法，力及び制限としての法なのである．現代の法学教育が『リーガル・リアリズム』から取り入れているのは，法とは依頼者の振る舞いに課せられる限界もしくは境界，すなわち現存していて客観対象的であり決定できる限界もしくは境界である，という観念ではない．法とは，人間である官憲がするであろうことの予見である，という観念を取り入れているのである．『過程法学』からは，現代の法学教育は，依頼者の目標及び依頼者による私的な構造化を強調することを取り入れている．裁判を通じての法の決定，あるいは裁判の帰結の予見に重きを置くことはしない道具としての法使用，を取り入れている[44]．これら『実定法規』についての3点の見解は，相互に衝突するよりは，むしろ強化し合っている[45]．これらの見解を法学教育が教え込めば教え込むほどに，『実定法規』が，依頼者の事情，目標，そしてリスク選択に依存する無定形な事柄となって行く．実定法規についてのこのような見解と，法律家は依頼者に対する超道徳的な奉仕者であって，その援助はただ『実定法規』によってのみ限界づけられている，という見解とがもたらす相互作用は，どのようなものになるのか？[46]

---

43) See Cramton, The Ordinary Religion of the Law School Classroom, 29 J. Legal Educ. 247 (1978) ; Woodard, The Limits of Legal Realism: An Historical Perspective, 54 Va. L. Rev. 689 (1968).

44) See Simon, 上記注7, at 61-91 ; Ursin, Judicial Creativity and Tort Law, 49 Geo. Wash. L. Rev. 229, 234-37 (1981).

45) But cf. R. Summers, 上記注42（『過程法学』と『リーガル・リアリズム』の差異）．私が記述している現象は，これら3点の接近法の（おそらくは不快な）合成であり，それがアメリカの法学教育を，そして少なくとも相当の程度にわたりアメリカの法実務を特徴づけてきたのである．

46) 最良の検討がSimon, 上記注7の中に見いだされる．

適切なイメジは，［オリヴァー・ウエンデル］ホームズ［裁判官］のいう『悪い奴』のそれである．現代の法律家は，実定法規を，『ただ物質的結果だけを気にかけている悪い奴』がそれを顧みるであろうように顧みよ，と教えられている[47]．法律家は，このような見通しで『実定法規』を発見し，かつそれを依頼者に伝えるのであり，また『実定法規』についてのこれと同一の見方に基づいて，依頼者に対する彼自身の援助を限定するようにと［職業倫理の規範により］命じられている．例えば，契約法の現代的見方は，約束の規範的義務は強調せず，契約破棄は，損害賠償という『支出』の拘束を受ける『権利』である，とみている[48]．契約破棄は犯罪ではなく，また通例として，契約義務の履行は，当事者に強制されることがない（契約法の術語では，『特定履行』が強制されない）．（これから契約を締結して取引を成立させるよう法律家が援助してくれるのを望んでであれ，過去の契約から生じている抑制が好ましくないので対策を講じることを法律家が援助してくれるのを望んでであれ）契約の義務について規範的な見解をより多く抱きながら法律家の許を訪れる依頼者は，『破棄とは，［損害賠償支払金］支出である』とみている『実定法規』の見解を，有能な法律家から教授されることになろう．同様に，現代の不法行為 tort 法は，19世紀及び20世紀初期の過失不法行為 negligence 法についての規範的見方とは対蹠的に，事故の『経費』の配分を強調している．そうすると，過失不法行為は，不法行為実行者の側の権利で，侵害される当事者からの同意に基づかない剥奪を内容とする権利，すなわちここでもまた，損害賠償という『支出』を条件としての権利である，と性格づけられる[49]．第三者の人身侵害

---

47) Holmes, The Path of the Law, 10 Harv. L. Rev. 457, 459 (1897).［言及部分の訳者による加入：If you want to know the law and nothing else, you must look at it as a bad man, who cares only for the material consequences which such knowledge enables him predict, not as a good one, who finds his reasons for conduct, whether inside the law or outside of it, in the vague sanctions of coscience.］

48) Simon, 上記注7, at 48.

49) Calabresi, Torts-The Law of the Mixed Society, in B. Schwartz, ed., American Law: The Third Century 103 (1976).

第2章　道徳を超えたところにある法律家の倫理的役割　135

もしくは死亡というリスクを課する行動の評価をし計画をしている産業会社は，こうした見方にしたがう法律家によって，無分別なリスクを［他者に］負わせることは『悪』であるという認知から離れて，それを潜在的な費用であると認知する方向に導かれていくことになろう．

　もちろん，法律家の事務室でリーガル・リアリズムに行き当たる度合いには，程度の差がある．人は，不法行為問題との関連でよりも契約問題との関連においての方で，「上記の」支出予見式の見方が提出されているのを知ることが多いであろうし50)，またそれは個人に助言している法律家から出てくるよりも，大法人企業に助言している法律家から出てくることの方がよりありがちである51)．それにしても，概括的な示唆のためのモデルとしては，次のようにいうのが当を得ている．すなわち，たいていの依頼者は，たいていは何時でも，(1)法を，法律家が考えているよりもいっそう規範的でかついっそう確実なものと考えながら法律家の事務室に入ってくるのであるし，また(2)法律家に相談しなかったとすれば持ったであろう考え方よりも，可能的あるいは蓋然的な費用という目で実定法規をみる考え方により大きく影響されて，そこを出て行くことになるであろう．

　依頼者のこのような見解の修正は，十分に事情に通じた実定法規利用という

---

50)　法を『費用』の見地で眺めることが，執行を実定法規の一部分と考えるようにする．このことは，ホームズの『悪い奴』見解，つまり契約義務はただ違反につき損害金を支払う義務をもたらすだけである，とする彼の見解において明白である．それは，法律家が契約や不法行為を扱う場合よりも，潜在的な刑事侵犯を扱う場合に，より問題のあるものとなる. See Luban, The Lysistratian Prerogative : A Response to Stephen Pepper, 1986 A.B.F. Res. J. 637, 647. Pepper, A Rejoinder to Professor Kaufman and Luban, 1986 A.B.F. Res J.［本書第三論説］657, 669-73. それにもかかわらず，執行にかかわる助言は，『法』一般にかかわる助言の一部であるとみなされて，受け容れられている法律家機能なのである. See, e.g., Panel Discussion, 35 U, Miami L. Rev. 639, 6S9 (1981) (comment of Prof. Geoffrey Hazard, Reporter, ABA Model Rules of Professional Conduct).

51)　そして，暴力犯罪の関連で表面化することはまったくありそうにない. See Simon, 上記注7, at 48.

観点からすれば，適切なことである．なぜなら，それは，実定法規の利用と管理に最も近接している人達——法律家及び裁判官の間において一般的に受容されている理解と整合するからである．それが正確なのである．それが依頼者に役立つのである．[しかし] 法律家と依頼者の倫理的関連という観点からすれば，それがはらむ問題性ははるかに大である．第一に，法律家が，依頼者を判定するのではなしに依頼者に奉仕する超道徳的な技術屋であれ，とされている．法律家は，依頼者の振る舞いに課せられる道徳的限界の情報源となることがない．第二に，実定法規そのものも，法律家により提出されるものとして，やはり道徳的限界の情報源とはならない．むしろ実定法規は，ありうる抑制として，解決すべき難問として，あるいは将来の行動にかかわる諸決定に分解されるべきデータとして，法律家の技術的な，操作的な姿勢から提出されている．最後に，依頼者を援助するに際しどこまで立ち入れるかを決定するにつき，法律家は，同一の不確実で操作可能な情報源，すなわち『実定法規』[であるローヤー・コード] に頼るよう指示されている．『実定法規の限界内で within the bounds of the law』という [ローヤー・コード中の] 語句は，客観的で認識可能な指針であるかのように響きはする．[ところが] 第2学年にさしかかった法律学生であれば誰でも，もっとも明白な（したがって興味を惹かない）問題は別として，どのような [法規解釈] 問題に関してもおそらく明白な線引きがないこと，境界のないこと，ただ一連の可能性しか存在しないことを知っている．このように，もし法についての支配的な『リーガル・リアリズム』式理解が伝統的な法律家の超道徳的役割に結合されるならば，<u>ロイヤー—クライアント関係の当面のモデルには，道徳上の寄与ないし抑制は存在しない</u>．

　ふたたび，第一級市民性の前提から言うならば，このことは，あるべきようになっている．依頼者の自律は，実定法規によって制限されるべきなのであって，法律家の道徳性によって制限されるべきものではない．そして，もし『実定法規』が操作可能で依頼者の行動に明白な制限を課さないのであれば，実定法規のその側面は，依頼者にとり利用可能とされるべきである．もし道徳上の限界が実定法規からはもたらされず，かつ法律家によって課されるのでなけれ

ば，道徳上の限界の情報源は，それが本来あるべきところ，すなわち依頼者に存在するのでなければならない．道徳は，法律家の事務室の中に，法律家であれ実定法規であれ事務室の情報源に書き込まれているべきものではない．道徳は，事務室の入り口を通って，依頼者の一部として入ってくるものである．

このことが，法律家及び実定法規から依頼者へと，われわれの視野の中心点を移動させる．多くの依頼者が内心に大した道徳上の導きも持たないままに［法律家の事務室の］戸口から入ってくる，ということに驚かされてはならない．道徳上の導きの共通の情報源，すなわち宗教，共同体，家族は衰退しつつある．われわれの社会のように俗化された社会では，宗教は，かつてあったごとき権威的道徳指南のはたらきを，もはやしてはいない．地理的な移動容易性と離婚とが，家族の提供しうる多世代にわたる道徳指南から多くのものを奪っている．小規模で，支え合い，通例は連続していて均質である道徳的共同体などは，ごくごく少数の人々の経験であるにとどまる．田舎の街，少数民族の隣人群，数世代にわたり出席してきた教会，地域の営業あるいは小売業の共同体（商業会議所や食料品小売業組合）——すべては，以前に比較して，全人口のうちはるかに小さな部分だけの経験である[52]．価値観を教え込むという公立学校の役割すらも，衰退しているようである[53]．多くの者たちにとっては，法が，代替的情報源となり道徳面での導きの代わりをつとめている[54]．

そうすると，われわれにとっての問題は，次のとおりに言える．(1)道徳についてはただ弱い内面のあるいは外部の情報源しか持たないこともしばしばである依頼者が，実定法規の利用を求めている．(2)その職業上の役割により，依頼者の実定法規利用に道徳的抑制を課することがないようにと命じられている法律家．(3)実定法規についてのその者の理解が，実定法規の道徳的な内容及び確

---

52) Kaufman, Doubts About Justice, in H. E. Kiefer & M. R. Munitz, eds., Ethics and Social Justice (1970).

53) Moskowitz, The Making of the Moral Child: Legal Implications of Values Education, 6 Pepperdine L. Rev. 105, 107-14 (1978).

54) See Levinson, The Specious Morality of the Law, Harper's Mag., May 1977; Lessard, Notes and Comment, 53 New Yorker, May 23, 1977, at 27-28.

実さは強調することがなく，代わりに，実定法規を道具であり操作可能なものであると認めている法律家，そして，(4)法が，(a)個人の力を増強するための価値中立の構造化メカニズムとして（契約，法人形式，民事訴訟），(b)道徳上の手引きであるよりも，［社会が］最小限で耐え得る行動を輪郭づける下限として，(c)道徳面では中立の規制として，仕組まれていること．このように見渡してみれば，法律家を通じての実定法規の利用は，道徳的熟慮及び道徳的限界を組織的に遮蔽しあるいは抑制することになるであろう，と看て取れる．法律家に相談する依頼者は，実定法規という道具――善い行いへの導きを提供するのではなく，自由を最大化するために設計され使われている道具によって，依頼者の自律を最大化せよ，という導きを受けるであろう．法的に使用可能なものについて道徳的抑制を示すためには，依頼者にも依存できず，善い行いへの導きを提供する代替的社会制度にも依存できないということになれば，法律家がすることは悪ではないのか．全体としての法律家たちは，一貫して依頼者を道徳的行動及び道徳的抑制から引き離して導いていくことになるのではないか．

　依頼者が，田園にある工場から汚染された水を排出することに関して，法律家に相談していると仮定してみよ．依頼者は，実定法規が要求することを知りたいと欲しており，「実定法規」を重んじており，かつ遵守するつもりである．工場排水からアンモニアを除去するのは大変に高価につく．環境保護官庁の制限は，排水1リットル当たり0.050グラムのアンモニアというものであり，かつ環境保護官庁はこの規準を関連のある諸企業に広く公表している．しかし，この情報に加えて，法律家は，その州の田園地帯における検査がまれであること，そして違反が極端なものでないかぎりは執行する公務員が制裁を課するに先立ち警告を発する（改善の機会を与える）のが常であるということ，を依頼者に知らせる．その上なお，法律家はまた，1リットル当たり0.075グラムあるいはそれ以下の違反は，執行のための予算に制限があるために，見過ごされるのが通例であるのが非公式に判明している，と依頼者に教えている．そのような状況においては，法的専門事項及び執行の現実についての素人の無知は，「実定法規」（0.050グラム制限）の遵守し過ぎに導くことになると思われる．

［これに対し］超道徳的で「法的リアリスト」である法律家の活用が，「実定法規」の違反に導くのである．上記に詳述したモデルでは，依頼者が強力な道徳上の手引きを備えるに至らない限りは，書かれたものとしての実定法規に従わせる圧力は存在しないであろう（いっそう悪くすれば，依頼者が会社の経営者であるときには，出資者の利潤を主要な指導原理と認める経営者自身の超道徳的な職業上の役割に拘束されていることもあり得る）．

Ⅳ．法的リアリズムという難問に対しありうる回答

以下に記すのは，上記に素描した矛盾を和らげるかも知れない応答の主要なもの数点について行う簡潔な点検である．はじめの2点の可能性は，法律家—依頼者関係の倫理には焦点を結ぶことをしない社会的な対応であるが，後の3点は，法律家の倫理に向かう諸種の検討を解明している．

A．法の執行に用いられている社会資源の増大

選択肢の第一は，上述した状況を正当であるとして，あるいは不可避のものとして受容することである．純粋の『法的リアリスト』見解が行動の基礎にあればあるほど，執行を欠いた法は，無意味なものに化する．このことは，次に，法執行につぎ込まれる資源の膨大な増加の必要を示唆する．そうした見通しは，政府の資力が不十分な時代においては，気持ちをくじけさせるものである．いっそう重要であるのは，法執行についてのそうした強調のもたらすであろう社会的雰囲気が，考えてみるに愉快なものではない，ということである．

B．法以外の道徳上の権威及び指導原理を再構築すること（あるいは新規に創出すること）

右翼のファンダメンタリズムから，パブリック・スクールでの『価値観明確化』を経て，学問世界での道徳哲学におけるのルネッサンスに至るまで，道徳上の権威及び指導原理の根源の復活あるいは創出を必要とするという認識が，

社会に行き渡った関心事となっている．啓蒙運動に始まる世俗化は，西欧の思想の中で，[それまでは] 道徳上の権威の中心的根源であった宗教を急速にかつ徹底的に排除してしまった．[しかも] それが論理実証主義，人類学，心理学の形式を取ろうとも，あるいは科学主義の形式を取ろうとも，科学と合理主義とが道徳及び倫理の諸問題に解答を出すことはできない，とますます気づかれつつある．価値の探究，及び価値を明白ならしめ，比較し，かつ正当化する代替的方法の探求は，20世紀の最後の3分の1を支配する知的（かつ，おそらくは政治的）テーマの一であるし，[今後も] また，そのようにあり続けるであろうと述べてまちがいない．『ウォーターゲイト [スキャンダル]』が，法律家の職業倫理にかかわる昨今の学界の関心の原因をなすものとして，しばしば引証されている[55]．しかし，あのスキャンダルとわれわれの知的尽力とは双方がともに，より大きくもっと重要な歴史的過程の部分なのである．価値観と道徳上の権威とが実定法規の外部に再建される程度に応じて，『超道徳的な法律家／法的リアリズム』結合にある道徳的真空は改善されるであろう．

　上記に詳論したとおり，法であるとただ今考えられているその法自体は，道徳上の権威もしくは導きの主要な情報源ではない．ロー・スクールにおいて伝えられる支配的な実務理念が変化するであろうこと，そして法律家の実定法規についての理解そして実定法規に取り組む態度も，また変化するであろうことは，あり得ない訳ではない．しかし，このことは，法律家—依頼者の倫理の理解に変化が生じるであろうというのに比べれば，起こるであろう蓋然性はより小さい．したがって，われわれは今や，法律家の職業倫理にあり得る変化の方に目を転ずることにする．

C. 警察官，判事，そして／あるいは詐欺師

　上記に示した第一の可能性，すなわち法執行につぎ込まれる資源を増やす可能性と相似に，法律家—依頼者倫理が，伝統的な法律家の忠誠の傾きを変化さ

---

[55] See, e. g., T. Morgan & R. Rotunda. Professional Responsibility-Problems and Materials 1 (3d ed. 1984) ; Wasserstrom, 上記注1．

第 2 章　道徳を超えたところにある法律家の倫理的役割　141

せて，依頼者から社会へと忠誠を移すことになる，としてみる[56]．1970年代には，SEC［証券取引委員会］が，証券関係法律業務に対してそうした態度を取ったのである．SEC が主張したのは，要するに，われわれが上記に仮設した例における法律家は，執行の蓋然性及び性格にかかわりなく，かつ法律家が 1 リットル当たり0.050グラムを超える継続しての［廃水］排出［を依頼者が現にしていれば，その事実］を知ったのが依頼者の信頼［開示］に基づくか否かにかかわりなく，その事実を政府に報告しなければならないであろう，ということである[57]．これは，実のところ，その法律家に警察のはたらきをする責任を負わせているのであり，かつまた法律家への情報伝達の信頼守秘の性格についてのその依頼者の理解次第では，法律家を詐欺師にすることにもなるであろう[58]．

　法律家が，警察官にはならず，その代わり法についての法リアリストの見方を伝えることは拒んで道徳性を依頼者に注入するとしても，それでもなお明白な難問がそこにある．法律家が，『そこに［例えば，規制値が0.050と法規に書かれて］実在していること』及び書かれた法に対する規範的義務を依頼者に伝達することが，その特定の法について当該法律家がもつ法的リアリストとしての見解に反してそうされるのであれば，詐欺，すなわち実定法規に服従するに際しての詐欺をはたらいていることになる．例えば，私通が法典の中では犯罪として残っているが訴追されたことはない州において，法律家が，結婚しないまま同棲することにかなりの税金面[59]及び経済面での利益があるカップルに

---

56)　アルシュラー教授がこの点を適切に述べているとおり，「ひとたびロイヤーが，その依頼者に対するのと同様に，反対側当事者及び公衆に対しても忠実になったとすると，その依頼者は，もはやロイヤー［の助け］をもっていないことになるであろう．その依頼者はただ裁判官——裁判官の総体をもつのみである．」Alschuler, 上記注15，72頁．
57)　S. Gillers & N. Dorsen, Regulation of Lawyers: Problems of Law and Ethics 551-61 (1985), 及びその中に引用されている諸文献．
58)　このことをもっともよく指摘しているのは，おそらく Freedman 上記注3，第 3 章である．
59)　Morgan & Rotunda, 上記注55，at 119. その状況及び論点は，非現実ではない．

向かい助言をしている，と想像してみよ．その利点を彼らに教えないのは詐欺ではないか，あるいは教えるがその行為は犯罪になるであろうから利点を活用することはできないと付け加え，それ以上何も話さないのは詐欺ではないのか？

また，超道徳的役割を道徳上の責任役割で置き換えることは，ここでは依頼者に向け強行されようとしているのが，書かれた法ではなしにその法律家の倫理ではあるにしても，法律家を執行機構に変成しもするのである．その法律家は，その依頼者の［事案を裁定する］裁判官となっている．このやり方は，倫理的抑制の注入によってジレンマを緩和しはするが，しかし上記に詳しく検討した第一級市民性正当化の前提に内在している価値観は犠牲にして，それをするのである．個人の自律，多様性及び平等性という諸価値の方が，われわれの社会についての伝統的理解にとっては原理的なのであるから，上記の詳細検討が示唆しているのは，これがかなり高くつく対価支払いだということである．法律家の超道徳的役割と法的リアリズムの見解の相助作用がそれだけ破壊的なのだと認識する人にあっては，おそらくこの支払いにも意義が見いだせるのであろう．

D．道徳にかかわる対話における法律家と依頼者[60]

第四の可能性は，法律家と依頼者の間での広範囲にわたる意志疎通の効用を強調する．依頼者の目標を物質的な狭い言葉で定義し，そうした目標に向けての手段として，もしくはそうした目標の抑制としてのみ法に接することに代えて，この見解が，二つの仕方で道徳性注入への関係を開くのである．

第一，その法律家の道徳にかかわる理解を含めて，法律家による状況の十全

See, e. g., Doc v. Duling, 782 F. 2d 1202 (4th Cir.1986)（執行されていない私通及び同棲法令）．

60) 本節において論じられている倫理的対応についての一般的な論議に関しては，Shaffer 上記注7をみよ．この対応は，ABA Model Code of Professional Responsibility にもまた反映している．Ethical Consideration 7-1 から 7-8 までをみよ．

な理解は，依頼者に伝達することが可能である．法律家が実定法規の完全な活用を依頼者に提供するようなお要請されているという点では，職業上の役割は超道徳的なままであるが，しかし実定法規の活用に法律家からの注入が付け加わることによって，上記に素描したジレンマは緩和されている．実定法規の許す限りすべてのことを依頼者が活用しうるという点で，依頼者の自律はなお残されているが，しかし依頼者のその決定は，法律家の道徳判断を知らされてから行うものである[61]．ちょうど法律家／警察官役割が法執行への投資増大という選択肢の，倫理学における類比であるように，まさしく対話役割は，実定法規を離れたところに道徳上の権威を再建するための可能な一起点である．法律家が実定法規の利用を阻止するという意味で依頼者を裁断したり検査したりすることは，やはりすべきではないにしても，専門職業についてのこの見解が，道徳の教育者という道徳的役割を法律家に許すことになる．

　対話モデルが道徳的要素を法律家—依頼者関係に溶かし込む二つ目の仕方は，依頼者の側から溶かし込む仕方である．現在の状況は，依頼者からの道徳性入力も法律家からの道徳的入力も，同様に最小化している．依頼者は，人間としての問題（家庭，事業，会社など）を抱えて訪れる．法律家は，依頼者のその問題を，通例は法的目標及びその目標に到達する法的手段をも含め，すべてを，超道徳的な法的リアリストの態度から了解されている法的用語をもって，定義する．目標も手段もともに，その法律家が推察したものとしての依頼者の利益によって，すなわち通例は富の最大化あるいは投獄の回避によって，定義されることになるであろう[62]．［それとは異なり，依頼者に対して］開かれた法律家が依頼者からより多く引き出した意思疎通は，そうした推察の目標を大きく限定することになるとともに，手段を制限しもするであろう[63]．法律家

---

61) ABA Code of Professional Responsibility EC 7-7, 7-8.
62) Simon, 上記注7, at 52-60 ; Freedman, 上記注5, at 200-201.
63) Gabel & Harris, 上記注25; Lehman, The Pursuit of a Client's Interest, 77 Mich. L. Rev. l078 (1979); Fried, 上記注3, at 1088; Wexler, 上記注15, at 1062-66; しかし，cf. Panel Discussion, 35 U. Miami L. Rev. 639, 643 (1981) 参照（アメリカン・バー・アソシエイションの前会長 Chesterfield Smith によるコメント．依頼者たちは，何を

が職業上の関連の中に道徳的対話のための余地を設ければ設けるほど，依頼者の道徳的及び倫理的認識が［法律家が依頼者のためにする］決定に影響を与えることができる．多くの依頼者たちがいまや備えるようになっている道徳上の導きの範囲が［依頼者と法律家の間に意思疎通がなかったときには］限定されていたことに，上記に素描したジレンマの一部は基づいていたのである．対話モデルは，そこに現存するものを引きだして実効化することをねらいにしている．

本論文は，真実を述べていることが分かっている証人をその証人は嘘を吐いているのではないかと陪審に思わせようとする仕方で反対尋問する法律家，という例から始めた．依頼者との対話が，依頼者はその仕方で勝訴することを望んではいないという事実を，法律上使えるすべての手段によって勝訴することが依頼者の法律家に指定する課題であると考えている点で法律家は間違っているという事実を，法律家に教えることもあろう．［法律家が考えているのとは］逆に，依頼者は，『事実』を『実定法規』によって判断してもらいたいと欲しているのであり，もし真実がその結論に至るのではないならば，勝訴したいとは思わない，ということもあろう．あるいは，正義がその依頼者に権利として与えているものを獲得するためであってすらも，真実を述べている証人を不誠実の非難のほのめかしにさらすことは，道徳上の悪であってその利用は避けるべきである，と依頼者が信じていることもあろう．依頼者が単に不道徳な手段で勝訴することは欲しない，というだけのこともあろう．あるいは，法律家から発する道徳性入力をともなう対話に注目するならば，その法律家がそうした

すべきかを話してもらうために，選択をしてもらうために，彼［スミス］に支払っているのであり，依頼者が選択できるよう彼から教えてもらうために支払っているのではない，と言う）．また Curtis, The Ethics of Advocacy, 4 Stan. L. Rev. 3, 6 (1951) をもみよ．『つまるところ，その業務が他人のために活動することである者は，その者の依頼者のためにその他の主体と取引する際には，かれ自身のためであるときよりも低い水準で活動していることに気づく．それは，依頼者自身が活動したいと望むいかなる水準よりも低いのであるし，実のところ自分でやる誰よりも低い．』Reprinted in C. Curtis, It's Your Law, ch. 1 (1954).

反対尋問をすることに道徳上の痛みを覚えており，依頼者はそうでないというときに，法律家のその認識がその依頼者を引き込みあるいは教育することもあるだろうし，あるいはその法律家に対する依頼者の尊敬総体が，依頼者をうごかし，そうした戦術は使用すべきでないということに同意させることもあろう．

　『道徳上の対話』は，二つの限界をともなうことが認められねばならない．第一は，それが高価なことである．そうした対話は時間を要するのであり，時間は，法律家の商売道具なのである．拡大された会話のための対価をその法律家の通常の時間当たりの金額で支払うことに依頼者が同意し，かつその支払能力をもっているのでなければならないか，あるいは法律家が通常よりも低い収入に甘んじるのでなければならないか，そのどちらかである．法的サーヴィスの伝統的形態は，ミドルクラス及びより下のクラスにとっては高価に過ぎるものとみなされていて，その結果，より安価でより能率的な法的サーヴィス提供構造への推移が生じていることにかんがみると，対話モデルを法律家の専門職業倫理の必須の一部にすることは難しい（おそらく不可能）であろう．複雑な会社［法律］実務のレベルでは，法的な選択肢の分析により多くの時間が費やされているから，そこでは拡大された対話がよりありそうだと言える．しかし，この実務領域においてすら，法的サーヴィスのコスト切り詰めの努力が急速に拡大しつつある．

　第二に，このアプローチに対する依頼者の受容性は，場面ごとに異なったものとなるであろう．何年もの懲役刑に直面しておりかつ公選の弁護人に代理されている刑事被告人は，社内［に雇用されている法律家］カウンセルと話している会社役員よりも，この対話を受け入れることが少ないであろう．いくつかの場面では，まず法律家がその依頼者と対話することができない，ということもあろう．法律家と依頼者の間にある文化的及び経済的ギャップが大きければ大きいほど，意味のある道徳上の対話はできそうにもないことになる[64]．こ

---

64) Simon. 上記注7の55頁から60頁．Wexler, 上記注15, at 1052. サイモンの論説は，最近書かれた法律家の職業倫理に関する文献の最良のものではないかとみられる

のように，双方の限界が，道徳的対話倫理が適当若しくは可能である法律実務の種類には，スペクトルのような推移がみられることを示唆している．

E．良心の異議

本論文の第Ⅰ部は，法律家の超道徳的役割のための道徳上での正当化を示唆するものである．そうした道徳的正当化が存在するということは，その正当化が，何であれ所与の状況において常に存在するであろう，競合する［その他の］道徳的諸価値とどのように平衡するのか，われわれに教えてくれる訳ではない．一人の法律家が，超道徳的な倫理に（道徳的にか，法として強制される職業倫理の下でか）拘束されている，と感じているとしても，特定の状況にあっては，その法律家がそうした法律家役割に逆行する行動を支えるいっそう高次の価値を認識する，ということはあり得るだろう．そうした状況においては，常に良心の異議が選択肢としてあり続ける．超道徳的役割のモラルそして法的有効性を承認することはできるが，しかしそれに従わない選択をすることもできるのである．この可能性が，ある種の事案には法律家の道徳的認識を注入すること

が，不運にも誇張によってみずからを損なっているところがある．例えば同書の注69がそれである．『一人の人物，とりわけ無縁の者が，他人の目的を深く理解できるためには，現にその目的を共有しているのでないかぎりは，重大な限界がある．』と述べている．この論点にはいくらかの真実があるけれども，それを法律家の脱職業化を論証するための基礎に用いるのは，誇張が過ぎている．共通経験は，人間が，このように言われているのよりも，コミュニケーションにおいてもっと巧みであることを示しているし，正常に訓練された法律家は，サイモンが可能とするのよりも多くのことを依頼者から引き出しているのが通例である．法的公務の職，公選弁護人あるいは同様の実務は，人をしてサイモンの立場に近づけるのかも知れないにしても，そうした経験からすべての法律実務に一般化することは許されない．サイモンの論説を弱めるこうした誇張への傾きの一形態は，たんに複雑さがあるに過ぎない法律家の倫理について，その全般にわたり『矛盾』を認識することである．［それは］たいがいの批判的法律研究 critical legal studies の労作に典型的な瑕疵である．See R. Dworkin, Law's Empire 271-75, 441-43 (1986); Sparer, Fundamental Human Rights, Legal Entitlements, and the Social Struggle: A Friendly Critique of the Critical Legal Studies Movement, 36 Stan. L. Rev. 509, 516-19, 524 (1984).

を果たして，上記に素描したディレンマを緩和することになる．そうした事案にあっては，法律家の道徳面の認識が，実定法規の許すことすべてを依頼者が活用するのを防ぐであろう．

それにしても，そのような良心の異議は，もしそれが極端な事案にのみ限定されているのでなければ，警察官，裁判官，かつ／または詐欺師としての法律家［のすること］とほとんどへだたりがない．道徳面での考慮が職業上の義務に打ち勝つのを法律家が許す範囲において，法律家の役割は，もはや超道徳的ではない．デイヴィド・リューバンは，超道徳的役割は大変に弱い道徳的価値観によってのみ支持されていると彼が結論づけたとき，この点に到達していたと思われる[65]．何ら対抗する道徳的価値が不在のときには，法律家はその［超道徳的］役割にしたがうべきである，と彼は論じる．しかし，超道徳的役割が命じている行動に対し何であれ正当な道徳的異議のある場合には，その役割が正当化を提供することがない，と結論する．［本論文の］第Ⅰ部は，これとは逆に，法律家の超道徳的職業役割がいくつかの道徳的価値に正当根拠をもつことを示唆している．もしそのことが真実であるならば，良心の異議は，法律家によりほとんど行使されてはならないということになるであろう．

周知の『隠されていた死体』事件が一例を与えている[66]．ある刑事被告人が，彼の［弁護をする］法律家に対し，二人の殺人被害者の死体が隠されている場所を明かした．そこで，その法律家は，情報が正確であるかを判断するためにその場所に行った［そして死体を発見した］．［しかし］法律家は，被害者の一人の両親から情報を求められたときですらも，この情報を知らせないままにして6カ月を過ごした．正常な道徳原理は，そのような無情の振る舞いを非難するであろう．［それでも］超道徳的役割は，そうした振る舞いを要求していた．法律家は，その情報を開示する義務を法的に負担してはいないし，その情報の明るみに出ることを引き伸ばすのは依頼者の利益である，と法律家が認

---

65) Luban. 上記注7.
66) People v. Belge, 372 N. Y. S. 2d 798 (N.Y. Cty. Ct. 1975); Freedman, 上記注3, at 1; Morgan & Rotunda, 上記注40, at 192-93.

識しているからである．リューバン教授のアプローチは，正常な道徳原理がその法律家によって適用されるべきであった，と言おうとしている．第一級市民性モデルは，とりわけ刑事弁護の文脈においては，その逆を示唆する．ところで，その法律家の調査により，被害者の一人は生きていることが知られたものと，しばし仮定してみよ．さらに，生存被害者を助ける義務，あるいは救助におもむくであろう他人に生存被害者の存在すること及びその場所を明かす義務が，法的には若しくは職業上のものとしては，存在していない，と仮定してみよ（それが，おそらくは実定法規のすっかり正確な記述である）．ここには，超道徳的役割に対する良心の異議が適切である，とみられるたぐいの極端な事案が存在する．法律家がその生存被害者の状態を暴露することによって依頼者は不利になるとしても，この事例における正常な道徳原理は，超道徳的役割の基礎をなしていて一般には強いものである道徳的価値を［例外的に］上回［り，その法律家に生存被害者の状態を他に知らせよ，と命じ］るはずである[67]．

---

67) Alschuler, The Preservation of a Client's Confidences: One Value Among Many or a Categorial Imperative? 52 U. Colo. L. Rev. 349, 354-55 (1981). D'Amato & Eberle, 上記注7の784頁から85頁は，法律家の倫理の義務論的モデルを基礎にして，死体を明らかにしないことと，生存している被害者を明らかにすることの間に同じ線引きをしている．彼ら［二人の著者］は，良心からする異議という選択肢が，法律家の職業倫理に組み込み可能で，そうすることにより，依頼者に対する義務に背馳するという問題をかわしうる，とみなしているようである．法的に拘束力ある倫理コード（現時［本論説当時］のコード・オブ・プロフェッショナル・リスポンシビリティは，法的制裁をともなっている．）が，実定法規を侵犯する義務，すなわち D'Amato and Eberle, id. at 795 によりほのめかされている可能性（逃走奴隷の例）をいかにして課し得るのか，理解し難い．おそらくは，彼らは，法的に拘束しないルールをもつコードのことを考えているのであろう，id. at 793. ただ Freedman 教授により起草されたアメリカン・ロイヤーズ・コード・オブ・コンダクト草案だけが，本文に仮設した例の状況において生存している被害者を［他人に］明らかにすることを許容する規定を含んでいる．その規定は，ただ代案として包含されているだけである――委員会によって承認されてはいない．American Lawyer's Code of Conduct. Rule 1.6.

V. 結論: 法律家の道徳的自律について

　本論文は，法律家の超道徳的な職業上の役割のために道徳上の正当化を与えることから始められた．次いで，超道徳的役割を的としている批判の二点に簡潔にふれた．経済的批判は，法的サーヴィスが不均等に配分されていることに焦点を結ぶものであり，『アドヴァーサリィ・システム』批判は，たいていの法律家が職務を果たしている状況においては，ふつうは裁判官が不在であること，かつ第二の拮抗力としての弁護する者が［相手方のためには］しばしば不在であること，に焦点を結んでいる．その後に，超道徳的役割と法律家の『法的リアリズム』との結合が提示する難点が詳細に検討された．最後に，この難問にありうる救済策が提出された．

　われわれは，どこにいることになるのか？　私が言いたいのは，自律及び平等という道徳的価値が実定法規の利用との関連において至上命令である，ということである．真正の自律は実定法規の利用に依存しているのであり，利用の不平等は自律に直接に影響すること大なるものがあるので，［いま］われわれはまさしく第一級の――そして第二級の――市民性を問題にしていることになる．この［至上］命令は，私の見るところでは，超道徳的な職業上の役割により提出される諸問題を十分に上回るものである．

　この論文が自律を強調していることからして，法律家の道徳的自律の場は超道徳的役割の中のどこにあるのか，と問われても無理はない．法律家が依頼者と親しくかかわり合いかつ同一視される度合いは，食料品店主や家主が顧客や店子と同一視されるのよりも，はるかに大きい．この事情が，［法律家という］専門職能の内部でも外部でも，超道徳的役割にともなう不安の大部分に原因を与えている．もし依頼者が『悪人』となる方を選び，合法的ではあるが道徳上は悪いことをするならば，法律家は，援助すべき超道徳的役割に強いられてのことであるにせよ，依頼者の悪行に親密に結合しており，依頼者の悪行と同一視されるのであるから，悪い人物となるのではなかろうか？

回答の一部分は，第Ⅰ部の冒頭に素描したプロフェッショナリズムの原理の中にある．法律家の職業的役割に組み込まれている依頼者に対しての大きな優越の故に，かつ依頼者の役割の中に組み込まれている非優越及び脆弱性の故に，職業人は，抵触が存在する場合には，職業人の利益を依頼者の利益に従属させなければならないことになる．その抵触が道徳上の抵触であれ，この戒めに変わりがあってはならない．法律家は，彼が実定法規の利用を提供するという点において，善い人なのである．道徳面でのふるい分けをしないままに実定法規の利用を提供して，法律家は個人の自律及び平等という道徳的価値観に奉仕する．これで十分であるとすべきなのである．法律家と依頼者の間に衝突がある場合，その職業人［すなわち法律家］は，依頼者に奉仕することが彼の役割のレーゾン・デートル［存在意義］である点を想起しなければならない，ということが基礎にある職業上の倫理警告だからである．

　回答の残りを，法律家の道徳面での自律が超道徳的職業倫理と両立して機能できる限られた領域の中に見いだし得る．出発点として，その法律家は，法律家というものになるかならないかを選択する権利を有している．この選択権には重大な道徳面での帰結がともなう，ということが明確にされているべきであろう[68]．第二に，その法律家は，ある人物を依頼者として受け入れるかどうかの選択権を有している．この点の選択権もまた，道徳面での自律の行使にかかわっている[69]．第一級市民性モデルに照らすとき，依頼者選択面での法律家の道徳的自律権行使は，それがある人物の実定法規利用を失わせるのであれば，厄介である．そうした状況にあっては，その法律家の自律は，［その結果］拒絶されることになった個人の第二級市民性という結果をもたらす[70]．第三

---

68) その選択が教えを受けた上でのものであるのかどうかは，たいていの場合には，はっきりしない．ワッサーストロームが観察しているとおり，超道徳的役割は，実務法律家にとっては『快適』なものであろうが，上記注1，7頁，私が法律専門職課程で出会った法学生の多くは，そうした役割を生きるという将来見通しが全く心地よくないものと感じている．

69) Law, 上記注15, at 103-4頁．Freedman, 上記注15, at 198-99, 204-5.

70) See Pepper, A Rejoinder to Professors Kaufman and Luban, 1986 A. B. F. Res. J.［本

に，法律家―依頼者間での道徳上の対話を通じて，高度の道徳的自律が行使され得る．そうした対話の程度に限界を設けるものとして，財政的な実行可能性と依頼者側での受け容れ可能性とに広い幅があるにしても，法律家はすべて，この分野でいくらかの経験を積んでいるのであるし，かなりの程度にわたり，各法律家がそうした限界を画するにつき寄与しうるのである．第四に，良心的異議が，法律家の道徳面での自律という領域内に1個の選択肢として常に存在している．これら4個の分野が結合されると，法律家の道徳的自律の行使にとって有意義なはたらきどころが創り出されることになる．さらに意味深いのは，(1)良心的異議の可能性，(2)道徳上の対話，そして(3)実定法規利用を援助することの本来的な道徳上の価値，これらすべてを足し合わせるならば，その結果は，良い法律家は，善い人物，なじみ易くはないがしかし善い人物となることができる，というものである．私はそのように信じている．

書第三論説〕657, 659-60.をみよ．

第 3 章

カウフマン教授及びリューバン教授に対する再答弁
A Rejoinder to Professors Kaufman and Luban

I. 何故にモデルを？
II. 強制され得るルールか，それとも法律家の裁量か？
III. 自律，多様性及び公式／非公式区分線
IV. 平等：管理階層市民性と第一級市民性と
V. 法的リアリズムの問題

特定の論点に対する私の応答を始めるに先立ち，私の論文[1]の意図をあらためて記述しておきたい．私が書いたのは，法律家と依頼者の間において関係の基礎をなしている倫理的関連を詳述し，そうする中で，法律家の伝統的な超道徳的役割につき，説得力のある，筋の通った道徳上の理由付けを示す，という目的をもってのことであった．私はまた，この努力の一部として次のことをすることにより，ただ今その超道徳的役割に生じているいくつかの不安に対処しようと望んでいた．すなわち，(1)法律家の超道徳的役割と法についての現代の法律家の支配的な理解（『リーガル・リアリズム』）の中に，その不安の重大な根源を見いだして特定すること，そして(2)法律家と依頼者の倫理的関連の内部に，法律家の個人的道徳性が発揮される余地のある場所を示唆すること．［私のこの論文についての］カウフマン教授[2]及びリューバン教授[3]のコメントは，

---

1) Pepper, The Lawyer's Amoral Ethical Role: A Defense, A Problem, and Some Possibilities, 1986 A. B. F. Res. J. 613. ［本書第二論説］
2) Kaufman, A Commentary on Pepper's "The Lawyer's Amoral Ethical Role," 1986 A. B. F. Res. J. 651.
3) Luban, The Lysistratian Prerogative: A Response to Stephen Pepper, 1986 A. B. F. Res. J, 637.

その計画に関して役に立つものであり，かつ納得させるところも少なくない．それらコメントは，［私の論旨を］明確化し有用な仕方で精密化していることがしばしばあり，また多くの問題について，私は［コメントに］同意する．しかし，われわれが一致していない箇所については，私は大部分なお説得されないままの状態にある．この再答弁が，その訳を説明する努力となるであろう．われわれの対話は，少なくとも，この領域において明白なことはほとんど存在していず，多くのことが議論の余地をともない，もっとも基礎的かつ根源的である諸問題についてすらも，倫理的な職業活動について誠実に関心を払う善意の人びとでも，意見を異にすることがあり得る事情を証明するであろう．

Ⅰ．何故にモデルを？

手初めに対決しなければならない問いは，カウフマン教授が暗示する問い，すなわちわれわれは何故にモデルを示さねばならないのか？ という問いである[4]．何であれ特定の状況にかかわり合う考慮も，そして人間的特性もそうなのであるが，［関連する］諸論点及びそれらの文脈が同じく大変に多様でありかつ複雑なのであるから，［そうした状況を論じるためとして提出される］モデルは，すべてが簡略化され過ぎてあまりにも現実性を失っているので，役に立つものではない，とカウフマン教授は言う[5]．そう言う彼は正しいであろう．しかしモデルが存在しないならば，別の，かつ私の信じるところではより大きな，危険にさらされることになる．この世界は複雑さに満ちており，どのような現象であれ，無数の角度から観察することができる．どのような秩序づけであれ，どのような科学的仮説であれ，どのような法の規定であれ，ある意味においては，いずれもが『簡略化のし過ぎ』なのである．［そこで］重要な問いは，それが当面の課題にとって役に立つものなのか？ である．それは，われわれの目的に有用であるのか？ 法律家たちは，カウフマン教授により述べら

---

4) Kaufman at 651-52.
5) Id. passim.

れている複雑さと取り組んでそれを秩序付けるための足場，見通しを必要としている．法律家たちは，その複雑さを見渡して，その複雑さの中で辿るべき独自の経路を図示するために，立脚すべき何らか堅固な地盤を必要としている．カウフマン教授によって述べられている，不確定であり，変化しうる，かつ不確実な法律家の道徳世界を，マッシュ［＝どろどろのもの］と性格づけても当を失することはないと私は考える．そして，そのマッシュを秩序あるものにするための選択肢を理解し感知するに至るよりも，そこに沈没してしまう蓋然性の方が，あまりにも多すぎる法律家たちにとっては，より大きいのである．

　道徳哲学についての素養をもつ法律家はごく少なく，通例は，ロー・スクールにおいて何も提供されていない．依頼者たちはその生活を，困難な道徳上の選択に不可避的に出会うことになる専門職の手に委ねている．その選択は，しばしば，その依頼者にとっての最善の結果，その法律家にとっての最善の結果，第三者にとっての最善の結果そして社会総体にとっての最善の結果［それぞれ］の間に，衝突をもたらす選択なのである．現実世界のその複雑で不確定なマッシュの中では，依頼者の利益に奉仕するよりも，専門職の利益になる行動，あるいはもっとも安全な行動（公衆の意見によって定義されるものとしての『社会の』利益に奉仕する行動であることが少なくない）を選ぶことの方が，あまりにもたやすい．依頼者のためにとしながらも，困難な選択を回避する仕方で依頼者の利益を定義することは，あまりにもたやすいし，法律家のそうした行動を正当化するかに見える何かをマッシュの中に発見することは，あまりにもたやすい．マッシュであることの認識は，もっともらしく説明すること，及び／あるいはあいまいな決定をすることに通じがちである．専門職の選択が，知識に基づきかつ考え抜かれたものであるためには，直面することになる倫理上の問題に適用すべき首尾一貫した構成を彼らが持っていることが不可欠である．法学生を教えかつ法律家の相談に与った私の経験が，そのことを教えている．［定型的な］構成を排除するのも１個の可能性ではあるが，その可能性は，双方の聴衆の面前に明示されているべきである．モデルが排除されたとしても，しかしそのモデルは，他の可能性を計るための比較的に強固な立場を提供して

いるのである．すなわち，排除されたものはしばしば受容されるものの輪郭を明らかにする．一つのモデルを確信をもって排除することは，代わりの手引きを構成し，もしくは記述することの必要を暗示しており，その［排除された］最初のモデルは，少なくとも比較によって，置き換えの基礎を提示する．そして，決定すべき時が来ているのに置き換えの手引きが記述されなかった場合ですらも，少なくとも，そのモデルが反省するための一時停止をさせるであろうし，少なくとも，一つの倫理的な取り組みは排除されてもう一つのそれが必要とされている，ということの理解を意識に上らせるであろう．依頼者たち──すべての依頼者たち──は，最小限それをするだけの価値をもつ存在である．

モデルをもつことの第二の理由は，上述のことと緊密に関連しており，手引きあるいは構造の不在が，専門家の倫理についての常識的な見方をあまりにも安易に強化してしまう，というものである．いま論じようとしていることは，人が法律家あるいは医師あるいは技師になるよりずっと以前に形成された性格の問題であるとし，善悪の問いは，［専門職のための］大学院よりもずっと以前に獲得されている不定形の知識，詳細な理由を付した分析には服しない知識，により答えられる，とみているのが常識的な見方である．そうした見通しの中には真実の要素があるにしても[6]，それはまた，みかけだけとりつくろうこと，あるいはあいまいな決定をすることに通じもするのである．

カウフマン教授は，このことのほとんどに同意すると私は信じている．そのことは，彼の類を見ないほど考え抜かれた教科書[7]によって，また彼が上記の論文を彼の専門職業務活動責任の授業で使っていることによって[8]，例証されている．モデルというものは，少なくとも，検討を開始すべき地点を首尾一貫したものとして提供するのである．

---

[6] See e. g., Hampshire, Public and Private Morality, in S. Hampshire, ed., Public and Private Morality (1978); Shaffer, The Gentleman in Professional Ethics, 10 Queen's L. J. 1 (1984).

[7] A. Kaufman, Problems in Professional Responsibility (2d ed. 1984).

[8] Kaufman at 651.

Ⅱ．強制され得るルールか，それとも法律家の裁量か？

　第一級市民性モデルに随伴している背景的仮定は，このモデルが強制され得る職業倫理［の規範命題］を支持し得るということ，このモデルは，法的ルールに具現され得るということである．しかし，『首尾一貫した出発地点』としての第一級市民性モデルと，強制され得るルールとの間には，大きな隔たりが存在している．そこで，カウフマン教授により提起された，私にとってもっとも困難な批判であるものにわれわれが出会うことになる．その批判とは，『良心的異議』用語の使用について，提示されているモデルが法的に拘束するものであるべきだというその用語の含意について，そしてそのモデル——良心的異議の行使——に対する例外は比較的に僅少のものになるべきだという私の論旨について，カウフマン教授が納得できないとしていることである[9]．不運にも，私は確定的な回答あるいは応答を持ち合わせていない．私の目的とするところは，法律家と依頼者の間にある基礎的倫理関連を正確に示すこと，法律家の基本的な倫理上の義務を記述し正当化することであった．カウフマン教授の言い方によれば，『理論のメタレベル［＝いっそう上位の抽象的レベル］』[10]においてされる［モデルを提示する］その企てと，個別特定の強制可能なルールとの間には，大きな隔たりがある．一方を翻訳して他方に具体化することは，多くの複雑な要因がかかわり合う大変な大事業であって，私はまだ試みていないし，その故にまた，そうした努力がもたらすであろう成果について，私は確実に知ってもいない．

　例えば，法律家が法的制約の性格に関して依頼者を欺くことの方が，その法律家が合法的であると認めている行動に関し依頼者を援助することにつき明示の拒絶をするのよりも悪い[11]，としている点でカウフマン教授はまったく正

---

9) Id. at 652-53.
10) Id. at 655.
11) Id. at 654-55.

しい．私がそれら［二つの場合］を『等しいものとして』取り扱う——カウフマン教授はそう性格決定している——のは，ただ基礎にある法律家の依頼者に対する倫理上の義務からみているときだけのことである．どちらの状況においても，法律家の行動が依頼者の実定法規利用を妨げているのであって，それ故に，第一級市民性モデルの見地からすればその行動は［等しく］悪いのである．しかし，基礎にあるこの義務がいかにして強制可能な職業的ルールに翻訳されるべきであるのかは，ほんとうに込み入った問題である．［上記の二つの場合のうち］欺くことだけが罰せられるべきであって，明示の拒絶は罰せられるべきではないというのも，まったくあり得ることではあるが，しかし私はその問題を突き詰めて考えてみたことがない．

　私の論旨の構成と論旨の調子と双方が，カウフマン教授の言葉によれば，『依頼者が合法的な目的を達成するのに援助を与えるのを拒絶することは，法律家にとっての悪』である[12]，とする結論に通ずるもの，というのは真実である．実のところ，私の論旨がねらいとしているのは，強制可能な専門職業上のルールを通してこの悪を禁止する結果をもたらすことである，とみられもするであろう．カウフマン教授が認めているように，そうした義務の現存は，『市中で最後の法律家』[13]という問題に免れがたく結び付いている．その問題がもたらすのは，合法的な目的のために実定法規利用を提供することが，各個の現実的もしくは潜在的依頼者に対して各法律家が個別的に負う義務であるのか，それとも総体としての［法律家］職能の義務に過ぎないのか，という問いである[14]．もしも後者だけであったならば，市中で最後の法律家は，依頼者に対しその他の法律家が負うのとすっかり相違しかつそれよりも大きい倫理的義務を負う，ということになりそうである．マレイ・シュヴァーツ教授が，精

---

12) Kaufman at 652（強調は省いた）．
13) Kaufman at 653.
14) あるいは，その義務は職能あるいは個別の法律家の義務というよりも，社会全般の義務であるかも知れない．

密な『市中で最後の法律家分析』を作成している[15]．私が考えるところでは，その分析，そして市中で最後の法律家という区別に依拠して［立論をして］いるその他の者たちの大部分は，まったく誤っている．それは，たいていの依頼者にとって［最初の］一人の法律家を見つけることが困難至極だからである．そして，その［最初に見つけた］法律家が『ノー［引き受けない］』と言えば，さらにもう一人の別の法律家を見つけるための努力は，手にあまるほど大きいであろう．法律家を取り替えることは，心理的にも財政的にも高くつく．『市中で最後の法律家』という考え方は，その［法律家に］依頼［しようとしている］者が別の法律家を見つけるための金と世慣れとをもっている［場合の］エリート法律家についてならば有用であるのかも知れないが，すべての法律家及び依頼者にとっては，その考え方は難しい問題をいくつか引き出すのである．依頼者が法律家をもつ『権利を与えられる』のはいつなのか？　［法律家探索の］5回目を試みた時か？　8回目なのか？　デンヴァーあるいはシカゴで，最後の法律家に辿りつくまでがんばる依頼者は幾人いるであろうか？　このように考え進むと，私は理論的な理由からよりも実践的理由からして，市中で最後の法律家という考え方を排除したくなるのであり，法律家のそれぞれが［初めから］市中で最後の法律家の義務を（強制可能なものとして）負うものと<u>推定されている</u>べきである，と一応の提案をしてみたい．これが私の出発点になりそうなのであるが，この論点をすっかり論じることは後日にゆずりたい．

　法律家の倫理上の基本的な義務は，少なくともその幾分かは，法的に拘束するものであるべきことが明白である．奉仕の職業倫理，すなわち依頼者あるいは患者の利益をその専門職の利益よりも先に置くという職業倫理は，根底的なものとして，あるところまでは強制されるのでなければならない．大まかに言って当該関係［すなわち専門職と依頼者もしくは患者との関係］には力及び機会の不釣り合いが存在するが，それは，部分的には法により強行されている独

---

15) Schwartz, The Zeal of the Civil Advocate, 1983 A.B.F. Res. J. 543, 555-63, See also Wolfram, A Lawyer's Duty to Represent Clients, Repugnant and Otherwise, in D. Luban, ed., The Good Lawyer 214 (1984).

占規定をもって作り出されているのであって，その前提からして，専門職がその依頼者の弱さから利益を得ることを法的に禁止しないのは明白な間違いであろう．法的拘束力をもつ現行の法律家倫理コードが，依頼者をそのようにして保護しており，かつ保護をすべきであるのは，法律家と依頼者の間での財政的利益が衝突する領域（事務提供の報酬は別として）においてである．危険はあまりにもはっきりしたものであり，誘惑はあまりにも強くかつ繰り返すものであり，そして依頼者の自己保護の能力があまりにも小さいから，［倫理コードをもって法的に強行拘束するより］他には仕様がないのである．信頼守秘［の責務］は，依頼者の弱さそして法律家側での誘惑があまりにも大きいために，拘束するルールを設けるより他ない，というもう一つの領域である．（そのルールの境界は争われているにしても[16]，ルールの存在については争われていない．）現行ルールに不足のあることによって浮き彫りにされているのであるが，強制可能なルールが必要なことの興味深い例が，依頼者の信頼と法律家の財政面での自己利益との交差に表れた1個の側面によって提示されている．上記注[17]に記したように法律家倫理のコードの多くの部分が，基礎にある職業上の義務を反映しかつ強行しているのであるが，またコードの大部分は，逆に，ただ職能の財政的福利を推進するためにのみ仕組まれたギルド立法でもある[18]．『Code of Professional Responsibility ［モデル・コード］』における依頼

---

16) 新しいABAのモデル・ルールズは，ABAによるそのルールズの［モデルとしての］採択に際しても，また各州による［ロイヤー・コードとしての］採択の討議においても，最も議論に付されたものである．そのモデル・ルールズを［総体としては］採択した州のいくつかが，この［信頼守秘］規定を［部分的には］大きく変更している．法律雑誌の［この規定についての］注釈が，職業倫理の他のどの個別論点に関してよりもはるかに膨大なものであった．

17) Pepper at 616.

18) その職能が生きながらえるためには，法律家たちは，彼らの仕事から生計の糧を得ることができなければならない，というのは真実である．そのことが，ABA『モデル・コード』のギルド的規定にとっての正当化根拠であるように思われる．［同コード中の］エシーカル・コンシダレイション2-16の一部分は，次のとおり記述している『リーガル・プロフェッションは，履行された役務につきその構成員が十

者の信頼保護の一般規定は前者であり，1個の恥ずべき例外規定が後者である．『モデル・コード』中の現在多くの州で効力を認められているディシプリナリィ・ルール4―101(c)は，次のとおり述べている．『法律家は，……(4)法律家の報酬を確定しあるいは回収するのに必要な，若しくは法律家自身あるいはその被用者あるいは補助者を不法侵害行為の非難から守るのに必要な依頼者の信頼情報若しくは秘密を開示してよい．』(下線は引用者による)．そのルールの新しいABAのモデル・ルールズ［・オフ・プロフェッショナル・コンダクト］中にある言い換えは，改善ではあるが[19]，しかし，依頼者志向の第一級市民性モデルにより判断すれば，アメリカン・トライアル・ロイヤーズ（ATLA）が提案しているコードが3点の選択肢の中では最善のルールを提案している．すなわち，

　法律家が依頼者の信頼［して伝えた情報］を開示してよいのは，依頼者により主張された刑事，民事あるいは業務上の非行の問責に対して，又は依頼者が連座したそのような行動について［第三者の申立てに応じ］公式に開始された問責に対して，防御するのに必要な限度においてである[20]．

分な代償を受けることがなければ，存続する力としてわれわれの社会におけるその役割を果たすことができない．したがって，相応の事案においては，報酬を支払う能力のある依頼者に対し応分の報酬が請求されるべきである．』(脚注省略)．それにしても，この承認は，そもそも専門職と依頼者の間にあって職業倫理の必要をもたらす基底的利害衝突の基礎前提の，単なる1点であるにしかすぎない．Pepper at 615-16.

19) ABA Model Rules of Professional Conduct Rule 1.6(b):『ロイヤーは，以下の情報をそのロイヤーが必要であると筋の通った理由で信ずる限度まで開示してよい．(2)そのロイヤーとその依頼者の間にある争訟においてそのロイヤーのために請求若しくは防御を立証する情報，その依頼者がかかわっていた行動に基づいてそのロイヤーに対し提起されている刑事問責又は民事請求に対する防御を立証する情報，あるいはそのロイヤーのその依頼者のための代理に関する，何であれ手続における申立てに応答するための情報』．

20) Roscoe Pound-American Trial Lawyers Foundation, The American's Lawyers Code of Conduct, Rule 1.5.

ここで私には明白とみえるのは，ATLAにより提唱されているのと同様の法的に拘束するルール，すなわち法律家が報酬を取り立てるために依頼者の信頼［秘密］を開示するのは禁じられているルールによって，依頼者が保護されるべきである，ということである．より上位の道徳的価値がATLAルールにより命じられていることとは逆の倫理上正しい行動を示唆する，というような状況はまったく稀であり，［現にあったとして］そうした事案での犠牲者は専門職自身であることが高度の蓋然性をもって推測されるのであって，自己利益及び結果としての自己欺瞞は大いにありそうなことなのであるから，［法的な拘束力はない］『アスピレイショナル［＝抱負としての］』なガイドライン——法律家の裁量——は，不完全でありかつ正当化できないと思われる．専門職業上の関係の，その他の諸側面においては，より大きな柔軟性——各個の法律家の裁量にとってのより大きい余地——が適切であろう．カウフマン教授がしている心配に完全に応じるためには，このような線にそった規定集を起草することが要請されるであろうが，私にはその用意がない．道徳面での行動において問題となっている拘束的ルールと裁量との間の緊張が，新しい［モデル］コードの中の信頼守秘規定の，もう一つ別の部分，すなわちもっとも議論された部分の一に興味深い仕方で反映している．ABAコードとATLAコード双方の起草者たちは，『良心的異議』選択肢のようなものを［そのコードの中に］取り込んでいるのであるが，しかし，それをカウフマン教授が選ぶとみられるであろうような仕方で，法律家がそれを侵犯しなくて済むようにしてルールズの中に取り込んでいる．その結果は［次のとおりの規範命題で，これは］，自然法への復帰，自然犯／法定犯区別への復帰であるように見受けられる．

　ロイヤーは，そのロイヤーが次の諸行為のために必要であると筋の通った理由で信ずる限度まで，［依頼者の信頼秘密を］開示することができる．(1) 切迫した死亡あるいは重大な身体危害を引き起こしそうであるとそのロイヤーが信じる犯罪行為を依頼者が犯すのを阻止すること[21]．

---

21)　ABA Model Rules of Professional Conduct Rule 1.6(b).

役割上の道徳が要請されるのは，何か『本当に悪い』ことが生じようとしている地点までである，とこの規定は述べているものとみられる．しかし，ひとたびこの地点に達すると，法律家は通常の道徳に立ち返ることが許される（しかし，要請されるのではない），というのである．ルールの中に『良心的異議』が適切であるとみられる例外場合を組み込むそのような努力は，こうした方法で成功することもおそらくあり得ようが，しかし私はなお懐疑的である[22]．

Ⅲ．自律，多様性及び公式／非公式区分線

リューバン教授の見解と私の論文に表明されている見解の間にある基軸的な差異は，個人の自律[23]の価値と，そして法律家のあるべき倫理上の役割にと

---

22) See Freedman & Goldman, Lawyer-Client Confidentiality: An Exchange 3 Criminal Justice Ethics 3, 8-16 (1984). フリードマン教授の自然法分割線は（ATLA により排除されたが，しかしそのコード提案に選択肢として取り入れられている），ABA のものとは異なることに注意せよ．ABA と違って，彼は，依頼者の信頼秘密を開示することを正当化しうる根拠とするのに足りる善くない結果として，『重大な身体危害』は除外するようである．しかし，この点も ABA とは異なり，彼は，生命への脅威が犯罪的な行動から生じるか合法的行動から生じるかにかかわりなく，またそれが依頼者に由来するか否かにかかわりなく，法律家が守秘信頼を裏切ることを許そうとしているようである．『秘密漏洩が切迫した人命の危険を防止するのに必要であると，そのロイヤーが筋の通った理由で信じる場合には，かつその限度で，依頼者の信頼秘密を開示することができる．そのロイヤーは，依頼者の利益を保護するために，生命の損失を防ぐことと適合するあらゆる合理性ある手段を用いるものとする．』The American Lawyer's Code of Conduct Rule 1.6. フリードマン教授は，このコード起案のための報告者であった．彼の個人的見解は，そうした状況における開示は義務的であり，裁量的ではないというものである．Freedman & Goldman, Lawyer-Client Confidentiality: An Exchange, 3 Criminal Justice Ethics 3 (1984).

23) 私の論文における超道徳的役割の正当化は，二つの第一次的価値，すなわち自律及び平等を根拠としている．この議論の平等側面は，ある程度にわたり自律側面に依存している．というのは，もし（実定法規の利用という装いでの）自律が重要でなければ，そのときにはそうした利用との関連における人びとの不平等が，結果として重要性を減じるだろうからである．私が自律の論点にかかわる差異が『基軸的』

ってその価値がもつ関連とにかかわっている．この論点について，少なくとも二つの注目に値する仕方でわれわれは見解を異にしている[24]．

　第一に，われわれは，それぞれの個人の生活のための自律の重要性について，ないしは全体として言い換えれば，社会に対するものとしての，他に有り得る秩序などの諸価値を背景にした個人の自律の総体的価値に関して，見解を異にしている．われわれの価値観の仕組みの中で自律がもつ特別の立場につき究明し詳述することは，ここでの私の意図を超える[25]．ただ私が注意を喚起したいのは，自律が，個人の文脈でも政治的文脈でも，並外れた重要性をもつということである．各個人の生活を述べる文脈においては，相当程度にわたる強さで自己自身の生活を統制していることの意識あるいは理解が，良き生にとって不可欠なのであり，かつ意味のある生活にとって不可欠なのである．各個人にとって，その領域においては，意味のある選択をする自由が，価値観を選びかつ構成する自由が，そして自己の生活を築き上げるについて価値観をはたらかせ選択をおこなう自由が存在しているという，その領域を認識していることが，自己を，責任を取り得る人物として，かつ一個の個人として理解するためには，

　であるというのは，その理由による．

24) 第三の相違は，下記注37をともなう本文において取り扱われる．
25) 私は，超道徳的役割の正当化のための前提としての自律の価値につき，私の論文 Pepper at 616-17 において簡潔に検討している．オックスフォード・イングリシュ・ディクショナリィの中での『autonomy 自律』の定義1.bは，『その者の意志に従う自由［liberty］，個人的自由［freedom］』としている．この "liberty, freedom, autonomy" というタームの束が，私は信じるのであるが，私の論文及びこの再答弁において依拠している価値を輪郭づけるのに十分足りている．リューバン教授のコメント及び幾人かのその他の人たちの書簡は，将来においていっそうの探求があってよいと示唆している．例えば，『自律』には道徳上の価値がない，と主張されているのである．D'Amato & Eberle, Three Models of Legal Ethics, 27 St. Louis U. L. J. 761, 773, 794 (1983). 興味深いことに，第一次的価値としての自律の探求が，法律家の超道徳的役割の基礎にある他の第一次的価値，すなわち平等との関連に通じているのである．See, e.g., D. Richards Toleration and the Constitution 133 (1986); Dworkin, Liberalism in S. Hampshire, 上記注6 (reprinted in R. Dworkin, A Matter of Principle 181-204 (1985); Richards, Rights and Autonomy, 92 Ethics 3 (1981).

第3章　カウフマン教授及びリューバン教授に対する再答弁　165

不可欠なのである[26]．加えて，われわれの政治システムは，個人の自律という前提の上に築かれているのであり，その前提は，［連邦憲法中の］権利章典[27]及び参政権を通してのみならず，何が道徳上で正しいかに関する決定を含めた多数派の決定ないしは政府の決定に信を置かないことによっても，また表明されている前提なのである．

　リューバン教授は，『他の事柄が等しいとして』，自律を増加するのは道徳面で良いことである，と認めている[28]．それでも，『他の事柄』が，彼の意見では，ケースバイケースの前提に基づいて個人の自由に対抗して考量されるべきである，ということを彼のさらに論じているところが明らかにする．言い換え

---

[26]　私の論文の中における自律の強調は，幾人かの人達に，私がする正当化は人間が基本的に孤独かつ孤立しているという見解に基礎を置くもの，と認識させることになった．個人と共同体との緊張の中では，『自律』の語は個人をより多く示唆してもいるであろうが，しかし個人の自律は，その個人の種々の共同体との関係にかかわっていることの確認が不可欠である．1個の個人が自律を表明するのは，少なくとも部分的には，それら共同体へのその個人の忠誠の範囲及び性質を通してなのである．自律をしていることは，関与していることあるいは連携していることと矛盾はしない．法律家がその依頼者の自律を尊重しかつ自律に奉仕することは，孤立した依頼者を想定してのものであってはならない．逆に，依頼者に奉仕する法律家は，依頼者が傾倒しているところに関心を払っていることを要する．事実，『依頼者』がある種の共同体である場合もしばしば存在する．これらの論点は，トーマス・シャッファー教授による近刊の優れた論説 Thomas Shaffer, The Legal Ethics of Radical Individualism, 65 Tex. L. Rev. 401 (1987) によって提起されている．私はシャッファー教授がそこで表明している見解の，全部についてではないが大部分につき同意する．そして，第一級市民性モデル及び超道徳的な職業役割が，それらの見解に合致すると信じている．その合致について詳論することは，別の機会に譲る．

[27]　権利章典において付与されているような諸権利を市民が完全に活用できるようになるのは，阻止をすることのない法律家によってのみのことである．これらの諸権利は，法律家の超道徳的役割を正当化するものとしてしばしば強調されてきた．例えば，Freedman 教授の労作をみよ．しかし，これら諸権利は，すべての市民に利用があるべき『実定法規』のごく小さい下位部分にしか過ぎない．第一級市民性モデルは，こうした『権利』に依拠しての正当化を含むのではあるが，しかしはるかにより広いものに依拠している．

[28]　Luban at 639（強調は省いた）．

れば，他の『善い』ことに対抗して秤量される場合，自律のために天秤を押さえるもの（すなわち有利に傾かせる錘り）があるというようには，自律は特別のもしくは体系的な価値なのではない，というのが彼の見解であると思われる．このことは，個人の自由 liberty，自律 autonomy 及び自由 freedom の過小評価[29]と，そしてわれわれの社会がそれら諸価値に肩入れしていることの不理解と，それらの双方を反映している．非道徳な行動を不法なものとしない理由としてあり得るものを挙げたリューバン教授のリスト[30]の中に，人が拘束されていればより行儀よく振る舞うかも知れないとしても，しかし拘束されているよりも自由である方がなお良い，ということを彼が含めていない点に留意せよ．現代の公衆が，過剰に法化された社会へ流されていくことを認識して，苦悩し嫌悪していることと，このこととを対比せよ．多すぎるルールとそして過剰な統制とが存在するならば，個人主義及び自由 liberty（自律 autonomy）のためには，自身の生活を創造することのためには，十分な余地が残されないようになる．そして，各ルールと各統制がその帰結として『善い』行動をもたらすにしても，このことはやはり真実なのである．

　各人が道徳上正しい仕方で振る舞うよう統制するのに成功するだけ権威主義的で全体主義的である体制を想像してみよ．それが可能であったとしたならば，政府は，すべての道徳上誤った行動を効果的に禁止でき，かつすべての道徳上正しい行動を効果的に要求できるときには，そのようにすべきであるという，そうした帰結を選好する，とリューバン教授の論旨は言い表している．こう読むのが適正な読み方であると私は考える[31]．リューバンのコメントが示唆するのは，あらゆる事案において道徳的に正しい振る舞いを立法をもって定める

---

29) See 上記注25.
30) Luban at 640.
31) Id. at 638-40, しかし，同 at 642-43. 彼は，自律の概括的価値は認めている．しかし，それは本文における彼の論旨の特性と合致する仕方においてのことである．彼は，『[道徳上の]決定の大部分は私的な領域に委ねられている』ことを承認しているが，これは，自由に付与される独立で高い価値の故にではなくして，法的な区画及び執行の困難さの故である，と信じているように見受けられる．

ことがわれわれにはできていないが，それは実行不可能性がそうしているのであって，基礎にある対抗原理がそうしているのではない，ということである．しかし，そのような見解は，根底から間違っている．正しくも，われわれの社会は，われわれ自身である自由，かつ悪くある自由の方を選好している．そしてわれわれは，多様性の方を選ぶのである．リューバン教授の立場と私自身の立場の根本の区別は，彼が個人の自律にむしろ低い価値を与えているらしいのに対して，私は（われわれの社会と法律制度と共に）個人の自律にむしろ高い価値を与えている，ということである．

　しかし，このことがわれわれの最も重要な不一致なのではない．なぜなら，それは程度にかかわる不一致にしか過ぎず，われわれは双方とも自由が抑制されなければならないこともしばしばあるのを承認している．［それとは別に］法律家の倫理にとって最も重大であるのは，法律家が行使すべきあるいは保証すべき自由に課せられる抑制の種類に関して存在している，われわれの間での不一致なのである．リューバン教授と私は，自律には，公式及び非公式の双方の抑制が及ぶということに同意している．法及び法執行は，自由に対する公式制限である．友人，家族，及び共同体の意見は，非公式の抑制である．私の論文は，法律家が公式システムのパーツである，と考えられるべきことを主張しており，私の論文は，その基礎の上に法律家の職業倫理を構築するについての，筋の通った理由付けを提供している．リューバン教授の反応は，要するに，法律家は，非公式システムのパーツとして振る舞うべきである，というものである．このように，われわれ各々の努力は堂々巡りをするものであり，われわれは本当に向かい合うことがない．

　このことは，彼が挙げる2点の例においてもっとも明白に見てとれる．その第一として，私がした法律家の役割と自動車整備工の役割の類比を使って，武装強盗に用いられようとしている自動車をそれと知りつつ修理するのは，はっきりと悪いことである，と彼は示唆する[32]．しかし，武装強盗は犯罪でもあ

32）　Luban at 639.

るし道徳面での悪でもあるのだから，この例は適切ではない．超道徳的役割に課される第一次的な限界は，依頼者の非合法な行動について援助をすることの禁止である．実定法規が，それが修理工によるものであれ法律家によるものであれ，強盗をも強盗の幇助をも禁止している．そして，もしその例を明白に悪い犯罪行動から離れたものに変更するならば，例はその力を失う．シガレットやポルノを配達するトラックを修理する自動車修理工が，あるいは女漁りをする奴の車を修理する自動車修理工が，［右の例と］同一の道徳的非難を引き起こすことはまったくない．しかしこのことは，些少な論点である．リューバン教授の挙げている例として第二の，そしてより聞かせるものは，法律家の妻（又は友人）が，その夫の（又は友人の）自律を強化しなければならないという一般的義務などは負っていない，とする類比である[33]．それでも，この例もまた力をもたない．その例では，法律家の倫理上の義務が配偶者の倫理上の義務と同一である，と仮定しているからである．それこそが，われわれが背馳する主要な争点なのである．

　この第二の例に関して，リューバン教授は，自由な選択に関する非公式のふるい分けにより，私は難点に逢着させられているけれども，彼はそうではない，と言う[34]．まったくその逆が真なのである．妻たちが，友人たちが，同僚たちが，そして共同体の目が，個人の振る舞いに対する適切でかつ不可欠の非公式抑制である，とする点では私は彼に同意する．品性の高い善い社会を持つためには，法及び法執行よりも，これらの関係によって用意されている非公式の制限の方が，おそらくかけはなれた程度において，よりいっそう重要である．したがって，非道徳ではあるが合法的な行動を援助することを，妻あるいは友人が排除するのが正当であることに関しては，彼リューバン教授に私は賛成する．配偶者であること，あるいは友人であることが何らかの役割特有の道徳ないし価値をともなうとしても，その役割特有の道徳や価値には，夫や妻の自律もしくは友人の自律を，自分自身のあるいは共同体の自律以上に高める義務が

---

33) Id. at 642.
34) Id. at 641.

第3章 カウフマン教授及びリューバン教授に対する再答弁　169

包含されていないことは確実である．リューバン教授と私が見解を異にするのは，妻のその夫の非道徳な行動を援助することの拒絶が，法律家の行動にとり正当な類比をなす，と彼が示唆している点においてである．法律家は，配偶者や友人とは異なり，共同体が（その政府により）<u>強制的に課している法という公式</u>システムの一部分なのであり，その故に，配偶者や友人の義務とは相違した義務を法律家は負っている[35]．（そして同一の区別が自動車修理工［と法律家の間］にも妥当する．自動車修理工もまた，強制的に課せられる公式の統治システムのパーツではない．）リューバン教授は，法律家の倫理が配偶者の倫理あるいは友人の倫理と相違するものであってはならない，と<u>決め込んでいる</u>．『悪だくみを助けるのを法律家が拒むことは，依頼者の自律にとってのはっきりした侮辱として，依頼者の妻がやめるようにと脅すのと，異なるところがない』と決め込んでいる．しかし，法律家は，個人の自律に課せられる共同体の抑制の公式システムのパーツなのか，それとも非公式システムのパーツで<u>あるべきなのか？</u>　という決定的な問いは見過ごしているようである．

　私の論旨の諸部分を簡潔に見直すと，このような順序になる[36]．法は，制限し，導き，かつ権限づける．法は社会の公式創出物である．配偶者や友人の助けとは異なり，法はその本質からして，万人に利用可能であるようにと意図されている．高度に法化された社会においては，この公式の公共財の利用は，人の効果的に行為する能力（人の『自律』）に影響を与える．そして当面の論点にとりもっとも意味のあることとして，実定法規の利用は，<u>ただ法律家という存在の助けを借りてのみできる</u>，ということがある．法のシステムは，形態においては万人に利用可能であるが，しかし法律家がそのシステム利用のため

---

35) チャールズ・フライド Charles Fried's のよく知られた論説 The Lawyer as Friend: The Moral Foundation of the Lawyer-Client Relation, 86 Yale L.J. 573 (1977) における根源的な誤りは，この差異を理解できていないことではなかったか．フライドの立場は，少なくとも部分的には，自律及び平等の価値に基礎を置いている，id. at 1073. しかし，このことは，法律家の義務と友人の義務を誤導的に類比することによって，あいまいにされている．

36) 以下は，Pepper 上記注1，第Ⅰ部の要約である．

の唯一の道具なのであって，法がそれによって現実に利用可能となる唯一の道具なのである．それ故，法律家については，われわれ各人を取り囲んでいる非公式の社会的な網の一部としてよりも，公式の法的システムの一部である，と考えるのがより正当である．援助をするかしないかは，その個性全体，迷妄な個人的信念そして気まぐれに基づいていて，その者の勝手である配偶者や友人と，境界線の同じ側に法律家が立っているとみるのは，法自体をその境界線の同じ側に置くことであり，実定法規の利用を，同じく不平等な，高度に成り行き次第の，気まぐれであることの多い基礎によって決めることになる．そうすることは，法を非公式のものとし，かつ主観的なものとすることである．それは誤りである．自律と平等はともに，われわれの社会においては，配偶者や友人の非公式の倫理的役割とはすっかり異なる，ある種の（かつある程度の）公式の義務を創出する役割特定の倫理を基盤にして行為する法律家からの奉仕を受けるのである．

　リューバン教授は，法律家によって個人の自律権行使に課せられる制限は，それがただ『ときどきのもの』であり，そうでないときには人びとの生活は『おおよそのところ自律的』であるから，その制限はたいした危害にはならない，と反論している[37]．彼は，(1)法が［構成員の］行動の膨大な領域に影響を及ぼしているわれわれの高度に法化された社会の意義，(2)個人にとって，自律権行使のうちでもあるものはその他のものよりもはるかに大きい意義及び価値をもつこと，そして(3)法的援助の活用がこれらのいっそう重要である自律権行使にとって必須であること，を見逃している．ある人の財産（彼の労働の成果が集積したもの）を死後に何人が受け取るかということは，個人にとって，明日の弁当箱に何を詰めるか（あるいはどこに昼食をとりにいくか）よりも，おそらくはいっそう重要なことである．（法人の設立と契約締結に依存することがしばしばである）事業を自分のものとして発足させる活動力は，この夕方は散歩に出るかあるいは読書をするか選ぶことよりも，おそらくはいっそう重

---

37) Luban at 643.

要なことである．そして，法的に権利のある時間外手当を上司が支払うであろうか否かを知ることは，少なくとも今夜のテレビ番組表をみることと同様の意味をもつ．自律についてのエピソード式推論は，そのエピソードの個人に対する重要性にしたがい，些細なこともまたはなはだしく重要なことも，そのどちらもありうる．リューバン教授と私は，実定法規の利用が必要と認められるエピソードに個人が付与する重要性に関して，見解の合致をみていないことが明らかである．

　法律家はつまるところ私的な行為者なのであるから，法律家を境界線の公式の側に置くのは変則であるようにみえるかも知れない．そのこととの関連では，『法の日［アメリカでは5月1日］』及び同様の機会に関して展開されているレトリックの少なくともいくつかは，おそらく真実であるという点に注目していることが重要である．すなわち法律家は，⑴その忠誠を私的な依頼者に対して負う私的な存在であること，⑵政府に恩義を受ける政府の被用者ではないこと，それでも⑶その依頼者を援助するために実定法規の権力を身に帯びていること，がわれわれのシステムの『特質』に属している．その帰結として，法律家を手にいれることのできるすべての者にとり『実定法規』が活用可能になって，重要なこととして，それ故に権力が社会に分散するのである．法律家の利用は，実定法規の利用を意味する．実定法規の利用は，政府と市民一般の間において，そして市民一般の中での強者と弱者の間において，力を大きく平等化する．（その例が必要であるというならば，最近の過去において，政府あるいは私的な大プロジェクトが私的当事者による訴訟をもって遅らせられたり，まったく停止させられたりしたことがいかに多くあったかを考えてみよ．）公式システムの一部として活用できるのであるが，しかしその役割を依頼者に対する奉仕として定義している法律家は，力を分散するのにいちじるしく効果的である．

Ⅳ．平等：管理階層市民性と第一級市民性と

　私の論文において試みている［法律家の］超道徳的な倫理上の役割を正当化

する企ては，高度に法化された社会の文脈の中での自律及び平等という価値に基礎を置いている．そのモデルの基礎が平等である限りにおいて，第一級市民性は『比較しての善』である[38]，とリューバン教授が言うのは正しい．彼が指摘しているのは，もし(1)比較がされているその対象が消失すれば，(2)不平等は消失し，かくして不平等が存在しなければ，(3)そのモデルを正当化するために平等の価値を使うことはできない，ということである．彼は，私の第一級市民性という概念——超道徳的な倫理上の役割にしたがう法律家の援助による，阻止されることのない『実定法規』の利用——は，善くないことであって，彼の想像上の構成物である管理階層市民性に類比しつつ，それをわれわれは排除すべきであると，述べている[39]．もしもわれわれがこの提案において成果を収めるならば，正当化の平等性側面は蒸発してしまうことになるであろう．［しかし］このような考え方の筋道には，2個の難点が存在する．

　第一に，第一級市民性はそれ自体が善くないことであるという非難は，要するに，われわれをして，自律の価値そして自律の要素である一人の人物の実定法規利用の重要性をめぐるわれわれの論争に立ち戻らせる．私は，第一級市民性は善いことである，と主張している．基本として，法とは，行動することができるようにするもの，かつ力を与えるものである．実定法規は，公共財であるべきである．個人の自律及び多様性は善である．価値についての多元主義及び道徳上の選択にかかわる個人責任は，善である．そして，その逆としての，『善いこと』あるいは『道徳というもの』に関する中央集権化された選択ないしは全体主義的な選択（すなわちロイヤーに課せられたパターナリズム［父親的恩情主義］）は，善ではない．しかし，法律家によりされる実定法規の利用においての不平等は，本質的な悪である．何人もそうした利用ができるべきではない，と結論づけるようにわれわれを導くことは，本当に実のあることなのだろうか？　私は，現在ある法的サーヴィスの配分が，その結論を支持するのに足りるだけ十分には，リューバンの［言うような，第一級市民性がそれを与

---

38) Id. at 643.

39) Id. at 643-44.

えられた者に他に優先する地位をもたらすことにより，やがてはその者に生ずるという］管理階層市民性のイメジには，相似してはいないと考える．もし相似していたとしても，それでも私は，より良い解決は法的サーヴィスの配分を改善することであって，法律家を警察官，裁判官，あるいは詐欺師に変成することではない，という考えを持ち続ける[40]．

　こうすることがより良い解決策であるのみならず，それは本当のところ唯一求め得る解決策なのである．リューバン教授の分析にともなう第二のかついっそう明白な難点は，単純なもので，第一級市民性——阻止されることのない実定法規利用——を，われわれは没却してしまうことができないところにある．十分によい教育を受け，読み書きができかつ能力があって，何が実定法規であるかを自身で決定できる人物もいくらかは存在している．二つ目のグループは，（おそらく一つ目の下位集団であって）やがて法律の教育を獲得するようになり，そうして実定法規を利用することになるであろう．第三の難点として，法律家の道徳認識がその依頼者の道徳認識と同一であることも少なくないと信ずべき適切な理由が存在しているから，そうした依頼者ならば，リューバン教授の倫理の下で実定法規の利用を得ることになる．第四の難点としては，ある種の法律家たちは，依頼者がもくろんでいる行動をその法律家が道徳上いかに評価しているかにかかわらず，対価が十分であるならば，よろこんで実定法規の利用を提供するであろう，ということも予見しておいてよいだけの理由がある．そのときには，『道徳上の拒否権』モデルの下でさえも，実定法規の阻止されない利用が，市民の少なからぬ部分にとり求めることのできるものであり続ける．このように，上記二つのパラグラフに再現したリューバンの議論の要素(1)は，根拠のある主張ではないし，根拠ある主張となる見込みもないから，したがって述べられている論旨のその後に続く要素は一貫したものではない．したがって，それと比較しての超道徳的役割の正当化の要素，すなわち平等性の価

---

40) それがよりよいという理由の一部は，ロイヤーと依頼者の間での道徳に関する対話が，決定を下すことに，道徳的な次元を，第二の道徳上の声を加えるから，というものである．Pepper 第Ⅳ部 D. をみよ．

値に基礎を置いた議論は，説得力を保ち続けている．

V. 法的リアリズムの問題

　ここでは，カウフマン教授と私は不同意するところがない．私が知りうる限りではそうである．彼は，『法律教師として，われわれはすべてがリアリストである』と自認し，しかしわれわれが『境界領域の諸問題にとらわれている』ので，実務ロイヤーがみるのよりもいっそうの『混沌と操作可能性』を，われわれは実定法規の中に感知することになるのであろう，という[41]．そのとおりである．私が示唆したように，『法律家の事務室の中で出会うことになろう法的リアリズムには，程度において変種』があり[42]，適切なリアリストであるロイヤーは，多くの法的決断においては法の決定的なルールが主要な要因であることを知っている，というのは確かにそのとおりである[43]．そのことの何も，法的リアリズム[44]を20世紀のロイヤーが仕事をする方法における重要な要因である，と理解することに矛盾してはいない．

　リューバン教授の法的リアリズム問題についての注釈は，私にとってまったく当惑するものである．私の論文において記述している複合現象に応答するのに代えて，彼は，その問題のカリカチュアを作り出す方を選択して，それを嘲笑している．その嘲笑に答えるのは，やりにくいことである．私は主として記

---

41)　Kaufman at 654.

42)　Pepper at 26.

43)　『依頼者に向かい，「あなたが欲することをしなさい．すべてが決まってはおらず，操作できるのだ．」と告げるロイヤーは，依頼者のために尽くしているのではない．』，Kaufman at 654. そのとおりである．私の論文の第Ⅲ部で記述されている現象が，つまるところこのアドヴァイスに至ることになるとは，私は信じない．少なくとも，そのようなことを私は意図していたのではない．

44)　『リーガル・リアリズム』の語句は，私の論文では，現代のアメリカのロイヤーたち及び法学教育に特徴的であるいくつかの観点の混淆されたものを示すために用いられている．Pepper at 624-25.

述をしようとしていたのであるが，彼は，それが主として指令を与えるものである，と認識する方を選んだらしい．以下の努力においては，理解するのが重要であると私が考えていることを私が弁護しようとしているかのようにみられる危険を犯しながらも，現代の法律家の世界にかかわるリューバン教授の認識が，どこで誤っているかを示すことにしよう．

　リューバン教授のカリカチュアが伝えようとしているのは，『低度のリアリズム』という概念構成体である[45]．しかし，低度のリアリズムとは，私が語りうる限りでは，単に無節操なロイヤーとジャッジを描写するのみである．そして，彼と私は双方とも，〔それとは異なる対象として〕倫理的でありたいと欲するロイヤーのために，節操ある者のために，適切な倫理を決定しようと試みているのであると私は信ずる．（私の論文における法的リアリズムの記述が，倫理的に正しい振る舞いに真摯な関心をもつロイヤーを前提としていたことは確かである．）リューバンの『高度』及び『低度』リアリズムの描写をみたならば，彼の考えていることのこの側面が明白となる．〔彼は次のように言う．〕『高度リアリズムは，法とは，人間である官憲が信頼すべき諸規則を解釈し強行するための誠実な努力においてなすであろうことの予見である，とする主張である．』[46] もしも『誠実』への言及を度外視するならば，すなわちいま節操ある者と無節操な者との相違として私が言及しているのを度外視すれば，このように〔企てられている〕試みた区別は，基本的に無内容なものになる．〔後者と前者は〕単に用語を置き換えたのみである．『信頼すべき諸規則』が『法』の代わりにされても，基礎にある問いかけはなお残されている．実務ロイヤー及び学生にとりもっとも基本的な問いの一つは，次のとおりに明白である．『信頼すべき規則』なるものとしてその資格をもつのは，何であるのか？　あるいは，リューバンにより用語が変換される前ならば，何が法であり，いかにしてわれわれはそれを見分けるのか？　これがその問いである．〔工場廃水に

---

45)　Luban at 646-48.
46)　Id. at 646.（原文の強調は除外した．）

よら]水質汚染事例において[47],『信頼すべき規則』は,[アンモニア]0.050グラムなのか,0.075グラムなのか,そのどこか中間なのか,それとも数字とはまったく異なる何かなのか？　同棲しているカップルに助言を与えるとき[48],ロイヤーが注意を向けるべき『信頼すべき規則』とは何であるのか？彼らの同棲は犯罪である,というのか．それは形式的には犯罪であるが,実際には合法的である,というのか．それとも,一種の非合法ではあるけれども見逃される,というのか．そのいずれであるのか？　契約法領域において,（リューバン教授がその依頼者に伝えることになる）『信頼すべき規則』とは,契約違背が禁止されているということなのか？　カウフマン教授を敷衍するならば,そうした助言を与えるロイヤーは,『依頼者の役に立ってはいない』．リューバン教授は,問題をはなはだしく単純化しすぎて,問題を見失ってしまっているのである．

　リューバンは,[一方の]水質汚染設例において依頼者に真実を告げることと,[他方の]うまく逃げおおせるならば故意殺人は非合法ではないと助言することとの間に,差異はないと主張している[49]．彼が,代わりに同棲の類例あるいは契約の類例を選んで,次のようにでも主張しなかったのは何故なのか不思議である．すなわち,『依頼者に対し,法は,契約を破ることを許しているけれども,[破るならばその結果生じる]相手方当事者の損害を幾分か[依頼者に]賠償させることになろう,と告げることと,依頼者に対し,逮捕されることなしに実行できるならば,故意殺人を禁ずる法を[依頼者は]遵守する必要がない,と告げることとの間に,差異はない．』と[50]．あるいは,『[婚姻外]同棲を禁ずる実定法規は,決して執行されないと依頼者に知らせることと,有罪の根拠となし得るような証拠を残さずに故意殺人を犯す方法を依頼者に知らせることとの間には,違いがない．』と．それは多分,水質汚染[規制]法

---

47)　Pepper at 627-28.
48)　Id. at 629-30.
49)　Luban at 647.
50)　Id. at 647.

規の侵犯が道徳上『悪い』ことであるのを彼は直観的に『判って』いるけれども，しかし同棲事例については，それほど確かではない，という理由によるものであったのか？　もしそうならば，それはまさしく依頼者の道徳上の自律をロイヤーが横領するようなことであり，私は，それは本当に困ったことであると思う．『実定法規への』接近の，もしくは『真に』実定法規であるものを決定することの，そうした主観的なふるい分けは，法の利用に関する平等の点からも自律の理由からも，高度に問題をはらむものである[51]．契約破棄についての助言が故意殺人についての助言と同視されるものとして選び出されないのは何故であるのか，に関して言えば，おそらくリューバン教授は，そうした主張が法的な訓練を受けている聴衆に共有されている理解に逆行する度合いを悟っていたのであろう[52]．

---

[51]　リューバン教授は，依頼者が考慮中である安楽死に関しその法的側面につき情報を与えてくれるよう望んでいる依頼者から相談を受けた法律家に対しては，どのように勧告するのであろうか？　故意殺人の訴追がされた際の陪審の役割（陪審が法を無視した評決をする可能性を含め）に関してその法律家がする助言は，あるいは検察官の［起訴猶予］裁量の可能性についてのその法律家がする助言は，リューバン教授の見解のどこに収まるのであろうか？　これら『実定法規』の『手続的』側面は，故意殺人を禁止するのが『実体』法規である故に，立ち入り許容区域の外であるというのか？　さもなくば，その正当性は，特定の依頼者の事情の下でのその法律家の安楽死にかかわる個人的道徳見解次第である，ということなのか？　実定法規についての知識を依頼者が活用することは，そうした状況にあっては，その依頼者がたまたま相談した法律家の［個人としての］道徳的信念に応じて変化するべきである，というのは何故であるのか？　私は，法的助言を与える義務及び道徳面での対話を依頼者と行うことの推奨を含めて，私の論文で提出しているモデルの方が，実定法規を行き当たりばったりにふるい分けるというリューバン教授の提案にかかる仕方よりも，優れていると言いたい．Pepper, 上記注1 と Luban, The Adversary System Excuse, in D. Luban, ed., The Good Lawyer 83 (1984), 及び Luban, 上記注3を比較せよ．

[52]　もし，契約破棄を一方の端に置き，故意殺人を他方の端に置いた連続を仮構するとなれば，執行の可能性及び侵犯の帰結に関し法律家が与えることのできる助言については，どこに分割線をひくのか，そしてその分割線のどちら側に水質汚染設例は位置することになるのかの問いは，大きくかつ困難な法学上の難問を引き出すで

想定されている故意殺人に関する相談助言と，想定されている契約破棄もしくは想定されている水質汚染に関する相談助言との間に差異があると認めるのをこのように拒絶することについては，私にはさらに述べたい2点の所見がある．第一に，それはまったく明白に，［事実を示す］記述から［規範を与える］規定へと，リューバン教授が逸脱していることを暴露している．素人は，直観的に差異があると知っている．（超道徳的役割にしたがう法律家を含む）綿密な法律家たちは，重要な差異があると知っている[53]．かつ法哲学者は，差異があると知っている[54]．その差異は，言い表すことが難しいかも知れない．まったく異なる［いくつかの］仕方によって，推測され，根拠づけられることは確かである．またおそらくは，分析になじまないであろう．しかし実際観察のこととして，それが現存しているのである．ひやかしで片付けられることではあるまい．逆を説くリューバン教授の主張は，最近の1世紀において契約法及び不法行為法が明らかに規範性の少ないものとなり，いっそう規制的になったという事実を，彼が受け容れないこと（あるいは，おそらく道徳上是認しないこと）を告げている．しかし，彼がそうすることが事実を変えはしない．かつ，現代の法文化の中において，受け容れるものと拒絶するものとを教授連が

あろう．（上記注51に示した状況は，同一の方向に進むものである．）例えば，サイモン教授は，『契約を破棄する権利』を主張するが，しかし決して並行して『故意殺人を犯す権利』を主張することはない法律家たちの拮抗を指摘して，それが実体法及び手続法の拮抗を例証する，としている．［一方における］秩序の必要と［他方において］それと矛盾する市民の裁量権の必要，という複雑な問題の例証がこのように与えられている．Simon, The Ideology of Advocacy, 1978 Wis. L, Rev. 30, 48. 最近，書物の中で，リーガル・プロフェッション課程は『法理学の眠れる巨人』ではないか，と述べられている．Schneyer, Professional Responsibility Casebooks and the New Positivism : A Reply to Professor Chermerinsky, 1985 A.B.F. Res. J. 943, 958. ［しかし］リューバン教授と私の間での『リーガル・リアリズム』論点に関する論議は，少なくともその課程において法理学の争点が不可避であることを示している．

53) この相違は，上記注21を付した本文に再現している新しいABAのモデル・ルール106(b)において認識されている．上記注22をもみよ．
54) See, e. g., H. L. A. Hart, The Concept of Law 35-41 (1961).

選び分けようとしている，そういう贅沢は，［実務に従事する］法律家たちにはできないことなのである．（法律家たちも，その個人的な行動の導きとしては，実定法規であるものよりも，そうあるべきだと彼らが信じるものの方を選ぶであろう．しかし，疑いを抱くことのないその依頼者たちに対し，実定法規としてあるべきだとその法律家が信じているものを，一方的に押し付ける権利を法律家は持っている，とされてはならないこともまた確かなのである．）同じく，刑事法は，直観的な道徳内容を含んではいない数多くの規制的諸規定（すなわち水質汚染事例のごとき）の伝達手段と化しているのであるが[55]，リューバン教授は，刑事制裁自身がその規範的内実をいくらか失っている，という帰結を好まないか，あるいは受容しないのであろう．それでも，そのような変化が一個の事実であることに変わりはなく，かつ法律家たちには，実定法としての刑事法を侵犯することの全部が，規範的に故意殺人と相似である，と触れ回るような贅沢を許されてはいない．

　このことが，私の第二の所見に行き着かせる．法律家は，実定法規をそのあるがままに取り扱わなければならないのである．そして，実定法規のありようは，その執行の問題がその適用及び解釈の問題と分かち難く結び付いていることも多い故に，複雑なのである．リューバン教授が，故意殺人の法と対置される水質汚染の法にとって執行の蓋然性が正当な要素であると認めるのを拒絶しているのは，複雑性が事実として存在しているのに，それを拒絶しているというだけのことに過ぎない．たとえば，執行機関もしくは執行官憲が，水質汚染に関する『実定法規』を，立法によるよりも執行方針によって，変える方を選んだとすると，リューバン教授の見解によれば，法律家は，この変化について依頼者を欺くべきことになる．彼は言うであろう．『実定法規』は変化していないと思う，と．だが，『そのルール』の『権力的強行性』は，確かに変化している，と．おそらく，リューバン教授は，官憲が0.050グラム基準を強行する誠実さを失っているのであるからして，『実定法規』は変化してはいないの

---

55)　Hazard, How Far May a Lawyer Go in Assisting a Client in Legally Wrongful Conduct?　35 U. Miami L. Rev. 669, 673 (1981).

である，と言うのであろう[56]．しかしこのことは，それら官憲に対し，『実定法規』を変える裁量権を何かその他の『権限ルールが与えている』のかどうかに依存している．官憲にはそうした法的権限が与えられていないと仮定することは，大変に重要な問いを先取りするものである[57]．リューバン教授の考え方の根本の問題は，彼が，実定法規は常に『そこにある』ものとして明瞭で利用可能だとみなしていること，法律家のしばしば出会う戸惑う問題が，実定法規はどのようなものであるかをはっきりさせることであるにもかかわらず，実定法規は具体的なものであって手近に存在する，とみなしていることである．

議論をもう一歩先に進めるために，水質汚染設例において，執行方針によって［現に］生じさせつつある変化をそのように生じさせる法律上の権限は，［本来は］官憲にそなわっていないのである，と仮定してみよう．そうした変化をもたらす事実上の権力が彼らに与えられているならば，依頼者の観点からみれば実際的にはほとんど差異がないことになろう．リューバン教授は，この事実を好まず，この第二の可能性を『法』と呼ぶことを欲しないのである．しかし，その依頼者は，政府による権限を超えた権力の行使の故に処罰されるべきことになるのであろうか？　リューバン教授が理解しそこねているらしいのは，私の論文において定義されているような法的リアリズムが，依頼者にとって，したがってまた法律家にとって，『実定法規』に接近するためには有用であり，かつ正当であることが多い，という点である．それが，法を強行する官憲，法を適用する裁判官，あるいは真の法と偽の法とを，ないしは善い法と悪

---

56)　上記注45-48をともなう本文をみよ．

57)　レーガン政権の司法省及び諸種の連邦機関の執行省略方針が，法的に正当化されるものかどうかということは，現今の論争主題となっている．『実定法規』の執行を強制するよう求める訴訟は，行政法の定番となっている．See, e.g., Young v. Community Nutrition Institute 106 S. Ct. 2360 (1986) ; Heckler v. Chaney, 470 U.S. 821 (1985) ; K. Davis, Administrative Law, § 28.06 (1972) ; K. Davis, Discretionary Justice (1969) ; Mashaw & Merrill, Administrative Law 706-46 (2d ed. 1985). 警察による執行省略決定の合法性についての議論に関しては，K. C, Davis, Police Discretion 79-97 (1975) をみよ．

い法とを見分けようとしている哲学者にとって，ほとんど有用ではなく正当ではないかも知れないということは，検討してみるに値する．けれども，だからといって，それが，専門職業としての行動につきただ今受容されている境界の内部において，有能な法律家がその依頼者のためにはたらく際に行っていることをあざ笑う正当根拠になることはないのである．

　リューバン教授がしている過度の単純化は，事例の選択がなせる業である．賄賂罪と故意殺人罪を選ぶのは，刑法の侵犯を選ぶことであり，かつ刑法の内部において，われわれが自然犯と考えている犯罪，すなわちただ禁止されているというのではなく，その犯罪の本質において悪であるもの，を選ぶことである．上記で指摘しているとおり，現代の『法』したがってまた法律家は，犯罪を，法が過失や契約違反を扱うのとは別異に取り扱う．そして，支配的な法律文化は，自然犯である犯罪を，時速55マイル［制限］区域で時速60マイルで運転することとは異なるもの，と認識している[58]．リューバン教授は，このすべてを1個の適法／不法の二分法に融合させようと望んでいるのである[59]．

---

[58] Hazard, 上記注55, at 672-75. 依頼者の信頼秘密を漏洩することに関するABA及びATLAの諸ルールにみられるこの差異についての省察に留意せよ．上記注21及び22がともなう本文，そして上記注22参照．

[59] ABAの『モデル・コード』のルール 7-102(A)(7)はこう述べている．『ロイヤーは，その依頼者を信認代理するにつき，次のことをしないものとする．そのロイヤーが不法若しくは詐欺的であると分かっている行為について，依頼者に相談助言を与えあるいは援助すること』．『不法』"illegal"及び『相談助言』"counsel"という言葉にあるあいまいさは，そこに，依頼者からの実定法規に関連をもつ相談に助言するという核心的ロイヤー機能がカヴァーされることを可能にしている．そこで，依頼者が不法な行動において助言を利用するならば，その助言を与えたロイヤーは，当該規定を侵犯したことになるであろう．See Hazard, 上記注55. 私の論文の第Ⅲ部における契約破棄，過失及び水質汚染諸設例が，『不法な』行動に関する『相談助言』という範疇に入れられることがありえよう．新しいABAモデル・ルールズのルール 1.2(b)は，［上記『モデル・コード』の］綱紀規定 7-102(A)(7)を以下のとおりに明確化（ないしは変更）している．

　　ロイヤーは，そのロイヤーが犯罪的若しくは詐欺的であると分かっている行動

私の論文中での法的リアリズムの節における私の努力は，法についての支配的なアメリカの法律家の見解をめぐり記述すること，かつその現代の思想のいくつかの要素が結合されて厄介な効果をもたらしていると示唆することであった[60]。『リーガル・リアリズム』とは，私が，実証主義由来の，法的リアリズム由来の，そして過程法学由来の諸要素をともなうものと素描した『実定法規についての支配的見解』を示す略号であった[61]。私が示した事例は，真底から難しい法解釈の諸問題——契約法，不法行為法，そして執行されていないか又は十分には執行されていない規制法規及び刑事法の問題を取り扱う法律家にかかわるものであった。リューバン教授は，彼のコメントを私が識別した状況に向けることはしないで，その図式の戯画化されたもの，彼が『低度のリアリズム』と呼ぶものに向けてきた。低度のリアリズムも実務法律家総体のうちの小部分にとっては問題であるかも知れないが，しかし，私の論文がその一部において関心を払ってきたはるかによりいっそう一般的である問題は，低度リアリズムのことではない。

について，依頼者がそれに従事するよう助言し，又は依頼者を援助しないものとする。しかし，ロイヤーは，何であれ［依頼者により］企てられている行動の法的帰結を依頼者と討議してよく，かつ依頼者が実定法規の妥当性，範囲，意味あるいは適用を誠実に決定する努力をするよう助言あるいは援助してよい．
『不法な』から『犯罪的』への［要件の］明瞭化，そして『法的帰結』に関して相談助言することの承認に注目せよ。これに対応するATLAのルールは次のとおり述べている。

  3.3 ロイヤーは，他の人物に死亡又は重大は身体障害を引き起こす蓋然性のある不法目的のために依頼者は助言を求めている，とそのロイヤーに分かっているときには，実定法規について依頼者に助言しないものとする．

  3.4 ロイヤーは，知りながら依頼者に不法な行動をするよう奨励しないものとする．ただし，実定法規の妥当性あるいは範囲をテストする誠実な努力はその限りでない．

60) Pepper, 上記注1, pt. III.
61) Id. at 624-25.

第4章
自律，共同体，そして法律家の倫理
Autonomy, Community, and Lawyers' Ethics

Ⅰ．共同体重視論者の見解
Ⅱ．共同体重視論見解にどのように対処すべきか？
Ⅲ．選択，共同体及び権利に関する間奏曲：シャッファー教授への回答
Ⅳ．いずれの共同体に？
Ⅴ．利害衝突
Ⅵ．結　語

　いま大きな関心が共同体重視論モラリティの観念について，かつ，共同体重視論モラリティの見方を実定法規，法的思考及び法的諸制度において展開し支持することについて，示されている．本論文は，その関心を法律家の倫理という主題に結びつける予備的な試みであり，かつ法律家の倫理という主題にかかわり共同体の価値を支持するための予備的な試みである[1]．法律家の第一次の

---

1) この論文は，より大きい計画の一部分であり，その計画は，法律家の倫理にかかわる現代の論点を把握する3種類の二分法を対象にしている．その3種とは，(1)裁量に対置されてのルール，すなわちルールに基礎をおいた倫理かあるいは性格と徳性に基礎をおいた倫理か，(2)共同体に基礎をおいた倫理に対置されての［個人としての依頼者あるいは法律家の］自律に基礎をおいた倫理（本論文の主題），そして(3)法律家の倫理の第一次の任務は，依頼者を法律家［による侵害］から保護することであるのか，それとも法律家を依頼者から保護することであるのか（われわれはどちらの［抱懐する］モラルをよりいっそう信頼するのか，どちらがどちらを搾取しそうなのか？），という3種である．私が言いたいのは，これらの『断層線』に関してある人物の思うところが，全般的な諸論点と特定の諸問題との双方に対するその人物の取り組み方の多くを決定する，ということである．これら3点の二分法は，互いに並行しており，かつ興味深い仕方でからみ合っている．私の感じるところでは，それぞれの二分法の両側を考慮にいれた倫理もしくは倫理の組み合わせを

義務は，おおむね，個人としての依頼者を志向するものである，とみなされてきた．それを［ABA モデル・コードの］カノン 7 は，『実定法規の限界内での熱意ある信認代理 representation』と言語化している[2]．私は，法律家の職業倫理にかかわる『第一級市民性』を示唆した以前の論文において，法律家の伝統的な『超道徳的』倫理役割にとり個人の自律が主要な正当化根拠であると論じておいた．

　法は，一般的に利用可能なように仕組まれ，かつ，個々的にも総体的にも，個人がその生涯を生きるについてその個人を支援するように仕組まれた，公共の資源である，と私は述べた．それでも，高度に複合した法的システムにあっては，その公共の資源は，法律家［ロイヤー］というものがする援助を通じてのみ，利用可能なのである．法律家の仕事は，［依頼者が］法を使えるようにすることである．そしてこれが道徳上正当化できる仕事であるのは，実定法規が使われるべきもの，かつ力を与えるものと仕組まれているが故であり，実定法規の利用が依頼者の自律を増大させるからである[3]．このことを述べるのに，

　　　形成することが，われわれにとり必要なのであって，その倫理は，これら諸問題を眺める別異の仕方の間に，それらに取り組む別異の仕方の間に架橋するものとなる．

2)　MODEL CODE OF PROFESSIONAL RESPONSIBILITY Canon 7 (1980). もしくは，ロード・ブルームの発言からのよく知られた引用がいうとおりである．すなわち，アドヴォケイト［法廷での弁護人］は，彼の義務を果たすに際して，世界中でただ一人しか眼中にない．その一人とは，彼の依頼人である．あらゆる手段と方法を用いて，そして他の人びとの，とりわけ彼自身の，危険と犠牲において，その依頼人を守ることが，アドヴォケイトの第一のかつ唯一の義務なのである．そして，この義務を果たすときには，彼は，彼が［依頼人以外の］他の人に引き起こすかも知れない恐怖や激しい苦痛や破滅のことを気に留めてはならない．愛国者の義務をアドヴォケイトの義務から切り離して，彼は，結末に頓着することなく進み続けなければならない．彼の故国を混乱に巻き込むことは，彼にとって不満足な運命ではあろうけれども．Quoted in M. FREEDMAN, LAWYERS ETHICS IN AN ADVERSARY SYSTEM 9 (1975).

3)　Pepper, The Lawyer's Amoral Ethical Role: A Defense. A Problem, and Some Possibilities, 1986 AM. B. FOUND. RES. J. 613 [以下 Pepper, Amoral Ethical Role と

おそらくはもっと簡単な方法が存在している．社会は，法を広汎に行き渡らせ，かつ複雑なものとすることが多大であるので，しばしば個人を法律家に依存させている．法律家が，依存者たちを威圧するためにこの状況を活用することになってはならない．そして，その『することになってはならない』が，法律家の職業倫理の基礎をなす前提なのである．

　共同体重視論者の見方は，依頼者の自律という——実定法規の利用を得させることによって依頼者に力を与えるという——第一次の価値に基礎をおいた法律家の倫理が，必然的に，共同体及び対人関係を破壊したり，その価値を低下させたりするのかどうか，という問題を提起している．あるいは，言い方を変えれば，共同体重視論者が想定する倫理のための余地が，ロイヤー—クライアント［法律家—依頼者］関係の中の何処かに存在するのであろうか？　これら2点が，本論文が関心を払う背景的な問いである．

I．共同体重視論者の見解

　広く共有されている認識として，われわれの法は，個人主義を強調し過ぎており，共同体を支援することが少な過ぎる，という認識がある．この点を認めかつそれに対策を提供しようとしている運動に，私はここで『共同体重視論者の communitarian』として言及している．この見地は，人間が原子のようには孤立して存在しているのではないし，またそのようには存在し得ない，という単純な事実から出発する[4]．われわれは，物理的にも，心理的にも，また社会的にも，他人がいてこそ存在することになるのである．社会に嵌め込まれ他人と関係づけられた人間生活の本質を強く示しているのは，次の事実である．す

して引用］．＝本書第2論説
4)　指摘されているように，ロビンソン・クルーソーですらも，彼の不可欠の一部として文明——彼の他人との関係——を身によろうようになるのである．Macneil, Bureaucracy, Liberalism, and Community-American Style, 79 NW. U. L. REV. 900, 934, n. 127 (1984-85).

なわち，われわれは，必須のことかつ基礎的なこととして，他人に，最初は家族に，後にはより大きい中間グループに関係づけられ，最後にそして全面に広がって，われわれが育った文化及び社会により決定されかつ文化及び社会の一部分をなすものであるわれわれの『自我』の大規模部分に関係づけられている．このような理解の下での個人は，『包み込まれた自我』であり，その者の『最深部のかつもっとも意味深い義務は，［個人としての積極的な］同意から流出してくるというよりも，個体のアイデンティティかつ関連づけされている状況から流出してくる』存在なのである[5]．言わんとするところは，われわれの生活において所属しているということが自由や独立と同じく意義深い，ということである．実際のところは，所属していることが自由及び独立に先行しており，また自由及び独立のために必須の基礎なのであるから，［所属の方が］よりいっそう意義深いのである．他人との関係と共同体とが真っ先，自由及び独立は部分的なものでありかつ第二次的なものである．マイクル・ザンデルは，その論説の中で，個人が，孤立した選択者として他と無関係で独自に存在するものではなく，大部分において共同体により構成されている，という事実を強調している指導的な一例である[6]．共同体が先行しているのであって，われわれを形成するに際しては，われわれの個人的傾倒，目標そして何が善であり生活において追求するに値するかの洞察を含めたわれわれの同一性の中に，共同体が基本的な影響をもたらしている．個人を形成するものとしての共同体，というザンデルの見解と一致しているのが，倫理についての新アリストテレス派見解を目指す運動である．主としてアラスデア・マッキンタイアに帰されているのであるが，この理解は，倫理が基本的には個人の行動を導くルールあるいは原

---

5) Selznick, The Idea of a Communitarian Morality, 75 CALIF. L. REV. 445, 451 (1987).
6) 『共同体は，その共同体が同輩市民としてもっているものを描き出しているだけにとどまらず，その共同体が何であるかをも描き出している．その共同体が選択する（任意の連合としての）関係を描き出しているのではなしに，共同体がみせる愛着，すなわち単に共同体の属性だけではなしにその共同体のアイデンティティの構成要素をも描き出しているのである．』M. SANDEL, LIBERALISM AND THE LIMITS OF JUSTICE 150 (1982).

理にかかわるものではない,ということを主張している[7]. 逆に,ある個人の性格——ある個人が習慣的に示す徳性——が,倫理の本来の関心事なのである. 性格及び徳性の存在もしくは不在が,道徳上の行動を決定する. そして,性格と徳性の双方が,共同体から,存続中のグループの内部においてのみ現存する伝統及び慣行から,派生してくるのである. このように,ある個人の道徳生活はその個人の性格に免れがたく結合されている. そしてその個人の性格は,またその個人が部分であるところの共同体に免れがたく結合されている. 倫理は,このように共同体及びその伝統の文脈にあってのみ,整合性をもつのである.

新しい共同体重視論の関心を例示するものとしては,ザンデルの Liberalism and the Limits of Justice とマッキンタイアの After Virtue と並んで,他にも2点の文献に注目すべきであろう. Habits of the Heart においては,ロバート・ベラー及びその共著者たちが,アメリカ社会における個人主義の支配的言語のまさしくその中に,傾倒,他人との関係及び共同体を探し求めようとしている. 彼らが『記憶の共同体 communities of memory』を見分けていることと,そして『現代の個人主義』が言う［結合の］分離に対する必要な釣り合いとして,『往時の聖書の伝統及び共和国の伝統がもつ自己洞察の回復』を期する彼らの目標とは,ザンデル及びマッキンタイアと同じ考え方の流れに由来しており,かつそれと調和している[8].

キャロル・ギリガンは,道徳面の発達を発達心理学の観点から研究して,男性と女性は,その道徳上の諸問題を考え分析する様式において特徴的な差異をもつ,と主張している[9]. 男性は,より抽象的で,ルール志向でありかつ個人

---

7) A. MACINTYRE, AFTER VIRTUE (1981). ザンデルとマッキンタイアは,彼らがするリベラリズム批判の性質においては確かに相違している, see Gutman, Communitarian Critics of Liberalism, 14 PHIL. & PUBLIC AFFAIRS 308, 310 (1985), しかし,共同体及び性格を強調する点では相違していない, See, e.g., M. SANDEL, 上記注6, at 179-81.

8) R. BELLAH, R. MADSEN, W. SULLIVAN, A. SWIDLER, & S. TIPTON, HABITS OF THE HEART 152-58, 303 (1985) ［以下 BELLAH として引用する］.

9) C. GILLIGAN, IN A DIFFERENT VOICE, PSYCHOLOGICAL THEORY AND

主義に傾く（権利に基盤を置き，法律重視であることが大きい，と言ってよいかも知れない）．他方で女性は，対人結合，気持ちのつながり及び協力を強調する方向に傾く．［文献］In a Different Voice は，上記に言及した3点とはまったく異なる方向及び観点から出てきたものであるかも知れないけれども，その文献が伝えているところは，それら他の3点が言うところ，すなわち対人結合及び気持ちの上での連携が自由及び独立と同じく重要であるということと合致していて，かつそれを強化している．

　これらの労作に対して膨大な反応があることは，われわれの社会が共同体及び対人結合を犠牲にして個人主義と自律とを強調し過ぎているという，広汎に共有され深く感じ取られている認識に，それら労作が対応しているのを示唆する[10]．これは，私が共有する認識でもある[11]．問題は，それに賛意を表すとしても，そのために何をすべきかを思い描くのが難しいことである．

WOMEN'S DEVELOPMENT (1982).

10) 言及した4点の文章は，最近の大量の知的興味及び活動のうちもっともよく知られたものであり，代表的なものである．その他の多くに言及されてもよかった．see e. g., C.TAYLOR, 2 PHILOSOPHY AND THE HUMAN SCIENCES : PHILOSOPHICAL PAPERS (1985) ; Garet, Communality and Existence: The Rights of Groups, 56 S.CAL.L.REV.1001 (1983). 共同体重視運動の有用な区分け及び記述，そして文献の広汎な引用に関しては，see Alexander, Dilemmas of Group Autonomy: Residential Associations and Community, 75 CORNELL L.REV.1. 17-33 (1989).

11) 私が探求の主題として憲法第一修正の信仰の自由条項に目を向けたのは，それが憲法の中でグループの自由保護（『共同体自律』として言及されてもよい）のために最もうまく語っている場所である，ということもその理由をなしている．See Pepper, A Brief for the Free Exercise Clause, 8 J. OF LAW AND RELIGION 501, 525-27 (publ. pending, 1990); Pepper, The Case of the Human Sacrifice. 23 ARIZ. L. REV. 897, 929-33 (1981); Pepper, Taking the Free Exercise Clause Seriously, 1986 B. Y. U. L. REV. 299.

II 共同体重視論見解にどのように対処すべきか？

A．個人と共同体の間にある緊張

　グループの方が先にあってかつ個人を形成している要因ではあるにしても，その個人は，現に存在しているのであり，かつグループとは区別される．われわれは，同時に，他人たちから基本的に分離されているとともに，他人たちに基本的に結び付けられている．われわれの生活の構成そしてわれわれの最大の喜び及び意味は，われわれが他人たちに結び付けられているということに由来する．しかし，他人たちはまた，われわれの最大の恐怖のあるものの起源でもある．しばしば他人たちは，圧迫，苦痛，そして多くの生活における最悪のものの起源である．われわれは結び付けられていることを必要とするし，そうあることは善いことであるが，われわれは分離されていることを必要とし，そうあることは善いことである．われわれの生活の大部分は，道徳生活及び政治生活を含めて，この緊張を解決することにかかずらわっている．

　グループが個人を包摂している法的体制に，すなわちある意味で個人がグループの所有物であった法的体制に戻りたいと望む者は，われわれの中にはほとんど存在しないであろう．個人の諸権利は――グループからの，とくに政府であるより大きな政治的グループからの，個人の法的な保護は[12]，偉大な達成

---

[12]　それが法による，政府からの保護であるという事実は，もちろんいくらか皮肉なことである．法は政府の力を含意するから，政府から個人を保護するのは政府なのである．しかし，このことは，法律家が大変重要であることの理由でもある．法律家は法の利用を提供する．そして法の利用は，政府に抵抗する力を含めた力を与える．このように，その役割が私的な市民に実定法規という公共権力の利用を提供することである私的法律家（すなわち，その第一次の義務を彼らの依頼者の目標に奉仕することであると定義している法律家）の仕組みは，社会の中に，少なくとも法律家のする奉仕に手の届く者たちに，権力を頒ち散布するのに十分有効な仕組みであり得る．Pepper, A Rejoinder to Professors Kaufman and Luban, 1986 AM. BAR FOUND. RES. J. 657, 667（以下 Pepper, A Rejoinder として引用）; Pepper, Amoral Ethical Role, 上記注3, at 619-21. しかし，私的法律家の存在は，それだけで十分なの

であって，簡単に捨てられてはならないものである．かつそれは，新しい共同体重視論者のほとんど誰もが，元に戻そうと欲することのない達成なのである．連邦あるいは州という大きなスケールのレベルにおいて共同体を強化する，という欲望を強調する者はほとんど存在していない．共同体の権利との関係において個人の権利の縮小を欲する者は，ほとんど存在しない．自由は，アメリカ人にとって『おそらくもっとも重要な価値』であり[13]，自由は，新しい共同体重視論者のほとんど誰もが，政府に返し渡すことを欲することがない達成なのである．

共同体を強化することは，個人を法的に承認し保護することにとっての脅威であるとみなされ得るのであり，より特定的には，個人の自由のための法的保護にとっての脅威であるとみなされ得る[14]．しかし，共同体を強化することはまた，個人の自由との関連で非常に重要な，現代的必要であるともみなされ得るのである．われわれのほとんど誰もが孤独であったり孤立していたりする

ではない．何故なら，［法として力を発揮すべき］政府が，個人を保護するにつき，［個人に君臨する］政府と均衡のとれたものであるためには，ある程度の『権力の分立』が要請されるからであり，われわれの法的体制の中に必要なその余地を創出するのは，それの統治役割を立法部や執行部の役割とはまったく別異に定義する独立した司法部［＝総体としての裁判官たち］の存在なのである．このように，法律家たちと裁判官たちとは，実定法規の利用が創り出す権力の分散において，共同に作業する主体なのである．

13） BELLAH, 上記注8, at vii-viii. この主張は，『［合衆国の］建国者たち』と，そして著者たちが広汎なインタヴューを行った現代のアメリカ人たちとの双方に言及している．

14） エイミィ・グトマンが適切に言うとおり，『自由権の執行は，安定した共同体の不在にではなく，道徳多数派と魔女狩りの現代版との中間に位置する．』Gutman, 上記注7, at 319. すべての上に被さる単一共同体は，われわれの社会においては存在していないという事実──言い換えれば，複数共同体と基本的争点についての不一致──が，われわれは，決して諸権利と，そして重要視される事柄における多様性を受け入れる寛容とから成り立つ法的体制の必要性を失うことがあり得ない，という事情を明白にしているはずである．See also Sherry, Republican, Citizenship in a Democratic Society, 66 TEX. L. REV. 1229, 1243-44 (1988).

ことは欲していないし，また孤独で孤立している者は相対的に無力である．共同体及び対人結合は，それが個人の自由を脅かすのと少なくとも同等に，個人の自由を強化する．一方には大変に巨大な政府の諸制度及び大変に巨大な会社諸組織が存在しており，他方に孤立している個人たちがいるとすれば，個人にとっての自由は大したものになりそうもない．単独の個人にとっては，大きさで格段に勝るそれら会社や政府組織との関係で個人の自由を行使するための権力を手に入れることは，できそうにもない．このように，中間者として共同体が個人に対しもっている重要性は，すなわち新しい共同体重視論者がわれわれに気づかせている重要性なのであるが，それは単に手段的なものであるだけではなく，本質的なものでもある．われわれの個人としてのアイデンティティが有効であるために（われわれの自由のために）必要であるとともに，それらアイデンティティの構成要素（われわれ自身が何であると認識し，われわれが望むものが何であるか）としても，また必要なのである．そこで，個人のための法的保護を犠牲にすることなしに，中間者としての共同体を支持する概念，法，そして諸制度を展開しようとする共同体重視論計画が立ち現れてくる．

B．自律の反対側にあるもの

　法律家の倫理が依頼者の自律という価値を前提にしているとして，そのことは何を意味するのか？　この文脈における『自律』とは，依頼者にとって孤立と断絶を意味している，もしくは含意している，というのであろうか？　あるいはまた，それは依頼者の自由 freedom and liberty を意味し，かつそれに関連しているのであろうか？　あるいはまた，これらの意味の間には違いがある訳ではなく，自由と断絶とは同一のことであるのか？　自律が現代の法律家の倫理を支える基礎諸価値の一であると示唆した際に，私が意図していた意味の集合体は，『自由，自律 liberty, freedom, autonomy』のまとまりであった[15]．この意味における概念としての自律にとり反対側にあるのは，威圧及び圧制で

---

15)　Pepper, A Rejoinder, 上記注12, at 663 n. 25.

あって，対人結合や人的関係ではない[16]．政治的及び法的文脈において自律に価値があるとすることは，自我が全体としても自然のこととしても自由である，とみなしたり示唆したりすることではない[17]．明らかに，全体としても自然のこととしても，そうではない．それはむしろ，誰によって，いつ，そしていかにして，自我が法的に抑制されるべきかをわれわれが決定するに際しては，われわれは，ごく控えめであるべきであり，かつ注意深くあるべきだと理解することである．同様に，政治的及び法的文脈において自律に価値があるとすることは，個人は孤立しており断絶しているとみなすことではない．明らかに，個人が孤立断絶しているということはない．ここでもまたそれは，個人を支配するものとしてそれら他人との結び付きあるいは共同体がどのような法的権力をもつべきかを決定するに際しては，控えめであるべきであり，かつ注意深くあるべきだ，ということなのである．

そして，此処こそが，法律家の立ち入る場面なのである．実定法規は，制限と授権と双方のことをする．盗みは禁じられている．自分のゴミを隣人の前庭の芝生にぶちまけることも禁じられている[18]．他方，企業の会社形式，契約及び遺言のすべては，それによるのでない限り達成できない成果を得させる．これらの権限付与諸形式は，それが分離を容易にするのと少なくとも同等に，明らかに，他人との結合を容易ならしめかつ授権するのであって，そこには，われわれが共同体であると性格付けをしている拡大された基本的結合が含まれている．法律家は，実定法規の限界についての知識の提供と，法という道具そして法の可能性利用の提供と，双方のことをして，依頼者の自由及び力（自律）に奉仕している．法律家は，実定法規の限界そして実定法規の権力の双方を，広汎に伝達するのである．

---

16) トーマス・シャッファー教授が同一の区別を指摘している．『自由と孤立の間には相違がある．』T. SHAFFER, ON BEING A CHRISTIAN AND A LAWYER 25 (1981).

17) Cf. Dworkin, 下記注64.

18) 禁じられていること（刑事制裁）に加え，言及した諸行為のそれぞれにより引き起こされた危害の補償として民事法が損害金の支払いを必要ともするであろう．

第 4 章　自律, 共同体, そして法律家の倫理　193

　対人的結合及び共同体の関係における自律の意味に焦点を結ぶもう一つの仕方は, 実定法規の他にもある抑制及び制限の範疇を考えてみることである. この［実定法規に次ぐ］二番目の範疇には, われわれが選択する抑制, もしくはわれわれの自我の一部として認識する抑制が包含される. いくつかの例を考えてみよう. われわれは, 結婚することを選ぶと, それが重大な次元での責任引受けであって, われわれに許されてある選択肢及び行為の範囲をかなりに制限する, と考える. あるいは, われわれの子供たちに向かい侮蔑的な物言いをすること, そのようなことはわれわれの役回りではないとのみ認識している. あるいは, われわれは毎日 3 マイルのジョギングを選択すれば, しばらく経つとこの運動はもはやあえて選ばれたことではなしに, われわれの特性の一部である, と思うようにもなるであろう. われわれの多くは, 自分たちを, 行動に結果をもたらす仕方で, イタリア人であると, もしくはユダヤ教信者あるいはモルモン教徒であると考えている. あるいは, われわれは, その維持には時間と金銭という資源を費やすことになると知りつつ家を買い, そうすることによってわれわれの将来の行動をかなりに制限するのである, などなどのこと. これらの選択, そしてわれわれのこれら自我の諸相は, われわれの自律の一部であり, われわれが何人でありどのような存在でありたいと望んでいる（もしくは, ありかたにつき選択が存在しないと, われわれが分かっている）ことの一部である. しばしばこの種の抑制及び制限は, 共同体や対人結合による抑制あるいは制限であるとわれわれが言うものの, 大きな部分をなしている. そして, 共同体及び対人結合が, 自律を侵害するよりも強化するというのは, この意味においてである. 対人結合及び共同体は, われわれすべてが望んでいるものの一部分であり, それら［対人結合及び共同体］は, われわれがそれであるもの, そしてわれわれが選ぶもの, それら双方の一部分であって, その取り合わせが, われわれが『自律』について語るときに, ふつうは言おうとしていることなのである[19].

---

19)　Cf. Selznick, 上記注 5, at 447-49（個人について,『包み込まれた自我』と『独自の人格』との双方が連関するものとみる見方）.

こうした係わり合いもしくは限界は，法律家の倫理的役割にとってもまた意味をもつのであって，法律家は，こうした抑制に奉仕し保障を与えることをして，依頼者の自律に対して，奉仕をし保障を与える．かくして，依頼者の自律に奉仕している法律家は，また依頼者が選びあるいは受容する対人結合及び共同体にも奉仕していることになる[20]．このようなありようからして，自律の反対側にあるものは対人結合，人的関係あるいは共同体ではない，ということが明らかになるはずである．自律の反対側にあるのは，選択されていない抑制あるいは受容されていない抑制，すなわち他人による威圧と圧制なのである．

　このように，法律家が分離あるいは孤立のための作用者となる必要はないこと，そうなることが依頼者の自由及び自律に奉仕する所以ではないということもまた明白なはずである．威圧及び圧制の不在は，影響及び結合の不在なのではない．依頼者に奉仕するにあたり，法律家は，依頼者が自身のもつ他人結合を想起するようにはたらきかけをしてよいのであり，法律家及び依頼者が何について結果を得ようとしているかにかかわらず，それら他人結合がどのような関係をもつのかを法律家から依頼者に示唆してよいのである．単に『してよい』というにとどまらず，おそらくはすべきであろう．それは，依頼者がもつ対人結合及び人的関係における利益は犠牲にしながら依頼者の孤立を強調することや，他人を押しのけての利益を強調することが，依頼者の自律を，すなわちどのような人間であるのか，及びありたいと欲するのかを，おそらくは損なうことになるからである．

　またこれらの影響及び結合は，一つには，その法律家自身にかかわり合うのである．法律家と依頼者は，双方の関係の目的としているところが，依頼者にとっては，実定法規を利用するための道具となるというものであるにしても，両者が相互に分離されている必要はない．法律家は，その法律家の人間性を否定するような戒めを創り出す必要はない．その法律家を実定法規の抽象的で中立の『声』にして，依頼者に実定法規の下での選択肢を教えかつ実定法規を使

---

20)　Cf. Gutman, 下記注45.

第 4 章　自律，共同体，そして法律家の倫理　195

用する援助を与えること以上には，法律家から依頼者に影響を与えることはしない，というような戒めを創り出す必要はない．『いまあるもの』としての実定法規を依頼者に十全に活用させること，その法律家がなしうるだけ客観的かつ正確な仕方で依頼者に実定法規を示すこと，最小限それをすることは法律家の義務である[21]．法律家は，しかしさらに加えて，その法律家自身の対人結合，人的関係及び価値観を含めてその法律家の人間性全部を持ち込むべきなのである．そして，依頼者が決定するときに影響を与えることができるように，かつそれを厭わないようにすべきなのである．

---

21)　法律家と裁判官は，解釈という問題にかかわり合ってはいるけれども，しかし，私は，本質的に相違する役割が，二つの文脈において，その問題を［法律家と裁判官にとり］まったく異なるものにしている，と信ずる．法律家のそれぞれが，独自のレンズ組み合わせを通して実定法規につき解釈立論をするというのは確かなことである．しかし，たいていの法律教師が第 1 学年度の学生に植え付けようとする学問分野及び技能があって，それが，所与のひと組の事情の下における『法』を決定することに関し，ある程度の統一性（もしくは家族のような相似）を［法律家という］専門職業に与えている．See D'Amato. The Limits of Legal Realism 87 YALE L. J. 468, 492-3 (1978). ここには広いスペクトルの幅が存在するが，そのスペクトル上に，3 個の相違した立場が見られることを私は指摘したい．第一，本文に示唆したとおり，法律家は，何が実定法規であるかを定式化するよう，すなわち関連する事情の下で裁断決定者がするであろうことの予見をするよう，率直な試みをする（その予見は，大量の法的思考をともなうこともあるし，又は単純に制定法の中，判例の中あるいは標準の教科書の中に何かを見つけ出すだけに過ぎないこともあり得る）．第二，法律家が，社会にとり最善であることという見地から，依頼者の事情の下であるべき法を解釈立論する（あるいは変容する）こともまたあり得るであろう．もしくは，第三として，法律家は，この依頼者の状況及びその法律家との関係からみて，何がその法律家の生活を楽なものにするであろうか，という観点から実定法規を解釈あるいは変容するかも知れない．（この最後の選択肢が，下記 C のセクションで論議する操作の例となるはずである．）実定法規を『客観的』に評定するのは，できないことではあろうが，しかしそれに近付くことは，われわれが学生に教授しようと試みていることのひとつなのである．そして，実定法規，法律家の道徳性，そして法律家の便宜の間には，はっきりとした違いが存在している．

C．依頼者の対人結合に奉仕すること及び依頼者の自律

1点の決定的な区別が，一方の『影響』と他方の『威圧』や『圧制』との間に存在している．一方は自律の十全な理解に合致するものとみることができるが，他方は自律の反対側にある．この区別を適用する場合，選択された——もしくは受容された[22]——影響と，押し付けられた影響との間にある重要な相違を念頭においていなければならない．（もちろん，選択されたことから選択されていないことまで，受容されたことから受容されていないことまでは，連続体をなしている．［その連続の中に］差異を求めるのはたやすいことではなく，自由意思，強制，同一性及び選択の複合態に固有の難問にわれわれは巻き込まれる．それでも，実定法規に関与する要員としてかつ専門家として，われわれは，これらの難問を少なくとも背景事情として，しかもしばしば前景におきつつ，それに対面し，恒常的に活動している．）対人結合あるいは人的関係あるいは共同体が依頼者に影響を与える際に，法律家が支援するのは，依頼者により選択されたものとしての[23]，あるいは依頼者のもの（選ばれたもので

---

22) 共同体重視論の見地は，この文脈においては『選択』の観念が誤導するもの，もしくは認めることのできないものであると，人に判断させることがある．下記第Ⅲ部参照．ここには，言葉と記述と双方にかかわる問題が存在している．われわれの自我の多くが，われわれの『選択』の基礎にあるものの多くが，選択されているのではなくして，われわれのアイデンティティの一部なのである，とする共同体重視論者の理解を示唆するために，私は，『受容する』という用語を『選択する』の代替語として使用している．それは，われわれが選択をする以前に，われわれを，われわれの部分を構成するのである．『受容する』は，ここでは，われわれの自我の側面でわれわれが変更したり置き去りにしたりしようと選択しているのではないもの，のことを言っている．われわれが信じている（前提にしている，気づかない？）これらの側面は，われわれの真正な部分なのであり，それに依拠して，われわれは行為しようと思うのである．

23) ここには，依頼者が過去の選択及び係わりあいにどの程度拘束されていると考えられるべきか，に関する困難な問題が存在する．依頼者が［今となっては］その履行は拒みたい，と欲している過去の選択を，法律家は，どの程度まで裏書き支払いすべきであるのか？　そして双方の部分が，法律家を依頼者に相談助言することに関

あれ，選ばれないものであれ，依頼者のアイデンティティの一部）であると依頼者により承認されたものとしての，対人結合，人的関係又は共同体でなければならない[24]．この限定は，その法律家自身との関係にも及ぶ．もしその依頼者が，法律家の性格が影響を及ぼしていない実定法規利用を選択するのであれば，すなわちもしその依頼者が法律家の全人格との結び付きなしの法律家の奉仕をよしとするならば，そのときには，少なくともそれが可能である程度において，その依頼者にはそれができるとすべきなのである．実定法規の利用が与えられることは，基本的で重要なことであるから，依頼者が明示して望まないとする対人結合（及び抑制）は課せられることなしに，それが与えられるべきである．

　第二の必要な区別は，影響と権威の間にみられる区別である．誰が個人に対人結合を押し付ける権威を有しているのか，誰が威圧する権威を有しているのか？　政府は，実定法規を通じて行為するときには，その権威を有する．また，両親は，実定法規が設ける限界を超えないときには，その子供たちの上に権威を有している．われわれの社会は，強制する法的権威をそれ以上に授与することについては，慎重である．そこで，共同体重視論者の計画の一部は，その（正統性のある）慎重さの支配の下において真正の（したがって権威的な？）共同体を建設すること，でなければならない．要約すれば，個人に押し付けをする権威は，われわれのシステムにおいては，実定法規を通して出現するのである．そして，実定法規は，今日までのところ，その権威を法律家に授権してはいない[25]．早い話，法律家は，依頼者に対し権威を行使する正当権限を与

する興味深い問題に引き込む．例えば，下記第V部の共同体事例をみよ．
24)　See Shaffer, The Legal Ethics of Radical Individualism, 65 TEX. L. REV. 963 (1987)［以下 Shaffer, Radical Individualism として引用する．］
25)　この関連では，『モデル・コード』すなわち the MODEL CODE OF PROFESSIONAL RESPONSIBILITY (1969) から『モデル・ルールズ』すなわち the MODEL RULES OF PROFESSIONAL CONDUCT (1983) へと意義深い推移がある，と言ってよいであろう．［『モデル・コード』の］Ethical Considerations 7-1, 7-7 及び 7-8 は，『請求原因の認容棄却には影響しない，あるいは依頼者の権利を実質的に損なうこ

えられてはいないのである．［法律家に認められている権限は，］影響については，肯定であり，権威については，否定となる[26]．

　第三の決定的な区別は，影響と操作との間にある．依頼者と［法律家］の対人結合は，会話と助言をともなうのであり，開かれたものでかつ誠実なものともなり得るし，また操作するものともなり得る．依頼者の自律に奉仕するに際して［法律家から］依頼者に及ぼされる影響は，なされるべき選択が，その依頼者のものであって，法律家のものではないこと，かつ依頼者の共同体あるいは対人結合のものでもないことを認識している［はずである］．依頼者の決定及び選択であり続けるためには，法律家からのあるいは法律家による影響は，操作するものであってはならない．それら影響は，開かれたものかつ誠実なものでなければならず，依頼者の意味のある決定に余地を残しているのでなければならない[27]．一方の助言，会話及び影響と，他方の操作及び支配との間には，明瞭な分割線が存在していない[28]．法律家及び依頼者の能力と人的特性とにかかるところが大きいのである．依頼者が世慣れしていることが少なければ少ないほど，あるいは依存性もしくは信じやすさが大きければ大きいほど，

とのない』事項は別として，すべての決定が依頼者に委ねられるべきことを指示している．逆に，［『モデル・ルールズ』の］Rule 1.2(a)は，『目標』を依頼者の統制の下に，そして『手段』を法律家の統制の下においている．もちろん［『モデル・コード』に書かれている］Ethical Considerations は，訓示的なものであるから，この変化はみかけほどは大きくないのかも知れない．

26)　この立場を擁護する議論について，くわしくは Pepper, Amoral Ethical Role, 上記注3；Pepper, A Rejoinder, 上記注12.
27)　依頼者の自己決定を保護する法的原則についての詳論は，see Martyn, Informed Consent in the Practice of Law, 48 GEO. WASH L. REV. 307 (1980). 法律家倫理の諸コードの下での論点の分析と『依頼者と法律家との間における権限配分のための新共同企業モデル』の提案については，see Maute, Allocation of Decisionmaking Authority Under the Model Rules of Professional Conduct, 17 U. C. DAVIS L. REV. 1049 (1984).
28)　この困難な問題についての優れた討議に関して，see Ellman, Lawyers and Clients. 34 UCLA L. REV. 717 (1987). See also D. ROSENTHAL, LAWYER AND CLIENT : WHO'S IN CHARGE? (1974).

依頼者は独力でその決定をすることが難しくなる。その法律家がカウンセラーとしての技能をより多く持てば持つほど、法律家は、自分で決定をする依頼者の能力をよりいっそう多く引き出すことができる。多くの事案では、依頼者が決定を下す権限を法律家に与えようとするであろうし、法律家は、その責任を引き受けて、その法律家自身の見識に依頼者の性格及び選好を評価した結果を組み合わせて、その決定権限を行使することが許されもするし、また必要とされる場合もあろう。ここにおいて、われわれはカウンセリングという大規模で重要な論題——ロイヤー—クライアント関係の核心的機能の神髄に到達したことになるが、しかしこれは本論文の範囲を超えた主題である[29]。

　このようにして、われわれは理想的なパラダイムとみなされてもよいであろうものを得た。依頼者は、必ずしも他人たちから孤立しているとか、他人たちに敵意をもつとか想定されてはいない。同様に法律家は、依頼者が他人たちに対抗して争闘する際に、その依頼者を援助する純粋な超道徳的な道具であると想定されているのではない。依頼者は、意味のある対人結合を有していて、それは彼の一部分なのである（構成要素）。それらの対人結合は、一つあるいはそれ以上の『共同体』に参加することというレベルにまで、その意義を高めているときもあろう。そして、法律家は、もしそうした対人結合を理解し考慮に入れることを仕損なうならば、依頼者に害を与えることになる。法律家も、［依頼者と］同様に、その法律家の一部分である対人結合を多分にもつのであり、それは、法律家が依頼者にもたらし提供するものの一部である。理想は、十分に対人結合をもつ二人の人物が出会うことであり、この出会いにおいてその二人は、それら対人結合を彼らの一部分として持ち寄ることになる。私は、以前の私の論文において、『道徳面での対話』と名付けてロイヤー—クライアント関係のこの次元に言及した。そこでは、法律家と依頼者が、単に実定法規及び法的選択肢だけでなく、単に依頼者の目標と障害だけでなく、依頼者の状

29）　よく知られている1点の手引きとして、see D. BINDER & S. PRICE, LEGAL INTERVIEWING AND COUNSELING : A CLIENT CENTERED APPROACH (1977). 147頁—55頁が、『依頼者を中心とした裁断決定』という論題を特に取り扱う。

況及び欲求の善悪についても討議する[30]．共同体重視論者の考え方がロイヤー――クライアント関係に入り込むことができるのは，ここ道徳面の対話の一部としてである[31]．

しかし忘れられてはならないのは，十分に対人結合をもつ二人の通常人物の出会いとは相違する機能を，この理想的なパラダイムがもつことである．依頼者がこの関係に入ったのは，実定法規の利用を提供してもらうためである．法律家がそこにいるのは，その援助を提供するためである．この関係の目的は，依頼者の自律に役立つところにあり，かつ法律家は，その役割に課されている規律の範囲内において仕事をすべきことになっている．多くの依頼者にとっては，需要及び依存という状況が，依頼者を専門職の影響と威圧の前に弱いものとしており[32]，したがって専門職の業務倫理の一部は，法律家による依頼者

---

30) Pepper, Amoral Ethical Role, 上記注3, at 630-32.
31) この次元は，その関係の第二次的な側面ではない． See 下記注 61.
32) 専門職業関係の性質が，法律家の力と知識の前で依頼者を脆弱なものにすることはしばしばある．依頼者との関係で法律家が弱いこともありうるのもまた，多くの経験的観察が現在教えているとおり真実である． See e. g., R.NELSON, PARTNERS WITH POWER : THE SOCIAL TRANSFORMATION OF THE LARGE LAW FIRM (1988); Nelson, Ideology, Practice, and Professional Autonomy: Social Values and Client Relationships in the Large Law Firm, 37 STAN. L. REV. 503 (1985); Heinz, The Power of Lawyers, 17 GA. L. REV. 891 (1983). 別の方向を指し示している最近の経験的データについては，see Sarat & Feldstiner, Law and Legal Consciousness: Law Talk in the Divorce Lawyer's Office, 98 YALE L. J. 1663 (1989); Sarat & Feldstiner, Law d Social Relations: Vocabularies of Motive in Lawyer-Client Interaction, 22 LAW & SOC'Y REV. 737 (1988). See also D. ROSENTHAL, 上記注28. ロイヤー－クライアント関係において，どちらがどちらから守られる必要があるかは，単純な問いではない．ここに引用した諸研究を比較すると，二つの倫理が必要とされているのではないかという思いがする．すなわち，個人及び小企業を相手に優勢に仕事をしている法律家のための依頼者保護的倫理と，大会社及びその経営者と所有者を相手に仕事をしている法律家のための法律家及び社会保護的倫理と，この二つである． See 上記注1. 法律家たちが，いま指摘した依頼者の範疇に対応する少なくとも2種の区別がある文脈において，2種の相違する職業『半球』において実務をしていることを示唆する実質的なデータについては，see J. HEINZ & E. LAUMANN, CHICAGO

第4章　自律，共同体，そして法律家の倫理　201

威圧を防ぐ規律なのである．

　この限界は，共同体重視論者の考え方にも適用される．そして，われわれの探求に対する解答は，比較的単純である．われわれの各人はわれわれのグループ——われわれの家族，宗教的及び人種的共同体，隣人たちなどなど——により形成され構成されているところ，われわれ各人は，やはり選択をしなければならないのである．そしてそうした選択が，これら共同体が目的とするところにならうのか，それともどこか別の方向に進むのかは，われわれが決定することなのである．法律家が依頼者に，その依頼者の対人結合を，依頼者の家族をあるいは依頼者の人種的又は宗教的価値観を思い起こさせるのは，適切なことである．依頼者が自分は何者であるのかを発見する——あるいは思い出す——ために，法律家が手助けを与えるのは，適切なことである．法律家が，その法律家は何者であるかというところから話をして，［法律家が所属する］対人結合や共同体の構成員でありかつ一部分として，その法律家が負う役割を道徳面の対話において果たすことも，また適切なことである．しかし，そうした関連のすべてが依頼者が何者でありまた依頼者が何者になりたいのかにいかにかかわり合うかを決定するのは，依頼者の責任である．このように，私見にとっては，依頼者の対人結合及び共同体は，［法律家が］依頼者の自律に奉仕することを通じて［法律家により］奉仕されるのであり，正常に想定されたものとしての依頼者の自律の，まさしく一部である，ということになる．

　ここにきて，2点の問いが出現する．第一，これで足りるのか？　共同体重視論者の計画に説得されている法律家あるいは肩入れしている法律家は，依頼者により選択されあるいは受容されている抑制又は制限以上の制限又は抑制を，依頼者の自律に対しはたらかせるべきであるのか？　法律家の第一次の忠誠は，依頼者により選択又は受容されている対人結合あるいは共同体以外のなんらかの対人結合あるいは共同体に向かうものであるべきなのか？　第二，選択の——依頼者の自律の——強調は，原理的に悪であるのか？　依頼者の選択

LAWYERS: THE SOCIAL STRUCTURE OF THE CHICAGO BAR (1982).

及び自由を前提とすることは，原理的に共同体重視論者の見地と適合しないのか？　まずこの第二の問いに対処し，ついで第一の問いに戻ることにする．

III．選択，共同体及び権利に関する間奏曲：
シャッファー教授への回答

　このシムポジウムにおいて，トーマス・シャッファー教授と同席致しますことは，私にとっての名誉かつ歓びであります．われわれが対象としている分野に対する教授の寄与は，先駆者のもの，創造的なものかつ有意義なものであります．私は，常に注意を喚起しかつ強力である教授の労作から多くを学び，それによって大きな努力をするように衝き動かされてきました．私は，教授の観察がことを明らかにするのをいつも見ています．そのほとんどに，私は共感し同意します．しかし，肯定され展開される要がある，と私が信じているところを否定する主張もときに存在しています．このシムポジウムも例外ではありません．[教授の論説である]『Legal Ethics After Babel [バベルの塔以後の法律業務の倫理]』で説かれていることの多くにも，私は，その議論の概括的な方向を含め賛成します．それでも，私の観点から致しますと，その洞察のいくつかは幅が広すぎて，法律家の倫理にとり基本的なものと私が信じている基礎を排除する結果を招いている，ということになります．教授の論文の次のとおりの一節が，われわれを討論に向かわせるでしょう．

　　われわれが，抽象的で非人格的で必ず男性である法律家のすることについて，論文を書き，研究をし，かつ授業をしてきたのは，失策であった．われわれは，仮設された一定の行為が善いか悪いかを問い，その行為を行う人びとについては問うことをしなかったが，それは失策であった．われわれが，人びとは個性を持たないかのように考えて，所有権法で土地所有者について論じることを学んだごとくに（『AがBに甲地を譲渡し，BがそれをCに賃貸する．』），人びとについて論じるのは失策であった[33]．

第 4 章　自律，共同体，そして法律家の倫理　203

　シャッファー教授が説くところは正しい．没個性的な法律家及び依頼者についてだけ考えるのは，失策であった[34]．彼の論点としているところは，共同体重視論の論点である．われわれが何者であるのかは，その大部分がわれわれの対人結合及びわれわれの共同体により決定されており，しかもわれわれが何者であるのかは重要な意味をもつ．われわれの倫理は，大部分が選択されたものではない．それはわれわれが何者であるのかによって決定されているのである．しかし，意味するところ大きいこの真実を基盤にして，彼は，まったく誇張であり誤導的であると思われる結論に至る．すなわち，われわれが何者であるのか及びわれわれは何を与えられているのかの大部分は選択されたものではない故に，選択そのことは，およそ重要でないかあるいは興味を惹かない，という結論に至るのである．シャッファー教授が，映画『犯罪と軽犯罪 Crimes and Misdemeanors』[35]を例として用いていること，そして彼の結論が，『年老いた哲学者が，われわれ人間存在について，われわれの各々はその者の選択の合計である，と言う．しかし，<u>その医師は，ユダヤ人であることを選択したのではなかった</u>．かれの罪において特殊なこと——したがって，興味を惹くこと——は，彼が選択していたことではない．』であることを考えてみよ[36]．これは，1点の重要な洞察を取り上げながらそれにあまりにも近づき過ぎて，その

---

33)　Shaffer, Legal Ethics After Babel, 19 CAP. U. L. REV. 989, 998（強調除去）[以下 Shaffer, After Babel として引用]．

34)　その失策の最悪の部分は，多くの法律家が，依頼者の一般的な関心は常に同一であって，それは最大の自由（抑制の最小化）及び最大の物質的福祉である，とみなすことにより，依頼者を非人格的なものにしてしまうという倫理的習性をもつことであろう．このようにみなすのは，しばしば誤りであり，一個の人格であるその依頼者を侵害している．（思っても見よ．われわれの主要な動機が自由と富の最大化であったとしたら，われわれのうちどれだけの者が結婚をするであろうか，又は子供を世に送り出すであろうか？）この間違いを救済する方策は，道徳面での対話であり，道徳面での対話にとっての動機の一つは，法律家—クライアント関係が2個のすっかり複雑な人格に係わり合う，ということの理解である．See Pepper, Amoral Ethical Role, 上記注3, at 630-32.

35)　Shaffer, After Babel. 上記注33, at 999-1001.

他すべてのことについての視野を曇らせる，というものである．

　善き人であるためには，われわれが何者であり何処から来たのかを知ることが本当に重要なことであり，おそらくは決定的なことである．しかしそれは，芸術と実生活の双方において，ただ手初めであるにしか過ぎない．『物語り作者は，選択者については何もすることができない』とシャッファー教授は主張しているが[37]，しかし，物語作者は，選択のない人びとについては何もできない，というのが少なくとも真実ではないであろうか？　その医師が何者であるのか（彼の個性，彼の出自）は基礎的（かつその物語にとって必要）であるが，しかしそれは，ドラマを作り上げる3個の要素のうちのただ一つであるにしか過ぎない．第二の要素は，世界がその医師に提供するもの，自分が占めていると彼が気づく地位である．そして，ドラマ及び語りにとって役立つ第三の要素は，初めの2点の取り合わせにより提供されている選択である．確かにその医師は，変換可能な暗号ではない．彼は特定の伝統及び共同体（もしくは諸共同体[38]）により構成されるに至った特定の人間である．しかし，いまや人生は，選択が求められている状況を提供する．その医師は，彼が何者であるのかのみならず，何者になることにするのかをもまた，決定しなければならないのである．

　ここで私は，全体のうちの重要な部分をシャッファー教授が誤解している，と考える．興味深い部分は，われわれが何となく退屈なもしくはかかわりのない選択をもつ何者であるのか，だけなのではない．そのような見方は，人生及び個性と性格についてのおどろくべき静的な見方である．興味深い部分は，少

---

36)　Id. at 1000.

37)　Id. at 1001.

38)　その医師の医学教育及び医業面での同僚の何が？　それは，彼の一部分である有意義な伝統及び共同体ではないのか？　少なくとも部分的に彼の専門職業の倫理というレンズを通して彼の選択をみることが，その医師をよりよい選択に導くことにはならなかっただろうか？　See Shaffer, The Legal Ethics of Belonging, 49 OHIO STATE L. J. 704, 706 (1988)［以下 Shaffer, Belonging として引用］; T. SHAFFER, FAITH AND THE PROFESSIONS, 111-172 (1987).

第4章　自律，共同体，そして法律家の倫理　205

なくともこのことである．すなわち，何者にわれわれはなろうとしているのか，である．そして，われわれが何者になろうとしているのかは，3個の要素，すなわちわれわれが何者であるか（あるいは，おそらくわれわれの出自は何処にあるのか），生活がわれわれに提供する状況，そしてわれわれがする選択，の全部を組み合わせたものである．そして，当然ながら，人生が進むにしたがい，それぞれの要素が，われわれを作り，かつ作り直す．われわれが行う選択と，［われわれ自身よりも］先に出現する人びとによってわれわれがそうあらしめられた人格とが，あいまってわれわれは何者になるのかを決定する．また次に，双方があいまって，さらなる選択を提供する状況を創り出す役割を演じる．そのようにしてなされた選択が，われわれは何者であるのかを，われわれは何者になるのかに，変えて行く過程を継続させるのである．

　公正に言えば，シャッファー教授は，おそらく第一の要素——われわれは何者であるのか——が，他の2個の要素を包摂するものと，あるいは少なくともわれわれが何者になろうとしているのかを包摂しかつ決定するものと，考えているのであろう．しかし，これはわれわれ各自が経験する現実を裏切るものである，と私は考える．われわれは，選択は重要であるという経験をもつ．われわれは，何者にわれわれがなるべきかを統制するある意識を経験している．われわれのなかで幸運にも出自が何処にあるのか（したがって，われわれが何者であるのか）について確固とした意識を有する人びとでさえも，われわれが今何者であるのかと，われわれが何者になるのかとの間の結合を形作るために，もしくはわれわれが何者であるのかを継続するために，何事かをなしかつ決定しなければならないとき，選択が意義深いことを経験している．われわれは，何者であるのかを避けることができず，かつわれわれはその地点からあまりにへだたってさまようことはできない——それがシャッファー教授の要点であろう[39]——けれども，しかしわれわれは，選択を避けることもまたできないのであって，そのことが重要なのである．

39）　Shaffer, After Babel, 上記注33 at 1005-06.

その医師は故意殺人者になることを選んだ．それをしたのは，ユダヤ教信者としての彼の共同体的アイデンティティではなかった．そして，彼の罪はユダヤ教信者の罪ではあったであろうが——それが，彼の何者であるかの一部であったことは確かである——しかし，それでもなお，その罪の処理の仕方，すなわち告白する，有罪であることを否定する，それと折り合いをつけて生きる途を見つける，について選択するのを避けることはできなかった．

『理解することは，道徳上の技法である』とシャッファー教授が言うのは正しい[40]．事実として，理解することは道徳上の技法でありえよう．しかし，この技法は，3個の要素，何者であるのか，人生が何を提供しているか，そして何者になろうとしているのかに係わり合う選択権が与えられていること，の全部を理解する能力についてのものなのである．『選択』は『二次的なもの』であるかも知れないけれども[41]——つまり，その人物とその状況とが優先する——，しかし選択とは，それについてわれわれが何かをなしうるということなのであり，かつ選択は，われわれが日々経験していることなのである．『われわれの道徳上の資質は……われわれが理解し記憶しかつ見分けるものにおいて機能する……』のであるが[42]，しかし［いくつもの］選択において実を結ぶことになるもののすべてを，日常われわれは経験しているのであり，これら日々の選択が，われわれがすでに何者であるか及び何者になりつつあるかの双方を具現化している．道徳上の技法は，それを，それのすべてを理解することである．かつ，道徳上の技法の大部分が，われわれ自身の世俗の生活において，日常われわれは<u>道徳上の選択権を与えられている</u>，と理解することである．道徳上の選択を理解することは，特殊あるいは異常のことではなしに，生活の基

---

[40] Shaffer, Belonging, 上記注38, at 706 ; Shaffer, The Legal Ethics of Radical Individualism, 65 TEX. L. REV. 963, 965-68, 976-84 (1987). 私は，シャッファー教授がこの洞察を法律家の倫理についての文献の中にもたらしてくれたことにとりわけ感謝している．それが，私にとり非常に役立つものの一だからである．

[41] Shaffer, Belonging, 上記注38, at 707 ; Shaffer, After Babel, 上記注33, at 1006.

[42] Shaffer, Belonging, 上記注38, at 706.

本構造の一部分なのである．

　シャッファー教授は，われわれに対し，道徳上の選択が本当にしばしば『帰郷』であること[43]，すなわちわれわれが何処に属しているかの再認であることを理解するよう求めている．そして，これは重要な洞察である．しかし，ここでもまた，その考え方はあまりにも一元論的に過ぎる．それは，われわれの多くが，再び帰郷することはできない，と認識しているからである．われわれは，もし運が好ければ『記憶の共同体』[44]をともなっているし，かつその共同体はわれわれの一部分ではあるが，しかし一部分にしか過ぎない．私の父は，主として移民からなるある小さな民族的かつ宗教的共同体に属していた．その共同体が，父の人生を抱擁し取り囲んでいた．父は，私が知っている他の誰よりも，自分が何者であるのかをいっそうよく確信していた．そして，そのことは，伝わって私の一部分なのである．しかし，私は，その共同体にあるいはその町にすらも住んでいるのではない．私はリーガル・プロフェッションの一員及び学問共同体の一員となっており，これは，私の父の対人結合とはまったく異なる，かつ緊密さの少ない対人結合である．また，私の結婚及び友人関係による対人結合は，父の対人結合が一個の共同体に集中し凝縮していたその単一共同体から解き放たれている．そうなのである．私は，私の出自が何処にあるのかを——少なくとも僅かばかりは——知りながらも，その共同体に帰郷することができない——共同体の残存物はなお存在しているにしても[45]．そして

---

43) Shaffer, After Babel, 上記注33, at 1006.
44) BELIAH, 上記注8.
45) Amy Gutman が MacIntyre 及び Sandel を批判して同様の所見を述べている．
　『私にとって善であるものは，女性として，第一世代のアメリカ人として，労働者階級のイタリア系カソリックの家族に生まれたある人にとり善でなければならない』ということから，何が出てくるであろうか？ もしジェラルディン・フェラーロ Geraldine Ferraro が，ザンデルにならって，『どのような目的を私は選ぶべきなのか？』に代えて，『私は何者であるのか？』と尋ねていたとしたら，その答えは手に入れることがおよそ易しいものではなかったであろう．役割の社会的意味を探究することにより善を発見するというアリストテレス学派の方法は，ほとんどの役

このような状況は，地理的と社会的の双方での可動性をもって，公教育の均質化をもって，都市化をもって，そして伝統的な共同体結合の弱化をもって特色づけられている国にとり，異常なことではない[46]．われわれの注意をこのような諸事実に向けることは，もちろん，共同体重視論の洞察にとっての動機となる力のいくつかに，共同体重視論が救済しようと手を差し伸べている諸問題に，われわれを立ち返らせるのである．

　私がここで指摘したかったのは，選択と対人的結合とが，相互に排他的なものではない，ということであった．そして，この主張は，自律と共同体とが相互に排他的ではない，といういっそう大きな主張の一部である．何故なら，選択と自律とは，相互にそれぞれを示唆しているのであって，ある人の人生にかかわりをもつ意味のある選択には，自律がかかわっているからである．そうであるのか否か私には確信がもてないけれども，シャッファー教授は，自律は孤立を意味すると信じているかのごとくである．『法律家の倫理における前提は，法律家がその依頼者に対し望みうる最大のことは，孤立及び独立である，というものである』[47]．［と，彼は言う．しかし，］私のここでの努力は，依頼者の自律及び選択に依拠した法律家の倫理が，共同体及び対人的結合を支持し尊敬する倫理でもあり得る，と確信させることである．『われわれの人生を注意深

　　　割が単一の善のために配置されているのではない社会においては，役に立ちそうもない．ある社会的役割に単一の善が配置されてあるときですらも……われわれが役割を選択するのはその役割に配置された善の故であることが多い，ということを付け加えることなしには，われわれの役割がわれわれの善を決定する，と正確に述べることはできない．負担を持たない自我とは，この意味において，われわれの現代的社会条件がもたらす負担なのである．

　　　Gutman, 上記注7, at 316.
46)　See Pepper, Amoral ethical Role, 上記注3, at 627.
47)　Shaffer, Belonging, 上記注38, at 703. 同様に，『(政治学，法の実務，あるいは倫理論における) 権利の議論に際しての前提は，市民たちが相互に望むことは，もしくは法律家がその依頼者に望むことは，善くあることではなしに孤立及び独立である．』Shaffer, After Babel, 上記注33, at 998；see also Shaffer, Radical Individualism, 上記注24, at 975. しかし，上記注13をみよ．

第4章 自律，共同体，そして法律家の倫理 209

く記述する場合には，道徳面での影響という人生を記述せよ』［ともシャッファー教授は説いている］[48]．道徳面での影響という人生は，われわれの学生たちがその法律家としての生涯において達成するよう援助したいとわれわれが思い描くものである，という点ではシャッファー教授と私は同意する．明らかに，われわれが同意しないのは，自律に依拠した倫理がその計画に役立つであろうか，についてである．法律家から依頼者への『影響』は，依頼者の自律に敬意を表することと完全に一致する．上記で注意したとおり，立ち入るのが禁止されるのは，威圧と操作とである．そして，威圧と操作とがロイヤー──クライアント関係における真実の脅威であるとともに，多くの法律家が，パターナリズム［保護者主義］（『最もよく知っているのは，法律家だ！』）こそが『専門職としての』唯一の仕切り方である，とみなしているが故に，自律に基礎を置いた職業倫理は，重要な依頼者保護策なのである[49]．

　もう一つの関連した混同が存在していて，ここでそれを取り上げるべきである．選択及び自律に関心を払う倫理は，必然的に，（その者の人格に加えて）個人の道徳が他人からは孤立し独立している，とみなすものであるとシャッファー教授は信じている．

---

48)　Shaffer, Legal Ethics and the Good Client, 36 CATHOLIC U. L. REV. 319, 326 (1987).
49)　人がロイヤー──クライアント関係における道徳面のリスクを，(1)法律家の力及び知識に対する依頼者の弱さとみるか，(2)依頼者の不道徳な行動に連座するについての法律家の弱さとみるかは，法律家の倫理一般についての，及び多くの特定問題についての，その人の立場の大部分を説明するであろう．上記注1をみよ．例えば，Pepper, Amoral Ethical Role, 上記注3を Luban, The Adversary System Excuse, in THE GOOD LAWYER 83 (D. Luban, ed. 1983) と比較せよ．［ここに指摘する(1)と(2)の］双方を十分に取り扱うことが法律家の倫理論議にとって予定表の重大な部分であるのは明らかであるけれども，双方を理解している見解を見つけだすのは困難である．　私の見解においては，依頼者の自律に奉仕することは第一のリスクを念頭においており，道徳上の対話は概して第二のリスクを念頭に置いている．第二のリスクが主要なものであると考える向きは，道徳上の対話を不十分な解決策であると判断するかも知れない．

行為倫理は，人的関係なしに記述され得る人びとを必要とする……行為倫理における教義は，個人はその者自身の道徳を選択すべし，というものであり，その個人は，(医師やラビがしたようには，われわれすべてがするようには) 誰であれ他者から道徳を与えられるべきでない，というものだからである．行為倫理は言う，われわれの人生において道徳に権威を与えるものは，われわれがそれを選んだ，という事実である，と[50]．

私は大いにおそれながら言いたいのであるが，このような教義は，それが現に存在しているとしても，まったく不必要なものである．人びとがその道徳を他者から，その者の家族，共同体，指導者及び友人から導き出す，ということは，彼らの個人主義と自律とが保証されないとか尊敬されない，ということを意味するのではない[51]．われわれの選択が他者から受けたあるいは導き出した信念に依拠しているということは，われわれが選択をしていないということを意味してはいない．そのことは，選択が正統性を欠くとか意義をもたないとかを意味してはいない．われわれが，われわれ自身であるためにはわれわれ自身を発明することを要する，という訳ではないのである[52]．

このことと法律家の倫理との間の結び付きは，権威と威圧の問題に立ち返る．人びとが道徳面において自律的でないというのは，事実記述のこととしても当為のこととしても，正しいであろう．しかし，そのことが，依頼者は道徳上の問いにおいて法律家により支配されるべきであるとか，その依頼者の共同体あるいは対人結合がもつ要求についての法律家の理解によって支配されるべきである，という考え方に至る訳ではない．どのような権威や指示を依頼者がその対人結合あるいは共同体から引き出すかは，その依頼者が『選択』することであるべきか，もしくは自分が何者であるのかについての依頼者の『認知』の一部分であるはずなのである．

50) Shaffer, After Babel, 上記注33, at 1001.
51) See 下記，注64をともなう本文．
52) See Selznick, 上記注5, at 447-48.

選択されたものであれ，承認かつ受容されたものであれ（そして，われわれの大部分にとっては，それぞれのどれかである蓋然性が高いのであるが），ある人が属している共同体あるいは人的結合に対する服従は，法的権威の存在なしには課せられるべきではない．依頼者の道徳が（いかに非自律的であれ，いかに派生したものであれ），法律家の道徳（いかに非自律的であれ，いかに派生したものであれ）によって打ち負かされるべきである，と結論づける理由は存在していない．

依頼者はその者の道徳が法律家の道徳によって支配されてはならないとする権利を有していると，その者の実定法規を求める必要は法律家の側で立法する権限に読み替えられるべきではないと，そこまで私は言いたい．（私は，ここに，依頼者の同意あるいは合意がなければ，法律家は，どの共同体が依頼者にとり権威あるものであるかを決定——立法——すべきではない，ということを含める．）しかし，それがわれわれをさらにもうひとつの不一致に進ませるのである．シャッファー教授は次のとおり主張している．

 実定法規の中の権利文言は，意図的に奥行きのないものである——奥行きのないように作られているのであって，それ故に，価値自由であることを要求している法的秩序に奉仕できるのである．法律業務の倫理を教える法律家——不揃いの脚をもつ者——が，言説を法から道徳に移すとき，しかも権利の文言をなお維持している場合，彼が述べねばならないことは，およそ何事かを伝達するとしても，些細なことである．価値自由の道徳システムは，興味深いものではない[53]．

回答として3点の所見が示されてよいであろう．第一に，個人の尊厳及び自由に，多様性及び差異についての寛容に，そして平等に，その基礎を置いている法的秩序は，一目ですぐに『価値自由』と見られるべきものであってはなら

---

53) Shaffer, After Babel, 上記注33, at 997.

ない.とりわけ,複数の文化をもち,かつ多くの重要な問題に関し意義ある深い差異をもつ社会においては,そうなのである[54].第二に,われわれの法的秩序が『価値自由』であるべきだと要求している,というのも,すっかり明白である訳ではない.リベラルな政治的秩序が,何であれ究極の意味における善の概念に関して,中立である必要はない.何か特定の多数派あるいは法的権力が,それがもつ概念を当該概念を共有しない他の者たちに強制しうる程度について,リベラルな政治的秩序は懐疑的かつ細心であろう,というだけのことである[55].このことが,われわれに第三の論点をもたらす.過程を志向する法的システムは,必ずしも『価値自由』ではない.過程の価値は価値なのであり,『法の支配』という価値は価値だからである.そして,どちらがより重要であるのか,過程の価値なのか実質の価値なのかをめぐる争いは,深くかつ難しい争いであって,簡単に決めつけられるべきものではない[56].

54) See Gutman. 上記注7, at 318-19.

55) リベラリズムという術語は,少なくとも2種類の事柄をカヴァーしている.一つは,善の性格及び合理性の観念にかかわる実体的教義である.次に,それとは独立に,純粋に政治的教義としてのリベラリズム,という政治的概念が存在する.純粋に政治的な教義として,つまり世界において人びとを生存させる仕方として考えるとき,リベラリズムは,キリスト教徒の証人にとり,あるいはユダヤ教への回心にとり,リベラリズムをキリスト教徒証人の普遍性の要求と適合しない政治的教義にするであろうような種類の問題は提起することがない,と私には思われる. Hauerwas, Levinson, Tushnet & Others, Faith in the Republic: A Frances Lewis Law Center Conversation, 45 WASH. & LEE L. REV. 467, 481 (1988) (excerpt from the remarks of Mark Tushnet). See also, Rorty, the Priority of Democracy to Philosophy, in THE VIRGINIA STATUTE FOR RELIGIOUS FREEDOM: ITS EVOLUTION AND CONSE-QUENCES IN AMERICAN HISTORY 257-82 (M. Peterson and R. Vaughn ed. 1988); Rawls, Justice as Fairness: Political not Metaphysical, 14 PHIL. & PUB. AFF. 223 (1985).

56) See e. g., L. FULLER, THE MORALITY OF LAW (rev. ed. 1969); J. ELY, DEMOCRACY AND DISTRUST (1980); Simon, The Ideology of Advocacy, 1978 WISC. L. REV. 30; Simon, Ethical Discretion in lawyering, 101 HARV. L. REV. 1083 (1988); Pepper, Amoral Ethical Role, 上記注3; Woodard, Thoughts on the Interplay Between Morality and Law in Modern Legal Thought, 64 NOTRE DAME L. REV. 784,

実定法規の利用という過程の価値に基礎を置くとともに，また自由，自律そして人格の平等にとっての実定法規利用の重要性にも基礎を置く法律家の倫理は，価値自由であるとも瑣末であるとも（少なくとも私には）思われない．さらにまた，私が上記で詳説を試みたとおり，そのような法律家の倫理は，依頼者の全人格（彼の対人結合及び共同体を含めたもの）に対する注意をも，法律家の全人格に対する注意をも，除外することは要しないのである．法律家の倫理上の役割をめぐる私の理解は，次の要素からなる．(1)依頼者の自律は，依頼者の対人結合を包含する．(2)法律家と依頼者の間における道徳面の対話は，そのように想定された依頼者の自律に役立つ，法律家の自律に役立つ，また双方の道徳上の生活に役立つ．そして(3)依頼者の自律と法律家の依頼者以外の者への献身及び対人結合との間に生ずる衝突に際しては，（限られた例外はあるが）依頼者の自律が優先するのでなければならない．この倫理は，シャッファー教授が大変うまく光を当てている配慮及び観点に適合する，と私は言いたい．

Ⅳ．いずれの共同体に？

私が主張しようとしている要点は，人には，法律家として道徳的影響の人生をもつことと，依頼者の自律及び独立により導かれることの，双方が可能であるということである．いまやわれわれは，この倫理が，共同体重視論者にとって不足のないものであるのか否か，という問いに立ち戻る．上記第三の要素，すなわち依頼者の自律への奉仕，したがっておそらくは依頼者の［共同体からの］分離への奉仕を要請する戒律は，受容できるものであるのか？　関連のある共同体の影響，指導，権威あるいは統制を依頼者がもし受容しないときには，法律家がそれを押し付けるべきである，と想定されているのであろうか？　法律家は，『共同体』と依頼者の間に衝突が生じているとき，依頼者の代理人であるよりも，第一に共同体の代理人であるべきなのか？　選択及び権利［を良

しとする立場］の防御が，共同体重視論者の倫理を確信している法律家はいかにすれば依頼者に正しく奉仕することになるのか，という問いにわれわれを引き戻す．

　衝突が生じたときには，法律家は，依頼者よりも共同体に奉仕することになるというのであれば，それはいずれの共同体であるのかを私は知りたい．法律家の役割特定的な倫理は，法が権力であるという事実，国家の巨大な権力であるという事実に，基礎を置いている．法律家とは，人びと（個人，市民，グループ——ここでは何が正しい語法だろうか？）にとり，その権力へ行き来する通路なのである．法律家と依頼者の関係を指導していると，共同体あるいは共同体の倫理について他人が語るとき，共同体もしくは共同体の倫理が国家権力と個人の間での調停の性格を決定していると，他人が語るとき，私には，少なくとも僅かばかりの懸念が生じる．それはどの共同体のことであるのか？　誰の共同体のことであるのか？　選択されていないあるいは受容されていない共同体のことなのか？　選択されていないあるいは受容されていない共同体に国家の権力を結び付けるならば，そこには何らか憂慮すべき事柄が出現する[57]．可能性として，3個の共同体（もしくは対人結合の組み合わせ）が想い浮かぶ．すなわち，一般的なすべてを覆う政治的共同体，法律家の共同体そして依頼者の共同体である．

　もっとも明白な共同体とは，すべの者が市民として所属しているそれ，すなわち支配する政治的共同体である．それが国家であり，国家は政府を通じて機能し，かつ法の第一次の根源である．国家は，権力の巨大な集中であって，したがってはっきりした脅威である．法律家は，実定法規への接近を用意する際

---

[57]　シャッファー教授は，『（政治学，法の実務，あるいは倫理の論議における）権利の検討での仮定は，市民たちが互いについて望むものは，あるいは法律家がその依頼者に望むものは，善ではなしに孤立と独立である．』と主張する．Shaffer, After Babel, 上記注33 at 998. 同様にたやすく，指導原理として共同体を優先する人びとが欲するのは，圧制と統制であると，依頼者に善を欲する者たちは，実のところ統制と圧迫とを欲するのであると，言い得るのかも知れない．［けれども］私は，双方の主張ともに真ではない，と言いたい．

に，その権力を利用している，と私は論じてきた．そして，われわれのシステムは，（その第一次の義務が政府を志向している政府の役職なのではなしに）その第一次の義務が法律家の私的な依頼者を志向している<u>私的な作用因子</u>である，と法律家を定義することによって，法律家が権力を政府から市民層に分散させている，と私は論じてきた[58]．これが，現在のところ法律家の役割について受容されている理解である．『その依頼者に対する法律家の義務及び法的システムに対する法律家の義務は，同一である．すなわち，実定法規の境界内でその依頼者を熱意をもって代理代表することである．』[59] そうすると，より大きい政治的共同体と依頼者との間に衝突があるとき，法律家の忠誠は前者に向かうべきか後者に向かうべきか，というのが問いであるならば，その答えは明瞭であると思われる．より大きい共同体に対する法律家の義務は，役割に特有の依頼者に対する奉仕，すなわち依頼者の自由及び自律を支えるために実定法規の利用を提供すること，によって限定されてきた．このように，法律家は裁判官あるいは警察官として機能すべきではなく[60]，まったく異なる義務を負っているのである[61]．

---

58) See 上記注12.
59) MODEL CODE OF PROFESSIONAL RESPONSIBILITY, Ethical Consideration 7-19 ; Ethical Consideration 7-1 においても，僅かばかり異なる言葉遣いで述べられている．［これに対比すれば］『モデル・ルールズ』The Model Rules of Professional Conduct の方は，ただ『依頼者の代理人，法的システムの役職そして公的市民としての法律家の責任は，通常は調和する．』とだけ述べて，そのような広汎な一般化をさけようとしているように見受けられる．Preamble, par. 7. See also Comment 1 to MODEL RULE 3.1.
60) Pepper, Amoral Ethical Role, 上記注3, at 629-30.
61) 誤解を避けるために，この役割にある二つの側面に言及しておかねばなるまい．第一，法律家の役割は，実定法規の境界によって限定されている．法律家は，合法的行動についてのみ依頼者を援助するのである．マーヴィン・フランクル Marvin Frankel が認めたとおり，法律家の倫理は，『依頼者は効果的な偽証のための武器を与えられるのでなければならないとか，依頼者が自身で法的訓練を受けていたかのように武装させる，とかいうこと』は要求すべきではない．Frankel, The Search for Truth: An Umpireal View, 123 U. PA. L. REV. 1031 (1975). 法律家からの援助に関する

また，たいていの政府は大変大きくかつ官僚制支配があるから，それら政府は，真正な共同体として機能するものではない．この理由からして，共同体重視論者の倫理も，法律家の忠誠を依頼者から転じて政府に向かうよう再編成するなどのことは示唆しはしないであろう．実のところ，中間的な共同体の生命力を増加させるという目標は，別の方向を指している．というのは，それらの共同体は，実定法規の利用を必要とするであろうから，［それらが］依頼者そ

その境界線がいかに定義されるべきかは，大問題であり困難な問題である．当面進行中であるが，私はその問題を抱えて苦闘している．その計画の手初めについては，see Pepper, Amoral Ethical Role. 上記注3, at 624-28 and Pepper, A Rejoinder, 上記注12, at 668-73, 特に nn. 51 & 52.

第二，その文脈は，依頼者の自律であるか道徳面での対話であるか，どちらが優先するかという問題を提出しつつ，道徳面での対話を無視する仕方で依頼者の自律に奉仕する，ということを示唆するものともなりうる．私の以前の論文，上記注3 Pepper, Amoral Ethical Role を読んだ人たちの多くは，法律家の超道徳的役割に正当化根拠を提供することの強調がその論文の第一次のねらいであると，そして道徳面での対話についてのより短い議論は明らかに第二次のものであると，すなわち前者は要請されているが，後者はひとつのオプションであると理解した．もし，［一方の］依頼者の自律と［他方の］対話において法律家が依頼者を説得しようとしている事柄との間に衝突が存在するのであれば，そのときには，その優先順位が正しい．しかし，時間の経過という事実においては，対話が最初にくることが多いであろうし（依頼者の目標及び要望と状況を構成する諸事実を知ろうとしての依頼者との当初の討議），したがって対話が，依頼者の自律を限定する役割を果たすであろう．依頼者が望むもの及び依頼者が状況を認識している仕方は，ロイヤー―クライアント対話（それは，この段階においてすら少なくとも部分的には道徳的となるべきである）の内部で形を成すことになるはずである．例えば，シャッファー教授により示されている初歩の対話を参照せよ．T. SHAFFER, ON BEING A CHRISTIAN AND A LAWYER 22-23 (1981). このように，法律家の影響は，始まりからして，依頼者の世界の一部に，依頼者の自律になるのであり，孤立ではなしに人的関係が最初に組み込まれるのである．そしてこのように，［一方の］影響と［他方の］操作や威圧との間に区別をつけることが重要なのである．上記第Ⅱ部C. 参照（私はまた，超道徳的役割が要請されているのと同様に，道徳面での対話も要請されることになりもしようと言っておくべきであろうが，しかしそのことの意味するところに関して，私まだ結論に達していない）．

第 4 章 自律，共同体，そして法律家の倫理 217

のものとなるであろうから，したがって法律家の忠実及び奉仕が［中間的共同体にとり］重要になろうから，である[62]．

　次の可能性は，法律家の忠誠が，第一次には法律家の共同体及び対人結合を——法律家自身の忠誠を，もしくは法律家を構成しかつ抑制するものを——志向するのではないか，というところにある．ここでわれわれが言おうとしているのは，法律家の拡大された家族あるいは民族的グループ，法律家の近隣の教会，あるいは政治的帰属意識，あるいはおそらくは法律家の職業的グループすなわちザ・バーのことさえも，である．上記に示唆したとおり，法律家の人格の一部としてのこれらのすべてが，依頼者と法律家の間で交わされる道徳上の対話に入り込み，したがって依頼者に影響を与えるのは，正当なことであろう．法律家の見分けているのには逆行して，依頼者が望むところであると，あるいは依頼者が自身はそうであると，依頼者が明確にしていることに，その法律家は奉仕すべきであるのか否か，その選択を法律家がしなければならなくなったときには，依頼者の自由及び自律（依頼者の対人結合を含む）に奉仕するという戒律の方が，法律家の共同体特性に優越すべきことになる．選択に際して，道徳上の過誤に際して，あるいは依頼者が責任を負うその他の弱さに際して，依頼者は，法律家の援助に依存するものではない．逆に，法律家への需要は，実定法規を利用ないし活用する必要からして，われわれの生活があまりにも法制化されていることからして，そして実定法規の利用につき専門職業が法的に独占をしていることからして，そうした事情の結果として出てくるのである．法律家は，そのことからして，依頼者に権力を振るうことがしばしばあるけれども，それが，法律家は依頼者に対し権威をもつべきである，という結論に通ずる訳ではない．まったく逆であって，依頼者の弱さは，威圧及び操作を排除するものである倫理の必要性に通じている．その法律家の属している共同体ないしは対人結合が要求するところについての法律家の理解が，依頼者のためになる実定法規の輪郭を定める，というのであってはならない．国家（あの支配

---

62) See 下記 section V.

する共同体）により創出されかつ一般的に役立つよう意図されている法は，法律家の属する特殊な共同体もしくは対人結合によって決定されるべきものではない．共同体重視論者である法律家は，その共同体及び対人結合を，依頼者を威圧あるいは操作すること以外の何らかの仕方で築かなければならない．

　ここにおいてこそ，シャッファー教授と私が袂を分かつことになるであろう．法律家にとって，善い人物であるためには，すっかり他人たちと結合し，1個もしくはそれ以上の真正の共同体の一部となることが有用であろう．私は，法律学生たち（及び法律家たち）がその共同体（あるいはいくつかのそうした共同体）を見つけるのを援助することは，倫理に適った職業生活のための基盤を提供するについての重要な要素であるという点，かつこれがしばしばその人間にとり『帰郷』すなわち共同体に関するアイデンティティの発見をともなうという点では，シャッファー教授に賛成する．しかしそのことに加えて，完全に対人結合をもち定着している人物としての法律家との関係においてすらも，依頼者を優先するという役割特定の倫理が法律家には必要である，と私は固く信じている．法律家であることが，彼らの『故郷』の如何にかかわらず，すべての法律家にとってほとんど同一であるべき人格側面——及び義務——を付加するのである．法律家倫理の役割に特有のその側面は，一面的なものあるいは柔軟性を欠いたものである必要はなく，かつそれはおそらくは道徳上の対話を包含しているべきである[63]．

　第三の可能性は，もしも依頼者とその共同体あるいは対人結合との間に重大な相違があるのを法律家が認識したならば，その法律家は，依頼者によってではなしに，依頼者の共同体あるいは対人結合によって統制されるべきである，とするものである．そのような行き方をしたときには，依頼者について，その依頼者を統制する対人結合は何であるのか，したがって基礎的な意味においては依頼者が何者であるのかを，法律家が決定する，という結果を招くことになろう．法律家が，その依頼者のアイデンティティを決定している，ということ

63）　上記注61（第2パラグラフ）をみよ．

第 4 章　自律，共同体，そして法律家の倫理　219

になるであろう．こうなれば，まったく衝撃的な保護主義の実現となるであろうし，明らかに法律家の影響ということを超えて，権威あるいは威圧の王国に進み入ることにもなろう．共同体のためのより大きな法的支持を求める明白な必要が，そうした自由，選択及び自律に対する基本的な押し付けを正当化するのであろうか？　私にとっては，答えは簡単である．もし共同体重視論者の考え方がそのようにも広汎な犠牲を要求するのであれば，改革は，そのリスク及び損失に値するものではない．

　ジェラルド・ドゥオーキン Gerald Dworkin は，このようにみている．『道徳の作用者は，自律を保持していなければならない．その者自身の道徳的選択をするのでなければならない．問題となっているのは，この思考に，瑣末であること（他の誰が私の決定をすることができるか？）もしくは偽りであること（権威，伝統及び共同体）を免れた仕方で，内容を与えることである．』[64]争点が一般的に『瑣末』ではないのは，『他の誰』というのが，選択をある人に押し付ける力をもつ主体を，何人であろうと包含しているからである．われわれが吟味している状況においては，それは瑣末からはるかに隔たっている．その訳は，ロイヤーがそのような力を依頼者の上に振るうのはしばしばのことであり，かつわれわれが問いつつある問いは，その力が，依頼者が選択をするように行使されるべきであるのか，それとも依頼者の共同体につきロイヤーの理解するところに適合するように行使されるべきであるのか，というものだからである．ここでは，それは『偽り』でない．その訳は，いっそう意味がある共同体そのもののための支持の必要がその権威をロイヤーに創り出す，とする決断があるのでないかぎりは，ロイヤーも共同体も，どちらも依頼者に対して『権威』を有してはいないからである．（もし実定法規が共同体にそうした権威を与えるならば，そのときには，そのようにされているということもロイヤーが依頼者に伝達する実定法規の一部になるであろう．そして，共同体重視論者の計画は，そうした法をもっと多く創り出すことであるのかも知れない．それで

---

64)　Dworkin, Moral Autonomy, in MORALS, SCIENCE, AND SOCIALITY, 156, 160 (H. T. Englehardt, Jr. & D. Callahan ed., 1978).

も，われわれが想定している状況は，共同体はそうした法的権威を有しない，というものである．)『伝統』及び『共同体』に関しては，ロイヤーは，(上記に論じたとおり)依頼者に向かいその者の人生のこれらの側面を思い起こすように仕向けるべきであり，依頼者の対人結合を維持するようもしくは強化するよう試みるべきである．しかし，この特定の対人結合は，依頼者が続けたいと欲する伝統又は共同体の一部分ではないと，それは依頼者のアイデンティティの構成部分ではないと，依頼者が決定するときには，依頼者のそうした自律に奉仕することは，瑣末でも偽りでもない．依頼者のアイデンティティ及び共同体についてロイヤーがもつ概念は，依頼者がもつ概念に打ち勝つものとなるべきであろうか？　個性のそのような中心的位相について支配をする法的権威がロイヤーに対し授権されることを正当化するのに足りる理由は，私には思い浮かばない．

V. 利害衝突

　ロイヤーの倫理の中に1個の舞台があって，そこでは共同体重視論者の計画が大きな役割を演じる．これは，利害の衝突という領域の中においてのことである．グループあるいは共同体それ自体が依頼者であると理解するならば，多分の支持を対人結合及び人的関係のために与えることができる．そのときには，ロイヤーの役割は，グループの自律に奉仕して，すなわち切り離された個人たちではなしに共同体及び対人結合に奉仕して，実定法規の利用(その限界の知識及びその権力の活用)を提供するものとなる．ここでの困難な任務は，依頼者としての共同体に奉仕してはいるけれども，しかしまた，そのグループを作り上げている個人たちを尊重し，かつ誤導はしない，という取り組み方を創り出すことである．結局のところ，ロイヤーと連絡をとっており，かつ自分たちを共同体と同定しているのは，個人であろう．そしてロイヤーにとり困難な問題が生じてくるのは，ロイヤーが，グループの構成員のある者と連絡をとることによりながらも，そのグループに奉仕しているからである．個人と共同体の

第4章　自律，共同体，そして法律家の倫理　221

間での，法及び法的制度一般[65]に関連をもつ緊張は，グループを依頼者とする文脈におけるロイヤーの忠実及び義務，という下位論点に直接に写し出されている．グループの内部に不可避の利害衝突及び緊張が生起するとき，ロイヤーは倫理的な手引きを必要とすることになろう．その手引きを構想することは，共同体重視論者の法的計画の一部をなしているべきであり，上記に『個人の法的保護を犠牲にすることなしに，中間的共同体を支持する概念，法，及び制度を展開すること』と記述したとおりである．

これまでロイヤーの倫理にとっての範型は，単一のロイヤー及び単一の依頼者というものであった．一人を上回る人物を依頼者とするのは，例外的であり問題があると認識されてきたのであり，『モデル・コード』の緊急対策ルールは，グループの個人要素のためには個別ロイヤーをよしとして，困難なグループ代理は辞任することを要求し，それにより，実のところ，法的援助の面ではグループの解体を要求している[66]．このように，共同体及び対人結合を掘り崩し，かつ分離あるいは孤立という偽りの認識を招くかも知れない方向に推し進める力を，ロイヤーの倫理は創り出すのである．グループ代理は，個人とグループの間に緊張を生じるので，本当に問題をはらむものではあるが，しかし例外事象ではないのであるから，ロイヤーの倫理によって例外とみなされるべ

---

65)　上記第二節A．をみよ．
66)　See CODE OF PROFESSIONAL RESPONSIBILITY Disciplinary Rule 5-105 and Ethical Consideration 5-14 (1980). もう一つの例は Disciplinary Rule 7-104 (A)(2)であり，これはロイヤーに，『ロイヤーによって代理されていない人物に対し，その人物の利害がそのロイヤーの依頼者の利害と衝突していたり，あるいは衝突することになるという筋の通った可能性が認められるときには，カウンセル［＝相談相手となってくれる専門家］を獲得するための助言以外は，助言を』与えることを禁止している．そのロイヤーの依頼者はグループであるが，グループと構成員の間の緊張問題に関して構成員の一人の考えを変えさせようとしているロイヤーに対して，このルールが提出している困難を考えてみよ．（それでも，構成員の［ロイヤーに対する関係での］弱さを考えるならば，このルールには論証できる必要性があること，そして代わりのものを構成することの困難さは理解されよう．）

きではない[67]. 『モデル・コード』の後身である『モデル・ルールズ』は, このような考え方から離れて意義深い推移を示してはいるが[68], しかし中間的共同体とその構成員及び部分を代理しようと企てるロイヤーのための適切な手引きを書き表すためになされるべき困難な仕事が大量に残されている. 目標は, グループの支持と個人の保護との間での正しい均衡を達成しようとするロイヤーを援助することである.

　グループの構成員が生活と労働を共にしている生活共同体のために活動する法律家の事例を, 孤立した個人としての生活ではなく共同体に結合された生活に焦点を結びながら眺める仕方で考えてみよう. 何年間もその生活共同体に属して暮らしてきた一女性が法律家の許を訪れ, 自分は共同体を離れたい, と告げている. その女性は, その生活共同体にいる間に創作した大きくかつ高価な絵画を数点携えて出たい, と望んでいる. その生活共同体における全労働の成果はグループに帰属し, それを創り出した特定の個人には属さない, とする生活共同体の信条をその法律家は知っている. その女性がその仕事をしたとき彼女は生活共同体のその立場を理解していたのであるから, これらの絵画は生活共同体に帰属する, という尊重すべき法的議論がなされ得ることをその法律家は知っている. さらに加えて, その生活共同体が現在存立している裁判権域に

---

67)　シャッファー教授が, そのすぐれた労作においてこの問題に焦点を結んでいる. 上記注24の Shaffer, Radical Individualism, 上記注 24. そこで詳述されている立場は, その大部分が上記注3 Pepper, Amoral Ethical Role において詳述した立場に合致すると, 私は引き続き信じている. See also G. HAZARD, ETHICS IN THE PRAC-TICE OF LAW 44-68 (1978).

68)　上記注66の Disciplinary Rules 5-105 and 7-104 (AX2) は, [『モデル・ルールズ』すなわち] MODEL RULES OF PROFESSIONAL CONDUCT 1.7 and 4.3 (1983) により置き換えられた. 前者 [1.7] は明らかな改善であるし, 後者 [4.3] はおそらくは改善であろう. 『モデル・ルールズ』はまた "intermediary" としての法律家の規定 (RULE 2.2) 及び 'organization as client' についての規定 (Rule 1.13) を設けている. 『モデル・ルールズ』の内容はすっかり別にして, 法律家がそのように特定される役割で行動することの正当性を承認した点において, それぞれ意義深いものである.

おける実定法規の下では、［訴訟になれば］その絵画はそれを携えて離脱したいと望んでいる画家の財産とみなされる蓋然性がある、ということをその法律家は知っている。（その法律家はまた、地域の裁判所が、偏見であり正当化できない敵意であるとその法律家が判定している理由からして、その生活共同体に共感を抱くことはありそうにもないのを知っている。）その画家とその法律家は、相互に信頼できる関係にあって、法律家がその生活共同体に肩入れしているということ、かつその共同体はその信条及び行動における品位を特徴としているということ、を知っていたと仮定してみよ。

　その法律家は、その女性に対し、絵画は生活共同体に帰属しているのであるから、その女性がそれを携えて離脱することは許されない、と助言すべきなのであろうか？　そのような見解は、その法律家の対人結合及び共同体に適合するし、かつ、実定法規はかくあるべきとするその法律家の見解に適合している。そのような見解はまた、その画家が属している真正な対人結合及び共同体に関する法律家の見解に適合している。その法律家は、『モデル・コード』に従い、［この状況では］利害の衝突があることを認めて、法律家が生活共同体を代理しており個人である画家は代理していない旨を明らかにし、そこでは、その生活共同体がその絵画はグループに帰属するものと信じていることを説明するだけにとどめ、その女性に助言を与えるのはすっかり拒絶すべきなのであろうか？（これでは、その画家は孤独のままに放置されること、その状態ではおそらく画家が法的助言を得るのは重荷であること、に注意すべきである。）［あるいは］その法律家がその画家（依頼者と言ってよいか？）とその状況に関して十全の会話をするのは、許される（もしくは奨励されるもしくは指示される）べきことなのであろうか？　そのときの会話には、実定法規のありよう及びなされ得る法的論証についての的確な具体的描写が、加えてその画家にとり有効な選択肢（かつおそらくは生活共同体にとり有効な選択肢について）の的確な性質説明が含まれるであろう。それは、操作するものではなく、強制するものではない会話であって、その画家について、生活共同体の一部分かつ生活共同体に結合されたものとしても、また少なくとも部分的にはその結合から離れる

ことを欲する個別の人物としても，両面での承認を示す会話であろう．ここでは，現実がもつ繁雑さの故に，この会話の詳細内容を指定するという方法をもって多くのことを定めるのは困難である．その法律家が何者であるのか，その画家が何者であるのか，そしてその生活共同体がどのような共同体であるのかのすべてが，その中に記入されることになるし，それらが共有している人的関係及び過去の沿革もまた記入されることになる．［これまでみてきた］これら三個の可能性のいずれが，法律家の倫理はいかにあるべきかの考慮にとって，もっとも近いものになるのであろうか．

　あるいは，生活共同体の事例では気に染まないかあるいは想像しにくいというのであれば，家族が事業に積極的にかかわり合っており，かつ労働組合との協力的で開放的な関係を伝統とする友好的な労働関係が永い歴史をなしているような家族経営の製造業を考えてみよ．この伝統の一部は，その家族の側における長期的な考え方をなしていたのであり，使用人及びその福祉を事業の重要な一側面として含んでいて，使用人との関係では事業を家族同様にみる傾向をもつものであった．［その後，やがて］新しい世代へ移行するととともに，家族の多くは［事業への］関与を減少し，第一次的な経営は一人の人物に委譲されるにいたった．この人物は，70年代及び80年代に壮年期を迎えた人物であって，労働組合及び使用人については［それまで家族全体が抱いていたのと］まったく相違した見解を抱いている．競争相手及び経済環境からくる新しくかつ脅威を帯びた挑戦を認識して，この人物は，使用人関係につき根底から相違した取り組みを始めようと，かつ使用人への給付をかなり切り詰めようと決定している．その人物は，もし労働組合が抵抗するならば，労働組合を圧服するか，ストライキを挑発し，代替要員を雇って労働組合を排除してしまおうと決定している．法律家は，しばらくの期間にわたりその事業及び家族を代理してきたので，このような意図が伝統とは相違する程度，かつその他のあまり事業に関与していない家族構成員の当面の理解とは相違する程度について理解している．

　その法律家の奉仕及び助言は，現在の主たる経営者が明示している欲求によ

第4章　自律，共同体，そして法律家の倫理　225

って形を与えられるべきであるのか，共同体としてのその家族及びその事業についてのその法律家自身の理解によって形を与えられるべきであるのか，それともグループとして関与することは少ない他の家族構成員が考えるところによって形を与えられるべきであるのか？

　この問題は，その事業及び家族がどのようなものであるべきかについてのその法律家自身の理解に依存するのか，その法律家が，新しい経営者と同じ物事の見方をするか，それとも他の家族構成員が過去にもっていたのと同じ見方をするか，そのいずれに依存しているのであろうか？　ここでも，新しい経営者は，その法律家から的確な法的助言を受ける権利をもつのであって，そのことは，これらの問いに対する回答内容にかかわりがない，と私は言いたい．加えて，その法律家は，経営者と会話を交わし，この事業が共同体として経営されかつ理解されてきたこと，そしてその沿革及び伝統が，ある種の義務を使用人とその他の家族構成員との双方にもたらしているであろうことを想起させるべきなのである[69]．さらに進んで，その法律家は，もし介入しなければ何が起ころうとしているのかを他の関心をもつ家族構成員に知らせ，それを防止するためには彼らに何ができるかについて助言すべきなのであろうか？　ここでは，共同体重視論の倫理はその答えが然りであるべきだと示唆していると，かつ共同体重視論に通じた法律家たちの倫理もまた同一の結論に達することになるのではないかと，私には思える[70]．

---

69)　使用人との関係では，これらの義務はおそらく法的にその事業を拘束するものではない．他の家族構成員との関係では，これらの義務のあるものは，法的な所有関係及び統制の現在の配分次第で経営者を拘束するであろう．

70)　今示した状況を考察した後，仮説例の前提を切り替えてみると有意義であろう．その家族の伝統が労働組合に対する不倶戴天の敵意と使用人関係に対する無情な取り組みというものであったと仮定してみる．新しい主経営者は，この伝統を根底から協力的な，家族同様の使用人関係に変えようと期している．このことは，上記の問いに向けての答えをどの範囲まで変更することになるか？　十全の会話（道徳上の対話）に法律家が含めるものの多くが変化することにはなろうが，その他の答えはほとんどが同一のままになるはずである，と私には思われる．家族事業は，やはり現実の伝統，実在性及びアイデンティティをそなえた1個のグループであって，

特定の回答がどのようなものであろうとも，われわれは，『利害の衝突』にかかわる倫理論議の中に，こうした複雑かつデリケイトな仕事に取り組む際の法律家に役立つ手引きを盛り込んでおくようにすべきである[71]．対人結合及び共同体は，広く行き渡っていてわれわれの人生の部分をなしている．法律家は，こうした共同体及び対人結合に奉仕している．そこで，『法律家たちの倫理』は，法律家たちが，柔軟にかつグループとその構成員である個人との間の緊張に対する敏感さをもって，共同体及び対人結合に奉仕するのを援助すべきなのである．

VI. 結　　　語

　本論文は，法律家の第一次の任務が実定法規の利用を通じて依頼者の自律に奉仕することにある，との理解を導きにした法律家の倫理に傾倒している者たちと，そうした見方には単に原子論及び断絶への意図しかない，とする者たちとの間に存在している隔たりに，橋渡ししようとする予備的な努力であった．この架橋の第一の基礎は，ある人物の自律はその者の対人結合及び共同体を包含している，ということの理解である．したがって依頼者の自律に奉仕することは，依頼者の対人結合を保障しそれに奉仕することと同一なのである．第二の基盤は，選択と重要な対人結合とが，相互に排他的ではない，ということの

　　そのすべてが尊重されるべきなのである．

71)　私は考え続けているのであるが，われわれは，それがあれば法律家がただ法律家の個人的確信，選好及び性格だけを手引きとしている状態から救い出されるように，法律家のための何らかのルールもしくはルール相似の手引きを必要としている．法律家のための倫理として，性格あるいは徳性を志向する倫理と，それと対置されたルールを志向する倫理と，両者の間にある緊張，そしてわれわれは双方の側面を法律家の倫理にいかに合体させ得るかという問い，これらは本論文の範囲外にある．See 上記注1. ルールの効用と弱点にかかわる多少の議論については，see Pepper, A Rejoinder, 上記注12, at 657-62 ; Freedman & Goldman, Lawyer-Client Confidentiality: An Exchange, 3 CRIM. JUST. ETHICS 3 (1984).

承認である．法律家は依頼者の自律と依頼者の対人結合とに奉仕することができるけれども，しかし，依頼者の生活がどのようなものになるべきかを究極的に選択しなければならないのは，依頼者である，という戒律に導かれつつ，法律家がその奉仕をするのでなければならない．

　われわれは，『共同体重視論の倫理のための余地がロイヤー—クライアント関係の中の何処かに存在しているか？』という問いから始めた．一方にある影響と他方にある威圧もしくは統制，その間に存在する区別を受け入れようとしている法律家にとっては，依頼者に奉仕するのであって依頼者を支配するのでない，という戒律を受け入れようとしている法律家にとっては，その答えは明らかに『然り』であると思われる．依頼者の自由と共同体重視論の見方との双方をよしとしている法律家は，依頼者の人的関係及び共同体，依頼者の生活の対人結合がかかわりあう次元及びその重要性のことを，依頼者に想起させることによって，かつ依頼者が対人結合を個人性と折り合わせるのを援助することによって，依頼者によく奉仕することができる．依頼者と十分な会話を持とうとしている法律家ならば，さらに加えて，法律家と依頼者の間の実質的な関係という［新しい］結合を創り出すこともできる．そのうえ，法律家はまた，グループ及び共同体を直接の依頼者にして，そのことがもたらす付加的な倫理の次元及び複雑さを承認することによって，かつ対人結合と個人性の双方につき現実生活の中でグループの側から援助することによって，奉仕をすることができる．

　おそらく，このことは，もう一度『これで足りるのか？』という問いに立ち返らせるであろう．ここでの努力は，その答えが少なくとも差し当たりは『然り』となる架橋を築こうとするものであった．

第5章
法と正義の間に隔たりがあるときの法律家の倫理
Lawyers' Ethics in the Gap Between Law and Justice

Ⅰ．法律家の職務機能：実定法規の利用を提供すること
Ⅱ．法と正義との間に存在し得る隔たり
Ⅲ．法と正義の間に隔たりがあるときの法律家の倫理上の義務
Ⅳ．話し合いをすべきか，否か？
Ⅴ．そうした会話についての懐疑と実用性
　A．不一貫性及び通約不可能性
　B．私秘的であり，かつ理性的討議の域外にある道徳性
Ⅵ．結　　語

　ある特定の状況においては，実定法規が許容しあるいは要求することと，公正でもっともなこととの間に，いちじるしい隔たりの存在することがしばしばある．実定法規に関して依頼者を援助しようとしているとき，法律家はしばしばその隔たりに直面する．そうした状況に対応する際の法律家の倫理上の義務は，二重になっている．第一は，その法律家は依頼者のために実定法規を利用可能にする義務を負っているのであり，その故に不正義を促進することにもなり得る．第二に，その法律家は，依頼者に向かい，その場面では法と正義との間に隔たりが存在していること，かつもし不正義の結果が生じれば，その不正義につき責任をとるのは依頼者であって，実定法規でも法律家でもないということを明らかにする義務を負う，とすべきである．本論文は，その第二の義務について探究し詳述するものである．第Ⅰ部は，実定法規の利用を提供すること，という法律家の第一次の義務を素描する．法と正義の間にある隔たりについては，第Ⅱ部で簡潔に取り扱う．ついで第Ⅲ部が，その隔たりとの関係で法

律家にとり倫理上の義務であるべきこと，すなわち依頼者の道徳意識及び道徳的責任を確実なものにするための会話のことについて述べる．第Ⅳ部は，そうした依頼者との対話が，いつ行われるべきか，そして行われるべきかどうか，を論題とする——この部分は，基本的には相異なる状況の下においてのその会話の相当性の程度を吟味することになる．それから第Ⅴ部は，そうした会話が大部分の法律家にとり可能であるのか，かつ実用性をもつのかについて，大部分の法律家及び法学研究者が抱く懐疑論に転ずる．この懐疑論は，かなりの程度において正当化されるものではあるが，しかし私はそれは改めることができるし，改めるべきであると言いたい．

Ⅰ. 法律家の職務機能：実定法規の利用を提供すること

　法は，公共財 a public good になるようにと意図されている．私は，その『good ［財，役に立つもの，あるいは善，価値あること］』という言葉のあいまいさをねらいとして，このような言葉づかいをしている．法は，公共の資源であるもの，かつ少なくとも集合体としては，善い帰結に導くかあるいはその活用及び適用において本質的に善であるかのどちらかであるよう設計され，そして意図されているもの，という両面をもつ．『law ［法］』という術語の3個の可能な語法を考えてみよ．第一，law とは，しばしば，われわれの正式な紛議決着方法——『litigation ［訴訟］』——のことであると，及び予期される紛議とその正式決着のために準備する種々の方法のことであると，考えられている．（ロースクールにおいては，契約法［の授業］は，litigation ［訴訟］のための長期にわたる準備もしくは予期としてなされている，と私は信じている．ときに，遺言及び信託［の科目］も相似に構想されている。）この狭い意味における law は，明らかに公共施設のごとき何かである．すなわち，あなたの紛議がその他の仕方で決着づけることはできないときには，国家が決着をつけることになる．国家が［法規を制定して］，機構（裁判所，裁判官及び執行官）とこれらの機構によって適用されることになる諸ルールとを用意している．

第 5 章　法と正義の間に隔たりがあるときの法律家の倫理　231

　そのうえ，国家は実力の行使について独占を保持している．あなたが実力なしには紛議を決着づけることができないならば，国家により保持されている実力の行使をあなたに与えるのは，ただ訴訟 litigation だけである．このシステムの利用は，1 個の財であると，かつ個人及び社会の双方に必要な事柄であると，みなされているとともに，その利用は，主として法律家により提供される．この公共財の利用を提供することは，社会における法律家の第一次の職務機能，法律家の仕事の一部である。

　第二に，かつはるかに幅広く，［law という言葉の意味するものとして］実体法及び規制法の広大な領域が存在する．賃金及び労働時間の法，証券諸法，刑事法，所有権法などなどである．一応の前提をなしているのは，これらの諸法は，公共の善のために創出されている，ということである．しかし，それら諸法が意図されているとおりに機能するのは，広大な法のひしめき合いにより影響され，利益を与えられ，抑制されかつ誘導されるように意図されている者たちが，それら諸法を知っているときにのみである．逆に，個人は，その者の状況を統制する諸法を知ることによっていっそううまくやって行けると ── その者の権利及び義務を知ることは良いことであると，一般的に考えられているし，かつそうするのが不可欠のことであるとも，ときには考えられている．したがって，『実定法規』の創出者としての政体の方向からと，その法により利益を受けかつ抑制される個人及びグループの方向からと，二つの方向から，実定法規の知識は良いことである，と考えられている訳である．［そして］われわれの社会における実定法規の知識は，第一次的には，法律家を通して出てくる[1]．

---

1)　このことが生じるのは，直接に法律家から市民／依頼者に向かってであるか，あるいは間接に，(1)法律家から，労働組合あるいは産業団体（例えば，全国医師協会や不動産仲介人協会）のごとき中間主体に向かって，(2)法律家から中間主体の出版物あるいは公的メディアに向かって，すなわち法律家が公開して，あるいは特別の読者（例，全国医師協会ジャーナルや不動産仲介人ジャーナル）のために書くことによって，又は種々のその他の公的あるいは利益団体メディアにおける情報及び記事のソースとなることによって，である．

［law が意味するところの］第三としては，さらに広汎でかついっそう問題を含むのであるが，財産を創出し保持するための諸種の形式（例，共同住宅及び社債），とりわけ契約，企業の会社形態，遺言及び信託など，実定法規のさまざまな手段メカニズムが存在している．これらのメカニズムすべてが公衆に利用可能であるのは，それらが全体として善い結果に通じるものと考えられているからである．それらメカニズムは，個人及びグループが従事する計画企図，無限の変種をもつ計画企図を容易に実現し，かつ大変に重要な仕方で，人びとに文字どおり権力を付与する．一個の社会としてのわれわれは，これらの装置の活用が，少なくとも全体としては善いことである，と考えるのに足るだけの信頼を人びとに置いている．その信頼を補完しており，もしくはその信頼の限度を例証しているのは，これらさまざまな権力付与の装置の活用を別の法が調整し制限するという，すなわちある種の法がその他の形式の法により創出された権力を制限する，という信念である．

　共通財［共通善］に対する法律家の義務の性格及び内容が，このシムポジウムの主題である．law［法］のやや異なる3個の側面についてのこのような素描は，law そのものが公共の，ないしは共通の，財［善］である，ということを示唆している．もしそうであるならば，あるいはそうである限度において，法律家たちは，法の利用を提供することによって共通善［財］に奉仕している．たいていの法は，法律家というものの援助なくしては，素人には手が届かないか，活用することができない．われわれの法の大部分は，法律家なしには効用を発揮しないのである．法律家は，このように，law が知られたものとなりかつ効用を発揮するための回路として行動する，という第一次の職務を充足することによって，まさしく実質的な仕方で共通善［共通財］に奉仕している．ここには『見えざる手』議論のごときものがある．すなわち，彼らがなすよう依頼されているそのこと——つまり，彼らの依頼者たちの需要及び意図に奉仕して実定法規を伝達及び現実化するにつき能力を発揮すること——によって，法律家たちは，共通善［共通財］に奉仕しているのである[2]．依頼者が法律家に

　2）　しかし，実定法規の利用を提供することは，単純なもしくは一元的な職務ではな

第 5 章　法と正義の間に隔たりがあるときの法律家の倫理　233

報酬を支払うのは，依頼者たちが法の多くの形式の一つにおいて法を利用することを望み又は必要としているからであり，われわれは，そのようにあるものとしての実定法規の活用が，全体としてみるならば，善い結果に至るものとみている（もしもそうならないときには，その実定法規は変更されるであろう）。

　このシンポジウムの主題に応答しようとするに際して，私は，このような見通しを基礎として，法律家は善い法律家であることによって共通善［共通財］に奉仕するのである，と述べる単純な主張を持ち出したいという思いにかられた．そして，その主張における『善い法律家』とする表現をもって，私は，ただ有能な法律家，技術面で能力のある法律家のことを言おうとしたであろう．しかしそうした語法は，『善い』という言葉のあいまいさの故に，すぐさま紛糾したものになったであろう．われわれは，道徳面で善いとともに技術面で有能かつ専門職としてやり手であることを言おうとするのか？　そうではなしに，これまでその問いがしばしば提起され検討されてきたように，良い法律家はまた善い人物でもあり得るか［can a good lawyer also be a good person］，ということなのか？　上記に示した素描を根底に置いた先行の研究で，その答えはイエスであると，私は論じている．私は，個人の自由及び自律という価値に依拠して，かつ実定法規利用の平等という価値に依拠して，実定法規の『超道徳的』利用を提供することが道徳上正当化できる役割である，と論じた[3]．その特定の法律家がもつ道徳上のあるいは政治的信条を根拠にして，［依頼者が

　　いし，かつ幅広く変化を示す諸種の方法をもって遂行され得るのである．教科書において言われているのよりももっと腹黒さをもつありようのいくつかをロバート・ゴードンが記述している．See Robert Gordon, The Independence of Lawyers, 68 B. U. L. REV. 1, 72-73 (1988); Robert Gordon, Corporate Law Practice as a Public Calling, 49 MD. L. REV. 255 (1990). 例えば，会社行動の法的規制に関して，ゴードンは，『実際に遵守すること，うわべだけ遵守すること，抵抗して無効にしてしまうことあるいは侵犯して［罰金を］支払うという「ホームズ式の悪漢」戦術をとること，又はこれらの組み合わせのうちから選択することができる』と記している．同書，277頁．

3）　See Stephen L. Pepper, The Lawyer's Amoral Ethical Role: A Defense, A Problem, and Some Possibilities, 1986 AM. B. FOUND. RES. J. 611, 613-19.［本書第二論説］

しようとしている〕実定法規の利用を，法律家が阻止するのは正しいことなのであろうか？　そのような体制の下では，ある法が，場当たり的な基準により，市民層のある部分にとっては秘密とされたままになるであろう．法が，公共の活用という点で，一般的に入手可能なものとはならないであろう．法の利用を成し遂げるためには，一人の人物がなそうとしている実定法規の活用について誰か法律家が承認を与えていなければならない，ということになるであろう——法律家がその実定法規利用に承認印を押しているのでなければならない，ということになろう．この議論についてはもっと言うべきことがあるけれども，ここでそれをさらに再述することはしない[4]．本論文の主題は別のところにあ

---

4) 要約するならば，その議論は次のとおり簡潔に再述できよう．

法は，制限し，回路を開き，かつ権力を付与する．それは社会の公式的創出物であって，配偶者あるいは友人の助力とは異なり，その本質からして万人に利用可能となるよう目論まれている．高度に法化された社会では，公式のものであるこの公共財を利用することが，人の効果的に行為する能力（『その人の自律』）に大きな影響を及ぼす．そして，当面の論点にとり大いに意味があるのは，実定法規の利用が，ただ法律家というものの助力があってのみできる，ということである．法のシステムは，形式としては万人に利用可能であるが，しかしそのシステムを利用するための唯一の道具，それによって法が実際に利用可能となる唯一の道具は，法律家なのである．したがって，法律家を公式の法システムの一部分である，と考えることの方が，われわれ各自を取り囲む非公式の社会的仕組みの一部分である，と考えるよりも，よりいっそう適切である．法律家は境界線の非公式の側に位置する存在である——その全人格，迷妄的な個人の信念そしてそのむら気に基づいて，手伝うのも手伝わないのも勝手である配偶者や友人と同じである——と解することは，法そのものを境界線の同じ側に置くことになり，かつ実定法規の利用を同一の不平等な，高度に場当たりの，しばしば気まぐれの基礎により決定することになる．そうするのは，法を非公式化しかつ主観的なものに化することである．それは誤りである．自律及び平等の双方は，われわれの社会においては，配偶者や友人の非公式な倫理上の役割とはすっかり異なるものとしての，ある種の（かつ，おそらくはある程度の）公式義務を創り出している役割特定の倫理を基盤にして行為する法律家によって奉仕されるのである．

Stephen L. Pepper, A Rejoinder to Professors Kaufman and Luban, 1986 AM. B. FOUND. RES. J. 657, 666 （リューバン教授の批判に応答する議論を要約している）; see David Luban, The Lysistratian Prerogative. A Response to Stephen Pepper, 1986

る．法律家がその当時あるものとしての実定法規の利用を提供しているとして，もしくは提供するであろうとして，その法律家は，さらに共通善［共通財］に対する何かそれ以上の義務を負うことになるであろうか，というのが本論文の主題である[5]．

II．法と正義の間に存在し得る隔たり

誰かがXをする権利をもつという事実は，その者がXをするのは道徳上正しい，ということを意味するのではない．Xをなす権利というものは，Xがなすべき正しい事柄である，ということを論理必然に含意してはいない．例として，［合衆国連邦］憲法第一修正によって［その自由が］保護を受けている言論は，その多くが他の人たちにとり正当化できない危害を及ぼすものである．あるいは，あなたが紙巻きタバコを売りさばく契約を締結する権利を有している，としよう．そのことからして，その契約を締結すること，そして紙巻きタバコを売りさばくことが，あなたにとりなすべき正しいことである，という結論が出てくる訳ではない．あなたが患者あるいは依頼者として，医師あるいは法律家を相手取り業務過誤訴訟を提起する［手続上での］法的権利を有している，としよう．そこにある事実及び法の下では，些少なものとみなされることもない

AM. B. FOUND. RES. J. 637, 642.（法律家は，依頼者がする道徳面で誤った行動を手伝うことを，他の配偶者を手伝うことを拒絶する配偶者の自由にならって，ただ拒絶せよと述べている）．

5) この筋道を進んであるところに至れば，法律家が，法律家という存在であることにともなう義務の他にも，公共善［公共財］に対する多くの義務を負う，という事情に注意すべきことになる．親，配偶者，かつ市民として，法律家は，公共善に対し重要な諸義務を負っている．このシンポジウムにおいて提出されている問いは，これらの諸義務を直接の対象とはしていないのであり，そのことは，ある程度において，われわれの社会で法律家として機能することにともなう役割特定の道徳上の義務が存在する，という仮定に立っている．法律家であるということは，その者の親，子，配偶者，そして市民としての他の諸義務に付加して，公共善に対する任務という様式での何をともなうのであろうか？［これが，ここでの問いなのである．］

し，却下もしくは［無根拠の訴え提起であるとしての］制裁に服することもないだけの，もっともらしい記載をした訴状をもって請求が提起されている［と仮定する］．しかし，それら同じ事実の下で，［訴訟の審理が進めば原告に実体権がないと判定される蓋然性が大きい故に］勝訴の蓋然性はごく低く，医師あるいは法律家の側に真に悪質な侵害行動ないし過失ある行動は存在していないことが明白であるのだから，あなたがその訴訟を開始したのは道徳上の誤りである，という結末に至ることもあり得る．

　共同体重視論者がする批判は[6]，このような区別に，すなわち法と正義の間にある隔たりと多くの点で同一である区別に，焦点を結んできた．法としての諸権利は，個人の自律の領域を画する．その個人がそうした自律をいかに活用するかは，道徳上正当化されることもあり得るし，また正当化されないこともあり得る．（そして，このことは，その権利が道徳的かつ政治的に正当化されることは完全に明白であって，一般から同意を受けている場合ですらも，真なのである．）法律家は，依頼者がその者の権利を達成しあるいは現実化する——自律の領域内部で行為する——ことを可能にするのであるが，法律家がいつも，道徳上正当化され得る結果を可能にしている，という訳ではない．（そしてこのことは，法律家がその依頼者による権利の実効化を援助するのは道徳上適切である，という一般的合意が存在する場合であってすらも，真なのである．そこで，依頼者によって不正の結果が実現されるのを法律家が可能ならしめても，それが，道徳上のこととして正当化されることは，またあってもよいことである[7]．）したがって，ある人物が特定の仕方で振る舞う権利をもつという事実は，その人物がそのように振る舞うことで批判されるときに，その批判が正当化されることはあり得ない，ということを意味してはいない．この，する権利を依頼者がもつ［has a right］ということと，依頼者は何をすれば正しい［is right］のかということとの間に存在する隔たりは，法律家にとり，

---

6) その批判を照射する議論及びその批判の批判について，see Linda C. McClain, Rights and Irresponsibility, 43 DUKE L. J. 989 (1994).

7) 下記注9及びそれのともなう本文をみよ．

第5章　法と正義の間に隔たりがあるときの法律家の倫理　237

避けて通ることのできない難問である[8]．

　刑事法が一つの底面を示してはいるが，その底面は低いものである．犯罪でない多くの行動が，この底面の示す最低限よりも明らかに上に位置していて，したがって合法ではあるが，それにもかかわらず，それらの行動は悪であり正義に反している［ということが大いにあり得る］．より概括的に言えば，すべての法は一般的であるように意図されたものであり，全体として［所期の］はたらきをするように意図されている．［であるから，そうした法が］何であれ特定の個別事案に適用されるときには，正義に反することも，また反しないこともどちらもあり得る[9]．例として，膨大な系列をなしている規制法は，その大部分が，一般の福祉にとりあれこれの意味において役立つようにと意図されている．職業安全衛生法による規制，証券関係諸法，地域地区規制などなどは，全体としては善い結果に至るように，と意図されている場合が多い．しかし，個々の事案について言うならば，いずれの事案についてみるとしても，それら規制はほとんど有意でないか，あるいはまったく有意ではない．善なる目的に役立つこともあるし，道徳面では中立であることもあるし，あるいは実際にはその効果において分散的なこともあり得る．それが，一般目的のために制定されている概括的な法というもののもつリスクなのである．（より悪くは，規制法は市場の商品と似ていて，手に入れるのは値段次第であり，必ずしも一般の

---

[8]　See Larry Alexander, The Gap, 14 HARV. J. L. & PUB. PoL'Y 695. 696(1991).

[9]　私は，本論文の目標のためには，正義に適うものと道徳面で正しいものとを分ける区別はしないことにする．ここでの私の目標にとっては，正義が，道徳上正しい成り行きもしくは行動と同一である，とみなせば十分なのである．正義 justice とは，道徳 morality よりもなお形式的，なお法的，なお一般的，ないしはなお体系的であると考えられはするけれども，そうした区別は，一方の法と他方の正義及び道徳との間に存在している隔たりを探究するためには，不必要であると私は考えている．アメリカン・ヘリテッジ・ディクショナリィ中での"justice"の二番目の定義は，次のとおりである："a. The principle of moral rightness... b. Conformity to moral rightness in action or attitude." THE AMERICAN HERITAGE DICTIONARY 979 (3d ed. 1992)．興味深いことに，七番目の定義が，"The administration and procedure of law." である．Id.

福祉に役立つよう意図されている訳ではない、と論じる向きもある。）

　刑事法及び規制法から、上記に素描した第三の法の範疇へと移るならば、法律家が仕事の対象にすることの最も多い実定法規の大部分は、依頼者の目標を——それが何であれ——容易ならしめるよう意図されたものである。この種の法は、高度に手段的なものであり、そのような点では『公共財』なのであるが、その他の点では道徳面において中立である。契約、企業の法人形態、遺言、信託などなどは、一般に、人びとに対し、彼らがしたいと望むことにつき権力を与えかつ援助をする。しかし、契約あるいは法人形態の何らか特定の活用の結果が、正義に適うとか道徳面で正しいとかを信ずべき理由は存在しない。これらの装置を活用している人たちの動機、見通し、そして自己抑制は、一般の動機や見通しや自己抑制と同じなのであって、［善悪の］混在したものである。

　法は、部分的には、正義及び道徳の双方であるべきものである。たいていの立法者及び法適用者は、かなりの程度にわたり、正義及び道徳の洞察によって指導されているのであると、われわれは期待（もしくは想定）することができる。しかし、善い意図を［立法者や法適用者に］想定するにしても、重大な難問が少なくとも6個存在している（そのうちの3個は、上記で簡略に論じた）。第一、立法者及び法適用者は、誤りを犯すことがあり得る。第二、彼らは、ときには、少なくとも部分的に、正義及び道徳以外の事柄によって導かれ動機づけられる。第三、多くの法は事前に作られるのであり、人間にかかわる事象の無限に複雑で多様な集合に［後になって］それが適用されるとき、いかに作用するかを［立法時において］正確に予見することは不可能である。第四、上記のところで言及した作用因子に移ると、法は、あるもの全体に適用されるために作られているのであるところ、法が何らか特定の事案にいかに適用されるかは、大きな意味をもつことも、またもたないこともある。（そして、実定法規を適用する者に対し、特定の状況にその法が合うよう裁断する裁量権を与えることは、われわれがしばしば受容できないと決断している選択肢なのである[10]。）

---

10)　See FREDERICK SCHAUER, PLAYING BY THE RULES 172-73(1991).

第5章　法と正義の間に隔たりがあるときの法律家の倫理　239

　第五，われわれの法の多くは，それ以下ではわれわれが耐えることのできない行動の底面として策定されているが（刑事法），行動は，それより上の空間においてされるならば常に善いもの，あるいは正当化しうるもの，という訳ではない．第六，特定の不道徳なあるいは正義に反する目的のために，もしくは不道徳な又は正義に反する仕方をもって，活用されることのある一般的な手段機構が，大量の法により創出されている．このようにして隔たりが，それもときには大きくかつ困惑させるものとして，法と正義の間に存在している．
　しかし，法律家たちはしばしば，自分たちが『アクセス・ツー・ジャスティス［access to justice＝司法もしくは正義を利用すること，手に入れること］』を提供するという事実を自慢の種にしている．私が上記で慎重に示唆してきたのは，法律家が，事実としては，法へのアクセスを提供しているのであって，正義へのアクセスを提供しているのではない，ということである．そしてこの節では，その隔たりが大きな意味をもつことも少なくない，と論じた．そうであるならば，われわれは，いかにすれば，法へのアクセスが正義へのアクセスである，と真面目な顔で述べることができるようになるのか？　二つの方法が存在する，と私は信じている．一つ目として，ジャスティスという語によってわれわれが意味することにつき，操作的定義を利用することができる．そうした定義の下では，ジャスティスとは，手続に関するものと実体に関するものとが結合されたわれわれの諸法及び諸法的装置のシステムがもたらす成果のことである――『ジャスティスのシステム』及びそれが管理する実定諸法がもたらすものは，何であれジャスティスなのである［と言えることになる］．この見解のために弁じるべきことは多々ある．われわれは，公正で正義に適った手続システムを構成すること，及びわれわれが最大の善であると信じている事柄を指向する実体法を創出することを試みる．そしておそらくわれわれは，われわれができる最善のことを達成しているであろう．技術面で高度に発達しておりかつ相互に依存している文化の中に生活する，きわめて大きくかつ多様性ある人口に奉仕しなければならない法的システムに対し，［今あるより］いっそう完成したジャスティスをもたらすよう期待するのは，現実性に欠けるし，また

そうすること自体が，主要な達成である何かを損なう結果をも招きかねない．『ジャスティス』へのより大きいアクセスが——諸法のシステム及びその管理執行へのより広汎で公正に配分されたアクセスが，明らかに善いことだというのは，この意味においてのことである．

　二つ目として，かつ上記に関連して，われわれは，法律家が，その全体のこととして言うならば，ジャスティスへのアクセスを提供している，としてよいのではないだろうか．われわれの法の多くは，鋭くかつ詳細にわたる批判を受けがちであり，それらの批判はあたっている．しかし，全体としては，法が危害よりも善事を多量に果たしている，と信じる方にわれわれは傾いている．例えば職業安全衛生法は，全体としては確かに人命を救い向上させるであろうが，個別事案としては，その適用が，あるいは遵守の費用が，正義に適うどころではない，ということもあり得る．不法行為法も相似に，いくつかのひどい弱点と非合理性にもかかわらず，意義のある抑止によって［人の］四肢や人命を救い，また（場当たりで一貫しないものではあれ）意味のある賠償をいくらか規定しており，そのようにして，確かに全体ではわれわれの社会を改善している．状況は，刑事手続の関連でもまた相似である．全体としては，そのシステムはよく正義に適っているのではなかろうか．十人に一人が誤って有罪とされることがないのを保障するために，九人の有罪者をわれわれが釈放しているにしても．また実際には無罪であるときに，誤った有罪認定で大変に重すぎる処罰が科されるリスクを避けようとしてあえて有罪の答弁をする者があるにしても．

　『アクセス・ツー・ジャスティス』にはこれら二つの意味も可能であるにせよ，個別の事案については，われわれのほとんどが，法へのアクセスは結果として実体的正義へのアクセスになることも，ならないことも，あり得るのを認めている．そのような訳で，多くの機会において，法律家が不正義をはたらくことになるであろう．かつそのような訳で，全体的にみることの誘惑，あるいは操作的定義でみることの誘惑［は現に大きいものがある］．しかし，法へのアクセスは正義へのアクセスと同一の事柄であるとする独断，法と正義の異種合成（もしくは，手続的正義が存在のすべてであるという信念）は，理解でき

はするにしても，無害なのではない．それらは，混同なのであって，法律家がしていることを本人に見えなくする可能性を産み出す．法律家たちが，その日々の仕事及び依頼者との交渉において，この区別を銘記していること，そして将来の法律家に倫理の課目を教授するわれわれが，そうすることの助けとなる理解を彼らのために提供してやることは重要である，と私は考える．

Ⅲ．法と正義の間に隔たりがあるときの法律家の倫理上の義務

　法及び法的装置を利用することを通じて依頼者の行動を容易にしてやることが，しばしば不正義を容易にしてやることに帰するのである．依頼者は，人間としての問題——家族，ビジネス，会社［などの問題］を伴ってやってくる．大いにあり得るのは，法律家が，法的援助を提供する仕事に携わっているのであるから，その問題を法的な言葉で，通例は法的目標及び法的手段がかかわることとして，定義するということである．［ところが］そうすることが，道徳的要因と［法的であるよりも］いっそう複雑な人間的要素とをしばしばその状況から蒸発させ，あるいは覆い隠してしまいがちになる．（その問題を何らかの仕方で『法的』なものと考えて，法律家に相談するのを選んだことにより，その依頼者がすでにこのような変成を始めている．）そのうえ，過程の一部として，法律家は，依頼者の関心が，『通常の関心』すなわち富と自由の最大化（もしくは投獄されることの回避）である，と推定しがちである．しかし，もしわれわれの望むものが最大可能な富及び最大可能な自由であったとしたら，われわれが結婚したり子供を設けたりすることはありそうにもないことである．それなのに，われわれのたいていは，結婚したり子供を設けたりしている．実際には，われわれの大部分にとって背景にある仮定は，富及び自由が手段であって，目的ではない，というものである．もちろん，このような理解は，はたらきとしては消え去ったも同様となるまでに背景の中にずれ込んでしまいがちである．私が信じるところでは，法律家は，慣習及び便宜からして，そのよ

なずれ込みを促進している．

　まさしく［自分の負担する］債務であると依頼者が認めているものについて，訴えの提起を受けようとしている，と想像してみよ．その依頼者は，ほんとうに好い暮らしをしていてその債務を支払う能力があり，また［相手である］債権者よりも明らかに金回りがよい．さらに，もし訴訟になれば，その債務訴求は，関連の事実の下では出訴期間制限法の抗弁［≒時効の抗弁］もしくは［書面が作成されていないから無効である，との］詐欺防止法による抗弁で阻止されることになりそうである，と想像してみよ．法律家の第一次の職責は実定法規の利用を提供することであるから，確かにその法律家は，［債務者である］依頼者にとって効用のある抗弁のことを教えてやるべきなのである．抗弁はないと依頼者に告げたり，［依頼者を代理する際に］抗弁を主張しなかったりすることは，誤導であるとともに，実定法規の利用を否定することでもある．それにしても，［一方のこととしての］債務を支払わなくてよいという自分の法的権利——実定法規が支払いの義務を強行しないであろうという事実——，［そして，それとは別のことである］その依頼者は債務を支払う義務を負担していないという概念，すなわちその依頼者が履行を拒絶するのは正しいことであるという概念とを，その依頼者がいかに簡単に混同してしまうかに留意せよ．依頼者が，法的義務のないことと道徳上の義務はないこととを混ぜ合わせてしまい，『わたしの法律家が，支払う必要はないと教えてくれた．わたしには，支払いの義務がないのだ．』と語ったり思ったりすることはよくありがちなことである．又は，『法は，わたしには支払う義務がないと言っている．』と[11]．ついで，その法律家が考えそうなことは，その債務が支払われないことにともなう不正義は，依頼者及び実定法規にある不正義なのであって，その法律家にある不正義ではない，ということである．『実定法規が支払わなくてよいという口実を規定している．私は，それを伝えなければならないとされているので，その実定法規を依頼者に伝えたのである．そうすると，依頼者が実定法規のそ

---

11) See, e. g., THOMAS L. SHAFFER & ROBERT F. COCHRAN, JR., LAWYERS, CLIENTS, AND MORAL RESPONSIBILITY 64-65 (1994).

の利益を活用する方を選択したのである.』と．依頼者と法律家のそれぞれにとり，不正義についての責任を他方に負わせることは，たやすいし，分かりやすいことである．

　第二の設例について考えてみよ．訴訟において，その法律家は，特定の証人が真実を供述していることは知っているけれども，しかし巧妙な反対尋問が，その証人は嘘をついているとの疑惑を陪審員に引き起こすかも知れない．［その証言がかかわる］争点が決定的なものであるとして，陪審員による［証人の真実の供述についての］誤認は，その訴訟での依頼者の勝訴にとり重要な要因となりそうである．信頼できる人物を嘘をついていると公に非難することは，悪いことである，と通常はみなされるであろう．しかし，その法律家は，この悪は自分が責任を負うべきものではない，と信じるであろう．反対尋問は，つまるところ，依頼者の法的権利なのである．さらに，中立であるべきなのは，事実を認定すべきであるのは，そして紛議に決着をつけるべきであるのは，裁判官と陪審とである——その仕事は，［依頼者側の］法律家の仕事ではない．そこで，法律家の見地からすれば，［真実を証言している証人に疑問をつきつける反対尋問をしている］法律家は，依頼者の法的権利を現実化しているだけにすぎず，証人に対するこの種の不正義につき責任を負担するのは，依頼者及び法的システムなのである．

　しかし，こうした類型の状況においては，責任は法律家の側にある，と依頼者がみるのはほとんど確実である．その反対尋問は，依頼者が考えたことではないし，依頼者が反対尋問を実施しているのでもない——依頼者は，発想及び行動からすっかり切り離されているのである．それにまた，［反対尋問で偽証だと言い立てるような］この種の正当化できない非難のほのめかしをするのは，法律家たちのえげつない特性なのであり，ゲームの一部である［と依頼者たちは思っている］．かくして，その依頼者が想像するのは，もし自分がその証人であったならばいかにみじめで恥ずかしく思うだろうか，ということであり，しかしその依頼者は，この下劣で不公正な状況は自分のあやまちであるとか，責任を負うべきことであるとか，考えることがありそうにもない．

法と正義の間にいちじるしい隔たりが存在する場合には，その状況を法律家と依頼者とがこうした仕方で認識し，道徳上の責任に関してお互いを指さし合うというのは，あまりにも普通のことである．あるいは，双方が，実定法規，『システム［そのもの］』を，［責任を負うべきものとして］指さすこともある．そうした過程の究極の帰結は，考えてみて愉快なことではない．

　要点は，こういうことになる．他人のために行為することが，その者のビジネスである人物は，依頼者に代わって第三者と交渉をもつときには，その人物が自身のために行為していたならば標準とするのよりも，もっと低い標準で行為していることに気づく．それはまた，<u>彼の依頼者自身が行為の標準としようと思うところよりも低く</u>，実際は，誰であれ自分自身で行為するときよりも低いものである[12]．

法律家と依頼者の双方にとって，道徳上の責任を回避すること，双方にとり他方をこのような仕方で指さし合うことは耐え難い．そのように組織的にかつ容易に誰にも道徳上の責任を負わせまいとする慣行には，何らかの救済策，何らかの修正が必要である．
　第Ⅰ部で展開したとおり，法律家の第一次の仕事は，実定法規の利用を提供することである．上記に述べた現象を救済することは，第二次の義務なのである．［したがって］<u>法と正義の間での隔たりがいちじるしいものであるときにおいては，その事案に関し依頼者が選択権をもつことを依頼者に対し明らかにする責任を，法律家の倫理上の責任の一部にすべきである</u>．その法律家の見解では法と正義との間に隔たりが存在していること，かつもし不正義が生じたならば，その不正義につき第一次の責任を負うのは依頼者である——実定法規ではなく，また法律家でもない——ことを確実に依頼者が知るようにする責任が，法律家にある，とすべきなのである．人がＸをする法的権利をもつからという

---

12) Charles P. Curtis, The Ethics of Advocacy, 4 STAN. L. REV. 3, 6 (1951)（強調付加）．

第5章 法と正義の間に隔たりがあるときの法律家の倫理 245

だけで，Xをすることが，なすべき正しいことに必ずしもなる訳ではない．そのことを明白にするのを，法律家の倫理上の義務の一部とすべきである．法律家は，Xが合法であって依頼者にとり他方では利益をもたらすことがあるにしても，道徳上は正当化されないであろうという事情に依頼者が確実に気づくようにと，手を打つべきなのである[13]．かくして，法律家は，実定法規の境界内部[14]にある依頼者の誤ったもしくは正当でない行動を援助したことで，直接に道徳上の責任を負わされはしないにしても，その行動につき依頼者が道徳上責任を負うということ，依頼者が選択の道徳的側面を知りつつその行動を選択していること，これらのことを確実にするについては責任を負うとされるべきである．

　この二番目の役割を正当化する理由の一部は，依頼者の選好及び関心を仮定することが，すなわち依頼者は最大可能な金銭あるいは最大可能な自由を望んでいると仮定することが，依頼者に対し失礼になるというものである．依頼者は出訴期限法や詐欺防止法を活用して債務の支払いを避けようと望んでいる，と仮定することは，依頼者にとり失礼である．同様に，訴訟の依頼者が，正直で悪気のない証人を，偽りではあるけれどもみかけの上では虚偽を責めている

---

[13] 『モデル・ルールズ』のルール2.1は，明らかにこの種の助言を許容している．
　　ロイヤーは，依頼者を信認代理するに際して，独立の専門職業上の判断力を行使し，かつ誠実な助言を与えるものとする．
　　ロイヤーは，助言を与えるに際して，実定法規のみならず，依頼者の状況に関連するであろう道徳面の，経済面の，社会面の及び政治面の諸要因など，その他の考慮事項にも言及してよい．
　　MODEL RULES OF PROFESSIONAL CONDUCT Rule 2.1 (1998). ルール2.1の[コメントの]パラグラフ1は，その一部において，『手段の問題について……ロイヤーは，不利な影響が及ぶかも知れない第三者への配慮……のごとき問題に関しては，依頼者[の言うところ]にしたがうものとする．』と述べている．MODEL RULES OF PROFESSIONAL CONDUCT Rule 1.2 cmt. (1998).

[14] 道徳面で誤った行動を援助することとの関係におけるロイヤーの道徳上の責任は，間接的なものであり，その大部分はロイヤーの特別の役割が課する義務によって正当化される．See 上記第Ⅰ部；Pepper, 上記注3, at 618, 634 参照．

かのような反対尋問をして試練にさらす，という犠牲に頼っても勝訴したいと望んでいる，と仮定するのはその依頼者にとって失礼である．そのロイヤーは，『技術的な』抗弁を根拠にして根拠ある債務を回避することの道徳面での明らかな誤りについて，何かある適当なうまいやり方で[15]，依頼者と話し合うべきである．加えて，それら抗弁につき，債務が書面化されているのを通例として必要とすることの理由，あるいは出訴制限法について，そのねらいとするところ及びそうした理由づけはこの特定の債務にはあてはまらない，ということを説明するのが，相当（かつ，おそらくは説得力をもつ）であろう[16]．相似に，ロイヤーは，そのロイヤーが考慮中である正直な証人に対しての反対尋問について，それは道徳上では誤りであると論証できることに依頼者の注意を喚起すべきである．ここでも等しく，問題となっている法的手段のねらい，つまりこの状況にあっては反対尋問のねらいが，その話し合いの一部とされていれば有益であろう．

　その依頼者が説得を受け容れて，自分の［それら抗弁や反対尋問の］権利を行使しないことにするか否かは，依頼者の選択するところであり，その結果は依頼者が責任を負うことである[17]．実定法規がこれらの抗弁及び手段——詐

---

15)　（そうした会話の実行可能性を対象とした）下記第Ⅳ部及び第Ⅴ部参照．

16)　この種のカウンセリングについての議論及び正当化については，see Jamie G. Heller, Note, Legal Counseling in the Administrative State; How to Let the Client Decide, 103 YALE L. J. 2503, 2508-09 (1994). そうした説明は，その抗弁の『技術的』（もしくは文脈以前の）効用とそのルールのねらいに基礎をおいた効用とに区別をつけるものであることに留意せよ．See WILLIAM H. SIMON, THE PRACTICE OF JUSTICE 142-49 (1998).

17)　『モデル・コード』のエシーカル・コンシダレイション7-8は，その一部で次のとおり述べている．
　　依頼者が相応の決定に到達するのを援助するに際しては，道徳面で正しいとともに法的にも許容される決定に導く諸要因をロイヤーが指摘するのが望ましい場合が多い．法的に許容される立場を主張することから苛酷な帰結が生じるかも知れない可能性を強調するのもよい．それにしても，つまるところは，法的に活用可能な対象あるいは方法を非法的要因の故に見送るかどうかの決定は，依頼者のものであってロイヤーのものではない，ということをロイヤーは常に想起すべきである（脚注

欺防止法及び出訴期限法そして反対尋問の権利——を創出したのであり，かつ利用可能としたのである．立法者は，その一般的なルールがかなりの数の場面においては根拠のある債務を排除するであろうことを，おそらくは知っていたものと思われる．［それでも］全体としては，失われるものとその抗弁の利点とが釣り合う，と考えられたにちがいない．相似に，反対尋問の権利は，真実の探究を助けるよりもそれを誤導し目くらましするのに使われることがありうること，かつしばしばそのように使われていることは周知のところである．そのロイヤーは，実定法規をその依頼者に伝え，かつ実定法規を依頼者の利用に供した．加えて，そのロイヤーは，特定の事案において，法的に活用可能なものと正しいものとの間に存在する隔たりを依頼者に伝えている．抗弁が現存していること，それが硬直性をもつことを前提として，あるいは一般的に活用可能な反対尋問権を前提にして，それを［実際の場面で］選択するかどうかは，依頼者の選択とされるべきである[18]．

IV. 話し合いをすべきか，否か？

　法と正義の間にある隔たりについての依頼者の道徳上の責任を明確化しようとする話し合いは，依頼者と法律家の双方にとってかなりのリスクをともなう．下記第V部でいっそう周到に論じるとおり，道徳面の論点につき明示して考慮することは，現在のところビジネスの会話や法にかかわる会話において一般的ではなく，したがってその話題は，どちらの当事者にとっても愉快なものでは

　　は省略した）．MODEL CODE OF PROFESSIONAL RESPONSIBILITY EC 7-8 (1983).
18）　話し合いは，法と正義の間にいちじるしい隔たりのある場合に，ロイヤーが負う最初の道徳上の責任である．ロイヤーが，法の境界内部で依頼者の行動を容易ならしめることが重大な誤りの行動をともなうと信じている状況においては，その他の手段も正当化される．［しかし］その論題は，本論文の範囲を超えたところにある．See, e. g., Pepper, 上記注3, at 632-33（超道徳的役割に対する『良心の異議』についての手短な討議を掲げている）．

ありそうにない．専門職業についての仮設理論が，通例の専門職は，知識及び能力を優越して持っており，依頼者／患者／顧客は，需要及び弱さの点で劣った地位にある，としている[19]．このことが事実である場合には，そうした会話なるものが，依頼者を脅迫し，操作し，戸惑わせ，あるいは痛め付けることにもなりかねない，と思われる．そうなれば，その依頼者が，会話それ自体から危害を受けることにもなろう．より重要なのは，理論的には選択権が依頼者のものであるにせよ，操作，脅迫あるいは困惑のすべてが，依頼者をして，本当はそうしたくないにもかかわらず法律家の立場に譲歩させる方向に導くかも知れない，ということである．そのような筋書きであれば，その話し合いは，いちじるしい障害を作り出して，依頼者が実定法規の利用を獲得するのを妨げるであろう[20]．依頼者を法と正義の間にある隔たりに直面させる義務が法律家に負わせられることの結果として，実定法規への「超道徳的な」アクセスを提供することの適切な理由すべて——自律，平等，実定法規活用の実効化——が，ある程度の減殺を被るのである[21]．

　とりわけ状況が上記に述べた『専門職業』モデルに適合しないときには，そうした会話から，法律家にとっても重大なリスクが生じる．例えば，依頼者が大きな会社あるいは強力な個人であって，法律家との関係において傷つき易くもないし弱くもない立場を占めている，ということもあり得るから，そのときには，そうした会話をするという努力から多くを失うのは法律家である，ということになる．その依頼者の反応が，激昂であったり，あるいは軽蔑であった

---

19) See Stephen L. Pepper, Applying the Fundamentals of Lawyers' Ethics to Insurance Defense Practice, 4 CONN. INS. L. J. 27, 41-43(1997-98).
20) 　道徳面の対話にかかわるリスクについてのよりいっそう十分な議論は，Stephen Ellman, Lawyers and Clients, 34 UCLA L. REV. 717, 748-50 (1987); William H. Simon, Lawyer Advice and Client Autonomy: Mrs. Jones' Case, 50 MD. L. REV.213, 221-22 (1991); Stephen L. Pepper, Autonomy Community and Lawyers' Ethics, 19 CAP. U. L. REV. 939, 946-57(1990), 及びその中に引用されている諸文献参照．
21) 　Pepper, 上記注3の616頁参照．

りすることさえもあり得る[22]．依頼者が，法律家の差し出口を生意気であるとか不穏当であるとか思うこともあろう．依頼者がその法律家を奇妙な奴あるいは『変わり者』とみなすこともあろう[23]．もっともなことであるが，以後その依頼者は別の法律家に相談しようとするのではないか，と心配する法律家も多いであろう．

　法と正義の間にある隔たりに対決することは，このように，法律家と依頼者の双方にとって危険がある．本論文の先行する節においては，法律家と依頼者に，道徳上の責任との関連で，それぞれ他方を（あるいは実定法規）を指すことを許しながら，その論題をすっかり回避してしまうことは，一般的な慣行としては，許容され得るものと考えられてはならないと論じた．しかし，ある事案においてはその点に対処することがより適当であり重要ではあろうが，他の事案でその点にふれるのは，よりためらいがちにしかも間接的にするのが最善であろう．あるときには，法律家は依頼者のために実定法規の利用につきよりいっそうの配慮をすべきであり，あるときには，法律家が法と正義の間にあ

---

22)　一般的には，Lee Modjeska, On Teaching Morality to Law Students, 41 J. LEGAL EDUC. 71, 73 (1991)参照．
　　雇い主がその被傭者を敬意をもって処遇するかどうかは，まったく私の関心事ではない，と申したい．労働及び雇用関係の諸法は，何とでも助言をする余地を与えている．方針の選択は雇い主に任せられている……．最近のこと，何千人もの被傭者を配置転換することになる可能性がともなう大会社の移転に際して，私に相談助言が求められた．閉鎖はクリスマス・イヴと計画されていて（真面目な話），労働者の大多数が，年齢及びその他の条件からして再就職に大きな困難を覚えることになったであろう．求職の難しさが潜在していることが退職金交渉に影響したのとすっかり同様に，時機が感情を逆なでして配置転換の実行可能性に影響を与えた．しかし，私の所見は，それ以上に深入りして，要するに『道徳面の』不当性がそこにあることに私は文句をつけた．私の価値判断は断固とした不承認をもって迎えられ，そして無視された──それがあたりまえなのであった．私が専門職としての自制を誤ったのは不当であった．私は，私の受任及び私の技能双方の範囲を超えてしまい，私の法的相談助言の客観性を，したがって質を疑わしくしてしまったのである．

23)　同上．下記第Ⅴ部参照．

る隔たりによりいっそうの配慮をすべきなのである．私は3点の考慮事項を示唆したい．

　第一に，依頼者の類型及び規模が関連をもつ．依頼者が強ければ強いほど，かつより独立していればいるほど，道徳面の助言が高圧的であったり，困惑させたり，あるいは操作的であったりすることは，よりありそうにもないであろう．依頼者が強ければ強いほど，かつより独立していればいるほど，法律家は，依頼者を害することの心配をする必要が少なくなり，自身を害することについていっそう大きく心配しなければならなくなる．軽蔑，困惑及びその事案をあるいは一般に依頼を失うことについて，法律家はいっそう大きい心配をしなければならないことになる．依頼者がより大きくかつより強ければ強いほど，法律家は，道徳上の対話の適切さに心くばりする必要が薄れる．スペクトルを掲げてみよう．

　　大きな会社→より小さい会社→閉鎖的な会社あるいはパートナーシップ→教育の行き届いた孤立している個人→教育の少ない，より依存的な個人

左側から遠ければ遠いほど，企図されている行動に関してこだわりなく道徳的問題を提起され得るのであり，それに応じて実定法規の利用を拒むことについての心配がより少なくて済む．右側により遠ければ遠いほど，高圧的であることあるいは独善的であることについて，さらには実定法規の利用を拒むことについても，より大きく心くばりしているべきである．［これに対し，］法律家の安穏さのレベルは，逆になりそうであることを指摘するのは興味深い．右により近づくほど，正義の配慮を持ち出すことはたやすい．左により近づくほど，よりやりにくくなる．

　このような不快があるにもかかわらず，大きな会社すなわち特定の個人の自我の代用物ではない会社，あるいは特定の個人によって法的装置として利用されているのではない会社の関連では，道徳面の対話が2点の理由からしてとりわけ適切なものとなる．1点目として，その会社は，法律家の超道徳的役割と

類似する会社自体の超道徳的役割を有している．会社の第一次の機能は，株主のために利益をもたらすことである．個別の人間存在がはるかにもっと混ざり合った動機と性格とをもつのとは異なり，会社は，このように単一の確認された目標を有している．この限定された目的が，特に会社をして法と正義の間にある隔たりから利益を挙げようと傾きがちにするのであり，思慮を施さないままに，あるいは罪の意識のないままに，そうさせるのである．思慮の無さも罪の意識の不在も，とりわけ有益なことであるとはみられないであろう．これらの不在を法律家が救済するのは，厄介で不愉快なことであろうけれども，法律家はそれをすべき位置に立たされている．2点目として，法律家の『超道徳的』な倫理役割を支えている『法の利用』論拠に対しては，個人の自由及び自律が強力な道徳上の（又は政策的）重みを与えている．［それとは異なり，］1個の会社の自由及び自律がそれと同じことをするのは，ただ派生的な仕方においてのみである．その会社がある個人もしくは個人たちのグループに力を与えることになる，その限度においてのみのことである．特定して見分け得る［限られた範囲の］人びとの自由及び自律に，会社が役立つ限度においてのみである．会社は，大きくなればなるほど，個人と同じようにみなされかつ同じように振る舞う蓋然性を減少させ，そして会社の自由及び自律を個々の人間存在のそれと類比して考えることの正当性を減少させる．

　［上記に第一の考慮事項として指摘した依頼者の類型及び規模に続く］第二の考慮事項としては，依頼者のもつ法律面での世慣れの程度が重要である．この考慮は，第一の考慮と重なるところが大きく，したがってスペクトルに置き換えて考えることができる．

　　世慣れしたあるいは経験のある繰り返しのプレイヤー→世慣れしていない（一度だけのことが多い）法的行為者

　その依頼者がより世慣れしていたり，あるいはより多く法的な経験を積んでいたりすればするほど，法律家は，法と正義の間に現れる隔たりを指摘したなら

ば，実定法規が許容しているものの利用を獲得することから依頼者を不公正に遠ざけるであろう，という心配をしなくて済む[24]．逆に，依頼者が世慣れすることあるいは法的な経験をもつことが少なければ少ないほど，依頼者は法律家の操作又は影響にますますもろい，ということになりそうであり，したがって，法律家は，実定法規の利用に対する障壁もしくは拒否権として機能すること［のないよう］にいっそう大きく気をつけているべきである．

　依頼者の世慣れしていず経験を経ていない程度が大きければ大きいほど，依頼者は，法律家の許に来るとき，法と正義ないしは法と道徳とが同一であるとの，あるいは少なくとも実質においてはきっちり調整されることになるとの思い込みをもっていることが多い，というのは本当のことである．そのような事情があるときには，実定法規はどういうことを許容しているかについて法律家が［依頼者に］教え込むのは，実定法規［が是認していること］を別とすれば，誤りである行動の奨励もしくは正当宣言であるかのようにもみられることになろう[25]．それ故，実定法規が依頼者にそれをしてもよいと許しているから，正義に適うとか，公正であるとか，道徳的であるとかいうことは，そうであるかも知れないし，そうではないかも知れないと，依頼者にはっきり分からせておくことが必須である．法と正義の間にある隔たりに関して教え込むことは，この種の状況においては，特に重要であるけれども，また特に困難でもあろう．

　第三の考慮事項もまた，スペクトルにして考えることができる．

---

24) 一般的には，Marc Galanter, Why the "Haves" Come Out Ahead ; Speculations on the Limits of Legal Change, 9LAW. & SOC'Y REV. 95, 151 (1974-75) 参照．（法的システムをたびたび利用する者の優越利益に注目している．）

25) おそらくもっといっそうありそうなのであるが，本論文の主題ではないのは，法律家が次の点を依頼者に説明しているであろうことである．すなわち，実定法規が，誰か他人に対して，［その他人から］依頼者に向かいなしてよいと許容してはいても，それが，正義に適うことではない，あるいは公正ではない，あるいは道徳的ではないかも知れない，ということである．

特定できる個人に対する明白で具体的な危害→特別ではない，もしくはより総体的な利害に対するより確実性の少ないもしくはより抽象的な危害

　ここでもまた，状況が左側により近づけば近づくほど，法律家は，法と正義の間にある隔たりにかかわる助言について，いっそうの心くばりをすべきである．ここでは，スペクトルが先の2点の心くばりに比して，より漠然としており，かつより概括的である．また，いくらか誤導的でもある．ここでは，法律家の心くばりすべき対象が，企図されている依頼者の行動にかかわる道徳上の誤りの程度なのである．誤り［または悪さ］が明らかであればあるほど，そのことをはっきりさせて，依頼者が，道徳上での責任を引き受けるべきことに気づき，かつその用意をしているようにと，確かめる必要が，より大きいものとなる[26]．

V．そうした会話についての懐疑と実用性

　(1)法と正義の間にしばしば隔たりのあること，(2)その隔たりに際して，実定法規を正義に反しあるいは非道徳に活用することについては，依頼者に第一次の道徳的責任があること，及び，(3)法律家は，そうした実定法規の活用につき依頼者が負う責任を依頼者に気づかせる，という倫理的義務を負うこと，これらのことを前提とするとき，その法律家の倫理的義務を実効化するについて，大きな困難が残される．ここで予想している種類の会話の実用性について，法律家と依頼者の双方が懐疑的になることはありそうなことで，法律家も依頼者も，その見通しを歓迎しそうにはない．計画されている行動の『道徳性』についての，あるいは『正義』についての，明示の会話などは，通常の会話からすっかりかけはなれたもの，余分なものとみられそうである．そして，そのよう

---

[26]　See Stephen L. Pepper, Counseling at the Limits of the Law; An Exercise in the Jurisprudence and Ethics of Lawering, 104 YALE L. J. 1545, 1576-80 (1995)．［本書第一論説］

な会話の口火を切る人物は，よくても少々奇妙な，少々外れている，少々『flaky［型破り，気違いじみた］』だとみなされることになりそうである[27]．このような3点の困難の側面が下記において論じられる．

A．不一貫性及び通約不可能性

　本論文の初期段階での草稿を読んだ一人の同僚は，法律教師や法律家が『正義』という用語を使って何を言おうとしているのであるか，『われわれの拡散した文化は，多分それが明白でないところまで進んでしまった．』と記した手紙をくれた[28]．新アリストテレス派が，思慮のある倫理論述は，共通の伝統に，共通の前提かつ倫理認識に根差したものでなければならない，と論じるとともに，われわれの現今の文化は，あまりにも多様であり過ぎ，あまりにも多くのすっかり異なる見方に根差しているので，このことが生じるのを許さない，と論じている[29]．この理解にしたがえば，法律家と依頼者とが共通の伝統あるいは共通の見地を分かち合うことはありそうにもないので，したがって，正義あるいは道徳に関する会話，又は法と正義の間での隔たりについての会話が，成功しそうにもないことになる．それは，あたかも会話の二人の当事者が別種の言語を話しているかのごとくになろうし，彼らはお互いに話が通じることがないであろう．

　新アリストテレス派の洞察は真実であって多くの側面を照らし出しており，かつ法律家の倫理についての均衡の取れた理解にとり不可欠である，と私は信じてはいるけれども[30]，法律家と依頼者の間での道徳面にかかわる対話が通

---

27)　THE AMERICAN HERITAGE DICTIONARY 690 (2d ed. 1982) 参照．（flakyを"3. slang. Eccentric, crazy"と定義している．）

28)　Letter from Thomas L. Shaffer (Aug. 1998) (on file with the author).

29)　See ALASDAIR MACINTYRE, WHOSE JUSTICE? WHICH RATIONALITY ? 121-22 (1988) ; ALASDAIR MACINTYRE, AFTER VIRTUE 10 (2d ed. 1984).

30)　私自身の見解は，使えるものとして法律家の職業倫理を展開するにつき，新アリストテレス派の理解は正しい方向を指示している，というものではあるが，しかしこの見解が，より権利及びルール志向に立つものとしての法に関する理解，法律活

じ合うものではないとする結論は，誇張されており極端である．われわれは，お互いに会話することが，理解することが，そしてしばしば道徳及び正義の問題に関して同意することができる，とみる共通の認識が一方に存在しており，同時に他方では，新アリストテレス派の考えの多くが有効であることをわれわれは承認している．その双方を調和させるについては，ある重要な区別が役に立つ．その区別とは，［一方にある］特定の状況下での正と誤あるいは正義と不正義に関するわれわれの結論と，［他方にある］われわれがそうした結論に達するのに依拠する原理もしくは世界観の間に立てられる区別である．原理及び基礎をなす理解に関しては，大きな多様性がそして何らかの不通約性すらもが存在するであろうが，しかし特定の事柄に関しては，われわれは，同意していることが実に多い．

　この関連では，連邦生命倫理委員会の経験が証明を与えている．

　　11人の委員たちは，その背景においても関心においてもさまざまであった．委員には，男性と女性が，黒人と白人が，カソリック信者，プロテスタント信者，ユダヤ教信者そして無神論者が，医療科学者及び行動心理学者が，法律家が，神学者が，さらに公共利益の代表者が含まれていた．全体として言えば，5人の委員は科学的関心を有しており，6人は有していなかった．そこで，彼らが仕事を始める前には，ほとんどの傍観者が，一般的な道徳原理についても，特定の問題にその原理を適用するについても，同意に達する大きな基盤が委員たちにはないだろう，と予期していた……．［［しかし，予期に反して］］，委員たちは，分類学的もしくは決疑論的レベルにとどまっているかぎりは，実際的結論において一致するのが常であった．

　　……真剣な意見の対立が姿を現し始めたのは，実際面での提案を形作る段階から先に進んで，勧告全体に委員が参与するにつき，個々の委員たちが自分の理由を述べるに至ったときにおいてだけであった．ようやく，この時期

動，そして法律家の倫理の基盤的諸義務のいくつかに，適合しうるとみるのである．
See Pepper, 上記注26, at 1607-10.

になってから，ケース・バイ・ケースの討議の間は休眠していた背景の相違が目を覚ましたのである．同意するについての理由を，カソリックのメンバーはプロテスタントのメンバーとは違うものとして，ユダヤ教のメンバーは無神論のメンバーとは違うものとして，示すようになった，などなど，である．その委員会が総体としては特定の実際問題の判断に同意した場合ですら，個別の委員たちは，相違のある『一般原理』に訴えながら，その総意に加わるつもりであることの根拠を示したのである．

……討議が特定の判断というレベルにある限りは，11名の委員たちはものごとをほとんど同じようにみていた．討議が『原理』のレベルまで上昇するや否や，委員たちは別々の途を進んだのである[31]．

かつて，デイヴィド・リューバンが，専門職業倫理を教えている法律教授たちを聴衆として，自分たちは道徳哲学の専門経験を欠いている，ということをわれわれは気にかけるべきではないと説くために，相似の指摘をしたことがある．彼が言ったのは，哲学上の諸セオリーは，われわれの道徳面での直観のための体系的支持を形成し，その直観を理由づけるために引き出されるものだ，ということである．彼は続けて言う．セオリーと特定の状況にかかわる直観とが食い違う場合に調整されるのは，直観であるよりも，セオリーであることの方が多い．特定の状況及び関連における正誤の認識及び直観が第一次かつ基礎的なものであって，セオリーによる構造化は第二次のことである，というのがそのレッスンであった[32]．

［自分が］正当であると認めている債務について訴えを提起されようとしているのであるが，しかし出訴期限法あるいは詐欺防止法に基づく抗弁によれば

---

31) ALBERT R. JONSEN & STEPHEN TOULMIN, THE ABUSE OF CASUISTRY 17-18 (1998) (the National Commission for the Protection of Human Subjects of Biomedical Behavioral Research from 1975 to 1978 の経験を記述する．)

32) David Luban, Address at the Association of American Law Schools' Workshop on Teaching Professional Responsibility (March, 1988).

債務［の支払い］は回避することができる，という依頼者を再考してみよ．（その依頼者は，債務支払いをする能力をもち，財政面では債権者よりも金回りが好い．）われわれの社会には，この場面には存在しない特別の事実あるいは事情［があるときは別として，それ］がないときには，人はその者が負担する債務を支払うべきである，という一般的なコンセンサスが存在している．われわれの拠って立つ道徳的基盤はさまざまであって通約することが不可能であるにもかかわらず，ここには，何の不一致もありそうにない．信頼できる証人を反対尋問することについても，状況は相似である．誰かは嘘をついている，と偽りの非難をすることは，とりわけまったく公共のフォーラムにおいてならば，しかもその者が自分を守ることの大変に難しい場面においてならば，それは誤りである，ということに一般的な同意が存在しているはずである．やはり，われわれの道徳的伝統及び見地がすっかり異なってはいても，不一致はほとんどありそうにない．われわれは，ほんとうに相違する場所から出発しているかも知れないのであるが，この種の特定の問題に関しては，われわれは同一の場所に帰着するであろうことが多いのである．

　これら各設例にみられるよりいっそう困難な問いは，おそらくは，問題を含んだ行動に与えられる法的是認がもつ道徳面での意義についての問いであろう．しかしここでもまた，法律家と依頼者が，その行動の法的許容性の意義はいかなるものであるとみなされるべきかに関して，理性的，総合的な会話をすることはできるように思われる．彼らの理解がすっかり相違した道徳的伝統に由来しているかも知れない，という事実にもかかわらず，また彼らが重大な不一致に終わるかも知れない，という事実にもかかわらず，そのように思われるのである．

　要するに，道徳的伝統及び見地が通約不可能なことは真の問題であるにしても，通常は，そのことが支離滅裂の結末を招く訳ではない，ということのようである．共通の経験が示唆しているのは，この見解が主張するのよりはいっそううまくわれわれが相互に意思疎通をしている，ということである．共通の経験はまた，われわれがより大きい道徳面での一致を有するということをも示唆

している．法律家と依頼者は，何が正しく何が誤りであるかに関して話し合うとき，同意はしないときですらも，相互に解り合うことが可能になっているであろう．このことは，一般的原理に関してそうであるよりも，特定の状況に関してそうなのであって，しかも法律家と依頼者が法及び正義の間にある隔たりに直面した場合において，決断の局面をなすのは，特定の状況なのである．

B．私秘的であり，かつ理性的討議の域外にある道徳性

われわれがもつ多くの道徳的諸伝統は相互に分裂しており，通約はできないことが問題である，という意識は，実務に従事する法律家と依頼者によってよりも，学者によって抱かれていることの方が多いようである．それにしても，依頼者及び法律家が法と正義の間にある隔たりという道徳問題に取り組むのを妨げるつまずきの石としては，これとは異なるがしかし等しく重大であるものが存在している．法及びビジネスは，公共の場にあるもの，と考えられている．法律家は，法という公共の領域にかかわる援助を与えるよう依頼を受ける．それとは逆に，道徳体系は，普通は，私秘的なもの，より個人的な信念そして確信の問題，より個別的なもの[33]，と考えられている．道徳についての議論は，家族内部においてあるいは親密な友人とともにするのであれば，適当なことでもあるかも知れないけれども，その者の法律家あるいはビジネスの同僚と交わされるのであれば，公共の領域に不快にも私事が不法侵入してくることになり，それは変なこと，すなわち場違いなこと，『奇矯』とみなされる[34]．

---

[33] 依頼者が法律家に持ち出す問題が，私秘的，個人的であって，かつ信頼守秘のものにされるつもりであることはしばしばである．しかし，法律家は，公共的である実定法規に集中するのであり，この見地からする法律家の役割は，その一部が公開されず秘密のままに保たれることがあるにしても，やはり公共的なものなのである．

[34] 討議のこの部分は，ビジネス及び会社に関連して助言を提供している法律家に対して，いっそう直接の適用がある．家族事案ないし個人的事案との関係では，道徳及び正義についての討議が厄介さのより少ない，より不自然でなくみえるものになるであろう．

第 5 章　法と正義の間に隔たりがあるときの法律家の倫理　259

　ここでの類比は，宗教との類比である．この国では，宗教はまったく多様であり，個人的かつ特異的であることが多い．より意味があるのは，それが，通例は『私秘的』であると考えられていることである．宗教がともなうのは，強固に保持されている信念であり，この信念は，信仰に，あるいは信仰と権威の結合に，基礎をおいたものであることが多く，したがって理性的な理由付けを超えるもの，と考えられがちである．行動に関する信念あるいは結論が，理性的理由付けを超えるなにものかを基礎にしているのであれば，それはまた，理性的討議をも超えている．そして，問題が理性的に討議され得ることがないならば，妥協は容易ではなく，蓋然性を欠いた可能性となる[35]．このような理解が真実であるか，または真実であると認識されていればいるだけ，信念もしくは行為にとってのそうした基盤を導入することが，会話を阻止する要因になりがちなのである．同一の信仰共同体に属する構成員でない者との会話にそうした要因を持ち込むことは，他方の当事者をして，どのような立場を取ればよいのか戸惑わせ，会話を打ち切るより他ないと思わせるだけにすることが多い．法及びビジネス上の決断という公共の領域に道徳及び正義を導入することの企てにともなうのは，このような不都合である[36]．法と正義の間にある隔たりを依頼者の注意にさらす可能性を誰かが持ち出すと，多くの法律家は，その会話が鑑定的，絶対的であって，妥協やニュアンスというやり方はほとんど許されないもの，と想像する．彼らは，その会話を，はっきりした宗教的見地及び判断が依頼者のために目下進められている仕事に関し依頼者と会話する際に持

---

35)　私の信じるところでは，これらのことが，連邦憲法第一修正において宗教が特別の範疇として区画され，特別の利益（信教の自由条項）及び特別の不利益（国教禁止条項）として分離されたことの主要な理由の一部である．See Stephen L. Pepper, Conflicting Paradigms of Religious Freedom: Liberty v. Equality, 1993 BYU L. REV. 7, 38-42 (1993) 及びそこに引用されている文献．

36)　宗教的信念と法の実務との間にある結び付き，という論題に関する多くの異なる見地からの，かつ多様な諸論点に焦点を結んでの，広汎な考察については，see Symposium, The Relevance of Religion to a Lawyer's Work: An Interfaith Conference, 66 FORDHAM L. REV. 1075 (1998).

ち出されている，というようなものと考える．

　宗教についてのこのような見解が正確である程度もしくは誤っている程度，そしてそうした諸問題に取り組む際の多くの困難及び微妙な差異は，本論文の範囲を超えたところにある[37]．そうではあっても，その正確さあるいは理非は別のこととして，宗教についてのこのような見解は，道徳及び正義にとってのもっとも適切な類比ではない．そのことを指摘すれば，法と正義の間にある隔たりに関するものとしての，そして依頼者の道徳面での責任に関するものとしての，法律家と依頼者の会話をもっとも直截に支持することができる．より役立つ進路は，宗教とは別に，ないしは宗教に加えて，道徳上の問題に関する永い理性的伝統に焦点を結ぶことである．われわれが専門家の言説及びアカデミィにおいて用いている意味での倫理学[Ethics]とは，正と不正[right and wrong]の諸問題をめぐる理性的熟慮，そしてそうした熟慮の帰結を意味している．この用語法においての倫理学は，単に道徳哲学[moral philosophy]なのであり，世俗の言葉及び理性的な言葉の双方で処理され得ることを示す長い沿革をもつ哲学の一部門である．われわれが，企図されている実定法規活用の道徳性ないしは正義に関して，依頼者と討議することは可能である，と言うとき，まったく単純に，この伝統に関連をもつ会話あるいはこの伝統に由来する会話を指している，としてよい．この観点からすれば，道徳や正義の問題を持ち込むことが，それは特異なこと個人的なことであって，妥協の外にある，という必要はない．それが会話阻止因子になる必然性は存在しない．逆に，その会話は，広く支持されている規範と価値観とに基づいた仕方で，かつ信仰あるいは権威に基づいての硬直した線を引くことは避けた試案をもって，取り組む

---

37) 法及び政府の事柄に関する公共の考察において，宗教的な理由づけ，動機，及び言説が適切とされる程度につき広汎な議論が行われている．See e. g., KENT GREENAWALT, PRIVATE CONSCIENCES AND PUBLIC REASONS (1995); MICHAEL J. PERRY, RELIGION IN POLITICS (1997); STEPHEN L. CARTER THE CULTURE OF DISBELIEF (1993). 法律家が法的相談助言の文脈に宗教を持ち込むことに関連する諸論点は，明らかに関連したものである．もっとも専門職業倫理の文脈がすっかり異なる結論に導くであろうが．

ことができるものである.

　このような方向づけからは，手初めのしかしごく重大な困難事となるのは，依頼者に興味を失わせる言い方や概念を用いることなしに倫理及び正義の問題を持ち込めるようにする語彙を法律家が見つけだすことだけ，ということになろう．この手初めの仕事の一部は，正と不正の問題に関する率直さ，柔軟さ及び寛容を知らせる語彙を見つけることであろう．

C．押し付けがましさ

　依頼者は，道徳面での助言のために報酬を支払っているのでもないし，道徳面の助言を求めているのでもない．その状況において何が正しいのか，あるいは不正であるのか，に関する相談などは，依頼者が望むものではない．乞われもしないのにそうした主題に立ち入る法律家は，押し付けがましい存在なのであって，そのようにみなされ，かつ処遇されるであろう[38]．これが，法と正義の隔たり，そしてその隔たりに依頼者が注意を向けるようにする法律家の責任を話題にしたときに，法律家が示す普通の反応なのである．『私秘的でかつ理性を超越した議論』という異議と，押し付けがましさという異議とは，明らかに関連しており，おそらくは同一のコインの別の側面である．それは，道徳性あるいは正義についての議論が，押し付けがましくかつ不適切であるとみなされている宗教に相似していて，私秘的なもの，かつ特異なものと理解されているからである．以下に続くのは，法律家がこの重要な障害にいかに取り組みうるであろうか，に関する予備的思考である．

　手初めに次のことが指摘されるべきであろう．それは，法律家はしばしば求められていない助言をしており，そうすることが評価されることも少なくない，ということである．債務／出訴期限法設例において，債務の支払いを拒むことから生じ得る広報面の否定的効果もしくはビジネスとしての評判にかかわる否定的効果に関する助言は，おそらくは歓迎されるであろうし，不快にさせたり

---

38)　See Modjeska, 上記注22, at 73.

『奇矯』だとみられたりすることはありそうにもない．相似に，信用格付けや当面の又は今後のビジネス関係などにかかわりを生じる否定的帰結に関しての助言もまた，仮にそれが求められていなかったものであるとしても，やはり歓迎されることになりそうである[39]．善についての一般的な判断，偏らない見通しかつ広い視覚での見通しは，適切な法律カウンセラーについてされる評価の重要な側面であることが多い．このように，問題であるのは，(1) [明示して依頼者の方から] 求められているのではなくて，かつ(2)法的なものではない助言，なのではない．問題であるのは，道徳面の助言を一風変わった，何か外れたものとする認識の方である．なすべきことは，道徳性及び正義に関する助言を，非法的ではあるが実際面において重要であり依頼者が日常的に歓迎し評価している助言類型と似通ったものにすることである．

最初の一歩は，独善的なあるいは『お説教的』な態度や発言内容は避けることである．法律家がその種の会話を想定するとき，法律家は，しばしば，法律家が確定的で優位に立った言い方で問題を取り扱おう，と思いがちである．法律家は，その状況において何が正しく何が正しくないかを知っている，そこに不確実なことは存在しない，という印象を与えようと思いがちである．そのイメジは，依頼者が言い諭され，是正されるべきであり，つまり自尊心を傷つけられる，というものになる[40]．[あるべき姿は] 逆に，法律家は，自分にとり

---

[39] 要求されていない法的助言がしばしば提供されていて，それがときには不可欠のものであることに注意すべきである．依頼者はxという事項についての助言が必要になっているものと信じているが，その依頼者は法的訓練を受けていないので，xにはyという事項が切り離せない状態でからまり合っているということを知らない場合があり得る．ただ [依頼者から] 求められていることだけに限って過度に狭い助言を与え，それが必要であると依頼者が知らねばならない事柄に立ち入ることをしない法律家は，事実としては，職務過誤を犯していることになる．婚姻の解消に関連する税務関係の助言は，多数の例の中のその一つであるに過ぎない．

[40] 何故にこれがそのイメジなのかというのは，興味深い1個の問題である．次のような説明もありうる．法律家は，この種の見通しに立って依頼者と実定法規について論じることが少なくない．権威及び確実さの姿勢に立つのである．そこで法律家たちは，この姿勢を，道徳性及び正義との関連でも維持されるべきである，とみな

第 5 章　法と正義の間に隔たりがあるときの法律家の倫理　263

不正あるいは誤りと見えることがそうではないかも知れない，少なくともその依頼者の特定の観点からはそうではないかも知れない，という現実理解をもって，その種の会話に臨むのでなければならない．その法律家は，正と誤，正義と不正義についての依頼者の理解が，(a)敬意を払われるに値するものであることに，(b)その法律家の理解よりも正確であるかも知れないことに，気づいているのでなければならない[41]．このように，法律家は，その事案が依頼者の見地からは異なってみえるかも知れないこと，依頼者の経験や伝統が，その状況を解釈しあるいは経験している依頼者を［法律家の判断とは］別異に導いて行くかも知れないこと，かつその依頼者がその事案に関して法律家よりも多く情報を持っていたり，より良い判断をしているのが事実なのかも知れないこと，を想起する必要がある．このことをいくらかより概括的な言葉で述べるならば，法律家は，慎ましやかであるとともに，開放的でもなければならない．そのうえ，その法律家は，この慎ましやかさ及び開放性を会話の一部に含めて依頼者に伝えることができるのでなければならない．法律家が依頼を受けるのは，その法律家の実定法規についての専門技術の故であり，その専門技術を依頼者が必要としているのは，自分では持っていないからであって，慎ましやかさ及び開放性は，法律家にとって，依頼者との交渉の日常茶飯事的側面ではないであろうし，したがってやり遂げることが気安いものではなかったり，困難なものであったりするであろう．

　次に，法律家は，法と正義の間にある隔たりという論点をどのようにして持ち出すのかを決定するときには，適切な状況感覚を有しているのでなければならない．誤りである事柄をするために法律家が後ろ盾になってくれることを望

　　　すことになる．これは，もちろん，優越した立場にある専門家と劣った依存する立場にある依頼者，という一般の理解に適合している．もう一つあり得る説明は，宗教の観念がふたたび役立つ，とするものであり，宗教の討論についての威圧的イメジは，一方における権威及び確実性と他方におけるある種の劣等性——言い換えれば，説教のイメジである．

41)　See THOMAS L. SHAFFER, ON BEING A CHRISTIAN AND A LAWYER (1981).

んでおり，かつ自身の心中では，その法律家あるいは実定法規に責めを負わせることができれば，と望んでいるような依頼者を想像してみよ．経験を積んだ一人の法律家は，私がこの問題について論じ合ったとき，新規の依頼者に向かっての応答と，長期の依頼者に向かっての応答とを対比してみるように，と示唆した．10年の付き合いがある依頼者に対しては，その法律家が言うであろう．『そう，実定法規はそれを許している．しかし，私はこれまであなたがそんなに酷いやり方をするとは思っていなかった．』と．新規の依頼者には，その法律家はただ次のように述べるに止めるであろう．その法律家はその行動を是認してはいず，かつそれを支持したり勧告したりはしないということをはっきりと表現しながら，『そうです，実定法規は，それを許しています．』と[42]．この状況感覚の一部には，依頼者の全般的な開放性の程度に対する気配りが含まれている．それはまた，その依頼者の特定の状況を考慮することをも含んでいる．（その事案は，依頼者の他の問題との関係でどのような意義を帯びているのか？ その依頼者は，財政的にあるいはその他の点で，いかに脆弱あるいは堅固であるのか？ などなど．）その依頼者との以前の意思疎通の種類及びスタイルについて気配りすること，そしてそれをあまりにはっきりとあるいは急激には変更しないこともまた有益であろう．これらは，依頼者の企図している行動につき，道徳面で問題を含む何かを取り上げようとするときに，法律家が調整して合わせておくべき予備的事項のようなものである．

　3番目として，その法律家が『奇矯』であったりお説教的であったりするという［相手方の法律家やその他の］法律家たちによる（及び依頼者による）認識を避けるには，ニュアンス，声音そして語彙が決定的である．誤りではあるがしかし合法的である行動のために後ろ盾を望んでいる上述した新規の依頼者の設例においては，声音が，その法律家は是認しないということを明白にするであろうし，加えてその法律家のボディランゲージが，『これはやったら恐ろしいことだ』と言い表すこともできよう．反応を待つ忍耐があれば，そしてそ

---

42) 　依頼者の感覚及び依頼者の受容性は，上記第Ⅳ部で簡潔に論じた3個のスペクトルの始めの二つをともなう．上記第Ⅳ部参照．

の後その話題及び助言がどのくらい歓迎されているかいないかを判断するようにすれば，そのような仕方がおそらくは有用であろう．道徳，不道徳，正義に適う，不正義というような言葉は，多くの依頼者にとっては不快であるかも知れないので，現にそうであると法律家が気づく場合には避けた方がよいであろう．このことは，われわれの中の者にとってすらも真実であることがあり，とりわけ倫理学の分野における大学人は，そうした言葉を一般に親しみやすいものに変えて，普通の気安い用語法に移す方を選ぶことが多い．言葉がよりいっそう普通のものであればあるほどいっそう多く，この話題及び助言を，法律家による他の非―法的ではあるがそれにもかかわらず歓迎されている助言あるいは所見と同じにする，という成行になりそうである．『それが本当にフエアーだとは思えない．』とか，『奴らをどういう状況にするのかを考えてみれば，それが本当に正しいとは思えない．』というのが，難しい主題に法律家が立ち入るのをたやすくし，反応を測定できるようにするであろう[43]．

　この種の精妙さ及び忍耐は，とりわけこの程度のほのめかしは，大学人が熟達してはいない，実際のところ技能とは考えもしてはいない技能にかかわるものである．このことが真実であればあるほど，われわれは，そうした技能を教授できそうにない．しかし，われわれは，少なくともそれら技能を想像することはでき，われわれは，学生たちにそれら技能を推奨することができ，かつわれわれは，実務法律家がそれら技能について，かつそれら技能を若手の法律家たちに普及させることについて，いっそう自覚的になるよう誘導することはできるのである．

VI. 結　　語

　法律家が不正義を可能にしあるいは援助した場合，その法律家は，その誤り

---

43) See Shaffer & Cochran, 上記注11, 64-67（道徳的論点が，不快であるとか奇矯であるとみられそうにない，と思われる仕方で，導き入れられ論じられる依頼者との対話の一例を挙げている．）

を依頼者及び実定法規に押し付けようとしがちである．その法律家は，自分はただ実定法規が許容しあるいは容易にしていることに関して，依頼者を援助し自分の仕事をしているだけである，と信じている．しかし，依頼者がこのような理解の仕方を分かち合う場合はあまりにも少ない．依頼者の意見では，不正義についての責任は，それを実現した法律家に，そしてそれをする権限を与えかつ承認した実定法規にあるのであって，自分にはない．この力学——道徳面の責任に関してお互いを指さし合う法律家と依頼者と——が許している事態は，しばしば生じていてほとんど体系的でもある道徳上の責任回避である．

その事態の救済は，もしあるとすれば，法律家の役割に関する倫理学の中に存在する．実定法規が何か誤ったことあるいは正義に反することをするのを依頼者に許し，又は可能ならしめている場合には，法律家が，その不正義を依頼者に対し指摘する倫理上の義務を負う，とすべきである．さらに，法律家は，問題になっている特定の法利用に関してなすべき道徳面での選択権は依頼者が有している，ということを明確にすべきである．なおさらに，法律家は，その過ちあるいは不正義についての第一次の責任が依頼者の側にあって，実定法規や法律家の側にある訳ではない，ということを依頼者が理解するための手伝いをすべきなのである．

しかし，法律家たちは，そうした言説を依頼者と交わすことの可能性について懐疑的である．専門職の予定表に記しておくべき主要任務は，そうした会話を考えるときにたいていの法律家が覚える気まずさと気後れについて対処することである．その他の『非―法的』助言は，法律家によって普通に提供されており，かつ依頼者から歓迎されている．道徳上の言説を親しみ易いものに変えること，それを，恐れられることの少ないものに，かつ直接には法と関連していない他の話題に，よりいっそう近づけることが，有能でかつ思慮に富んだ法律家にとって達成するのが余りにも難しい，とはならないようにすべきなのである．

《補 論》
アメリカにおけるロイヤー規制の沿革
福 田 彩

A．ロイヤー業務規範の法制化
B．ABA モデルの変容
C．業務活動規範の法制化と倫理

A．ロイヤー業務規範の法制化

1．Law Governing Lawyers［ロイヤー規制法］

　アメリカのロイヤー（＝法律家，日本の弁護士にほぼ対応すると言えるが，その果たす機能はより広汎であるし，また資格としては検察官及び裁判官に対応する要員までをも外延としている．）の業務活動を規制している法（以下「ロイヤー規制法」という）について考えるときには，まず，そのロイヤー規制法を作り上げている規範体系が単一，画一ではないということに注意しなければならない．
　第一に，アメリカにおいて，ロイヤーがプロフェッション活動に際して従うべきルールの法源となるものとしては，専門職業業務規範［professional standards］，一般の法［law in general］，倫理と道徳の原理［principles of ethics and morality］の三つがあると考えられている．これらの法源は，全く相互無関係に存在するものではなく，重なり合う関連を保って妥当している．そのため，具体的な事案を処理するにあたり，これら重層的な法源のうちのどれかを択一的に使うという考え方をするよりも，ロイヤーが果たすべき義務という観点から総合的に捉えることが重要になる．『法律家倫理［legal ethics］』

という言葉が法学の一分野を指すため用いられる場合には，そのように総合的に捉えるということを言い表そうとしていると思われる．

現在では，そうした前提に基づきアメリカのロイヤー規制法が判例をも増しつつますます複雑なものとなっており，ALI（アメリカ法律協会［American Law Institute］）によってリステイトメント（Third）としてまとめられ，"Law Governing Lawyers（ロイヤーを規制する法）"という新しい専門用語が創られるところにまできている（本稿では，この"Restatement of the Law Governing Lawyers"を単にリステイトメントと表示する）．

このように"Law Governing Lawyers"という言葉が考案されるに至ったのは，「倫理」という言葉に騙されて，ロイヤーの義務のテーマが，それは人から好かれたり尊敬されたりするための方法である，と誤解されないようにするためだとも説明されている．もはや，ロイヤーのあり方及びその業務の手法が，直観に頼って解決できるような自明のものではなくなったのである．こうして，アメリカでは，法律家の活動を規律する規範体系が法形式をとって確立されようとしているとともに，その学術的検討の場が客観的に区画されつつある．

2．Lawyer Codes という概念と ABA のモデル

第二に，アメリカ合衆国では，周知のように，各州が1個独自の裁判権域をなしていて，ロイヤーはその各州ごとに資格を与えられ業務を行う仕組みになっている．今日，ほとんどの州では，ロイヤーの職業上の懲戒［professional discipline］の手続は，そのロイヤーが資格を与えられている州の最高裁判所によって承認された規制的規範に従って行われている．

法律業務を規制するルールは，それぞれの裁判権域の権限ある裁判所によって採用されたときに，ロイヤー規制の法となる．したがって，ロイヤーの業務規範すなわちロイヤー規制法の内容は，各裁判権域毎に異なることがあり得る．これら各州のロイヤー規制法は，リステイトメントでは，"Lawyer codes"と総称されている．このように，アメリカのロイヤー・コードは連邦全体にわたり一色のものであると受け止めることができないのだが，実際は，それぞれの裁

判権域において孤立的にまるごと独自のルール体系が作成されているのではなく，アメリカ法律家協会［American Bar Association (ABA)］が起草し採択するモデルを手引きとして，その州のロイヤー・コードが作成されることになる場合がほとんどなのである．

　ABAは，日本の弁護士にあたるロイヤー（アターニィ）だけを対象とした団体ではなく，検察官や裁判官，大学の法学教授など，広くロイヤー有資格者を会員とする任意加入の団体である．そのABAに法の制定および執行についての権限が与えられているわけではないのだが，しかしABAは専門職業業務責任の領域でもかなりの影響力がある．さらにそれは，裁判官倫理の領域でも有力で，1972年に，"Model Code of Judicial Conduct" を採択している．ちなみにこれは，人種差別と性差別に関する重要な変化を加えて，1990年に改定され，第7章で裁判官が直面する倫理的問題について検討している．

　つまり，今回まとめられたリステイトメントや，ABAが作成するモデルを検討することで，アメリカにおける法律家倫理（法曹倫理）の一般的なルールのあり方及びプリンシプルとそれらをめぐる議論とを理解することができる．ABAのモデルはほとんどの州において採用されているのであるが，そのモデルは，ABA自身の手で常に検討し直され，何度も修正を受け，幾度か改定されてきた．最新のABAのモデルは，1983年に採択された "ABA Model Rules of Professional Conduct" で（以下これを Model Rules という），一連のABAモデルの3代目にあたる．この系列の始まりは，1908年の "Canons of Professional Ethics" にまでさかのぼる．

3．LAWYER DISCIPLINARY ENFORCEMENT［ロイヤー懲戒の手続規律］

　ロイヤーの業務活動を対象とする規範の強制は，以下のB.1.に列挙するとおり業務過誤損害賠償請求訴訟をはじめ裁判所侮辱処罰手続など種々の形態の手続で行われる可能性があるが，業務の倫理あるいは綱紀維持という観点からすれば，刑事処罰は別にして，直接もっとも強力な効果を発揮するのはロイヤ

一懲戒手続である．すでに上記1でも述べたとおり，アメリカの場合，かなり以前からこの懲戒手続も各州の最高裁判所に管轄権が認められていたのであるが，現在ではそのことが特別のABAモデルでより明確にされ，ロイヤーの自治団体であるバー・アソシエイションが懲戒の主導権を取ることは否定されようとしている．

以下Bで説明するいわば実体規範としての3点の基本的業務規律モデルの他にも，もっぱら懲戒などの強制手段のための手続を対象にして起草採択されたABAモデルがある．現在のそれは，MODEL RULES for LAWYER DISCIPLINARY ENFORCEMENT（1996年に93年採択の初版が改編されたもの）であり，その基本構想は，懲戒の管轄権限は州最高裁が行使するが，その行使を直接にジュディシャリィに委ねるのではなく，特別に設置された委員会が裁定をするものとし，また対審構成の手続を採用するために，検察官職類似のディシプリナリィ・カウンセルをやはり州最高裁の中に配備する，というものである．裁定委員会及びディシプリナリィ・カウンセルの専門家要員は，専任とするのが望ましいとされている．

B．ABAモデルの変容

1．Canons of Professional Ethics

アメリカで最初に専門職業務規範を採用したのは，アラバマの法律家協会で，それは1887年のことであった．この規範は，1854年に書かれたジョージ・シャースウッドの"An Essay on Professional Ethics"に示唆を受けていた．その後，1908年に，ABAによって32箇条から成る"Canons of Professional Ethics"（以下これをCanonsという）が採択された．これは，立法部や司法部によって公布されるのではなく，ABA自身の手で公表されたものであった．

このCanonsは，忠実性［loyalty］，守秘信頼性［confidentiality］，法廷に対する誠実［candor to the court］という，ロイヤーが受任して遂行する信認代理の基本的な倫理ルールを明示するなど，コモン・ロー裁判所での判例などを

通してそれ以前から受け入れられていた伝統を表現していた．これらの基本的な倫理ルールは，現在の Model Rules にも受け継がれている．そのようにロイヤーの業務規範に関する事案について裁判所が裁判を下す機会としては，刑事訴訟，裁判所侮辱処罰手続，インジャンクション［差止介入］手続，業務過誤損害賠償請求訴訟，ロイヤーの報酬をめぐる紛議事案の手続，ロイヤーの不十分な業務活動を事由とする再審手続，ロイヤー懲戒手続など，かなりに多彩な手続事案が算え挙げられる．

Canons それ自体は，しかし単なる民間組織から発せられた同輩間の訓戒であり，ロイヤーの非行に対する苦情手続においても，法的業務過誤［malpractice］を原因とする民事の救済訴訟においても，直接の法的効果を持ってはいなかった．それらの手続において，Canons は，強制できる法的基準としてではなく，そのような基準の証拠としてのみ機能していた．19世紀のリーガル・プロフェッションの倫理原則について定義したとされるデヴィッド・ホフマンやジョージ・シャースウッドの言葉から分かるように，当時のロイヤー規範は，ロイヤーの慣行を教え，同輩関係の指導をし，ロイヤー団体に適切に同化することを目的としたものであった．

もっとも，いくつかの州では，そのような本質の Canons に，あえてそのまま裁判規範の役割を果たさせるという無理を押し通していた，ということも事実としては指摘される．それにしても Canons は，いくたびか改正や追加を受けながらも，1969年に "Model Code of Professional Responsibility"（以下これを Model Code という）が採択されるまで，建前では訓示的な規律体系として生命を保ち続けたのである．

2．Model Code of Professional Responsibility

上記のような本質をもつ Canons にみられる規制基準としての不徹底あるいは不備不足，そしてそれが必要に迫られて裁判規範化されたときに露呈する矛盾に耐えられなくなって，第2代の ABA モデルが "Model Code of Professional Responsibility" として，1968年に起草委員会から公表され，1969年に ABA

により承認され，1970年に公布された．そして，1974年までにほとんどの州で採用されている．

これを起草した委員会の議長は，長期間にわたり積極的にABAのメンバー活動を行っていたアーカンソー州リトルロックのエドワードL.ライトであった．彼は，伝統的な考え方を持つ人物で，彼の委員会のメンバーの仲間たちも，ほとんどが組織されたバーでの長年の上級実務家の地位を占める人びとであった．この保守的な委員会は，非公開で討議を進めて，その討議に関し紛議が生じないようにはかり，部外者に参加させたり草案を見直すよう誘ったりすることもしなかった．中間草案が発表されたり，公聴会が開かれたりすることもなかった．そのため，Model Codeについては，論争や抵抗が起きることはほとんどなく，ほとんどすべての州で急速に採用されることになった．

Model Codeの構造は，canon［基準］，ethical consideration (ECs)［倫理的考慮］，disciplinary rule (DRs)［綱紀規則］の三つの部分から成るという特殊な形式をとっていた．canonは，倫理的考慮と綱紀規則が依拠することになる9個のロイヤーの義務を宣言していた．その基準注釈と言えるEthical Considerationは，いわばロイヤーが達成すべき努力目標であり，懲戒の規範ではなかった．これら二つはロイヤーへの忠告となるべきものとして意図されており，懲戒処分の根拠となる違反行為の最低基準を示すのは，確定文言形式のDisciplinary Ruleであった．

Canon及びEthical Considerationが，同輩間の理解を表現していたのに対して，Disciplinary Ruleは，主として，法律実務を行う者の職業の法的輪郭を定め綱紀維持をねらいとする制定法として機能した．しかしまた，このようにCanon, EC, DRと三つに分けられている編成は，実際の適用にあたり非常に紛らわしいものであった．さらに，そのModel Codeの内容は，依頼者のために相談助言の活動をするカウンセラーとしての，あるいは取引アターニィとしての"representation［信認代理］"を正面から考慮して制定されたものではなかった．

そうした批判を受けて，公布からわずか7年後に，改正のための委員会

（Kutak 委員会）が設置され，その提言に基づいて，1983年に新しい "Model Rules of Professional Conduct" が採択されることになる．

そのような次第で，Model Code はもはや多くの裁判権域では第三代の Model Rules にとって代わられているが，しかしこの新しい Model Rules の多くの条項は，Model Code の条項を引き継いでおり，さらに Model Code の下で出されていた多くの重要な判例は，Model Rules の適用解釈にも関連をもつので，今なお Model Code の内容を参照する必要がある場合は少なくない．

3. Model Rules of Professional Conduct

ABA モデル第3代目の "Model Rules of Professional Conduct" は，1980年に討議草案［Discussion Draft］形式で公表され，実質的には1981年の「最終草案提案［Proposed Final Draft］」に改定された．さらに，1982年に ABA House of Delegates に提出する前にも改定があり，1982年の ABA 年次総会，および1983年の年央総会で十分に討論され，1983年の春に再び改定されている．そして，その年の8月に最終的に採択された．

Model Rules を起案した委員会の議長は，信念と様式の両方の点で情熱的な改革者と言われるロバート・キュータックであった．委員会は，その構成員の大部分に法律学者が含まれており，実務ロイヤーは相対的に少なかった．南部出身のメンバーは黒人であったし，裁判所からのメンバーは，ウォール街の実務を揺さぶったプロフェッション倫理に関する判決を下し，またアドヴァーサリィ・システムについて強い批判[※]を加えている論文の著者，マーヴィン・フランクル裁判官であった．

そしてまた，キュータック委員会によるモデル草案の起草は，準立法的な過程となった．中間草案は，興味を持っている者が利用できるようにされたし，1980年に発表された Model Rules 準備草案は広く頒布された．そして，1981年に発表されたその委員会の最終草案は，二つの反対草案を引き出すことになった．さらに，大学の学術機関誌に前代未聞の量の注釈が続けて出されその討議に寄与した．

こうした起草の経過からも分かるように，Model Rules の起草過程は全体を通して議論の余地あるものであった．さらになお，Model Rules では，Model Code の三層構造と1908年から馴染みのある "Canon" とを捨てて，"Rule" と "Comment [注釈]" という二段階構造を採用した．Model Rules の "Comment" は，Model Code の EC とは異なり，単に "Rule" の背景や理論的理由付け，説明を提示するだけのものとされている．Model Rules になって，ロイヤーの業務責任規定が確定的な文章命題 [black letter rule] の形をとる法形式に改められたのである．

このようにしてロイヤーの業務規範が「法制化」されるに至った．つまり，Model Rules は，専門職業の業務上の規範は法的義務であり単なる専門職業上の義務にとどまらない，と肯定している．このことは，ロイヤーは，裁判所の職員も同様に，ある種の実定法規からの免除を受けている，という従来の伝統的観念に反駁するものであった．

こうした事情に応じ，各州による Model Rules の受け入れは，Model Code の受け入れが広範囲で急速であったのに比べて，遅く，広範な抵抗を受けることになった．その結果，多くの州が，たいてい Model Code の定式化を保持する方向で重要な改正を施すことで対応した．その他の州は，Model Rules を拒絶し，Model Code の意見の修正としての条項だけを選んで採用した．すなわち，ニューヨーク，カリフォルニア，コロンビア特別区 [ワシントン DC]，イリノイ，ノースカロライナ，オレゴン，バージニアなどは，コード・ステイトと呼ばれ，Model Rules に従った州とは異なる規定を持っている．

しかし，ロイヤー業務規範が「法制化」される決定的な段階は，Model Code から Model Rules への変化のときというよりは，1908年の Canons から1970年の Model Code への変化の時に指摘できるのである．Model Code が1908年 Canons の同輩的な意見をなお "EC" の中に保持していたにしても，最初に，Disciplinary Rule [綱紀規則] の形で法的に拘束力ある規範を含めたのは Model Code であった．Model Code の "DR" が1983年 Rules の基線を形作り，その DR 規定の多くは，Model Rules にそっくり引き継がれたのである．

Model Rules に対するコード・ステイトなどの反応は，業務規範の基礎は，もはやまとまりある団体の共通理解を表現するものではないという自覚に対する理解の遅れを反映していた．つまり，ロイヤー業務規範の法制化が，リーガル・プロフェッションの内部，及び外部に，論争を巻き起こしたのである．

　このように最も重大な政策的論争が起こったのは，1908年 Canons から懲戒規定が加えられた1970年 Code への変化のときではなく，同 Code から1983年 Rules への改正のときであった．現在また，その Model Rules に実質的な変更を行うかどうかについて研究調査し勧告を出すために，「Ethics 2000」委員会が1997年に任命されている．今後は，その結論に期待したい．

　※アドヴァーサリィ・システム批判　当初は，とりわけ刑事裁判あるいはそれに準ずる場合におけるアターニィ（弁護人）の取るべき行動について議論があった．刑事被告の弁護人としてロイヤーが取るべき行動と，そうした役割を離れて一市民として道徳的見地から見て取るべき行動とが矛盾する場合，ロイヤーはどのように行動すべきであるのかという問題が，ロイヤー倫理の中心をなすものとされていた．ロイヤーの役割上の行動が明らかに正義と矛盾するように見える刑事事件においては，それは劇的な問題であった．そのようなロイヤーの役割の道徳性に関する難問に対しては，アドヴァーサリィ・システムという制度に訴えて正当化する議論と，そのような正当化を批判する議論が活発になされた．しかしそれは，個人の内面における倫理的問題としての性格が強かった．

　そして1970年代以降，そうした問題は，民事事件においても，刑事の場面での議論の延長として捉えられるようになった．しかし，民事事件では，「強大な国家の権力から被告を守る」といった刑事事件の場合に提出されるような弁明ができない分，問題はより複雑であった．このような道徳的アプローチから始まった法律家倫理の問題が，その後ロイヤー業務の態様が変化するにつれ，ロイヤーの法的規制という方向へ関心を移して行くのである．

　今日では，アメリカのロイヤーの場合，刑事弁護人としての業務も民事訴訟

代理人としてのそれも相対的に減少し，その他の訴訟外事務の占める割合が大きくなっている．経済活動の発展により，都市のロイヤー業務は，カウンセリング［相談助言］やネゴシエーション［折衝・交渉］，契約書の作成等が大きな比重を占め，その業務形態も多数のロイヤーを集めた集合的なロー・ファームの形をとる．依頼人に関しても，法人の依頼人を扱う機会が多くなり，恒常的なクライアント－ロイヤー関係が増えてきている．ロイヤーが接触する官庁は裁判所だけではなくなったし，企業や官庁の法務部等で働くロイヤーも増えた．インハウス・カウンセルやジェネラル・カウンセルといわれるのが，それである．こうした変化が，法律家倫理についての議論の中心を，倫理としてのロイヤーの規範から，訴訟活動だけでなくロイヤー業務活動全体を規制する法規形式の規則へと移行させることとなった．

C. 業務活動規範の法制化と倫理

しかし，こうしてロイヤーが従うべき規範の多くが法制化されたとしても，やはりなお倫理の平面においてロイヤーの役割倫理を問うべき議論が重要性を失ったとはいえない．Model Rules になってからは，法的側面だけが表に出ているが，法制化の最も危険な弊害は，ある規定の文言が「何を禁じていて，何を要求しているのか」について考察することだけにロイヤーを導き，個々のロイヤーが具体的事案に即して自らその倫理的対処について考える，という次のステップを忘れさせてしまうことではないだろうか．法を扱う者の行動は，間違いが現実化してからでは手遅れであり，したがって，実際には，法を扱う者については，法文に書かれていること以上に厳しい倫理意識を持って事案に臨むことが問われているのである．

つまり，"Legal Ethics" という言葉に象徴されているように，法律家倫理について考えるときには，個々の具体的規定を考察すると同時に，相対的な倫理観を意識する立場からの反省が必要とされる．そして，そのような観点からロイヤーの規律保持について総合的な関連を明らかにするためには，メタ倫理学

に習った思考を持ち込むことも要求されていると思われる．

《参考文献》

司法研修所調査叢書第4号『米国法曹協会弁護士倫理規範及びその解説―ドゥリンカー氏「法曹倫理」によって―』（司法研修所，1958）．

第二東京弁護士会調査室・訳『アメリカ法曹協会弁護士責任規範』（1979）．

中村治朗「弁護士倫理あれこれ（上）（下）―アメリカの議論を中心として―」判例時報1149号3頁，1150号3頁．

朝日他訳「アメリカ法曹協会の弁護士業務模範規則」及び霜島甲一「アメリカにおける弁護士倫理の『立法過程』」（2点とも，朝日他編著「弁護士倫理の比較法的研究」（法政大学現代法研究所叢書7，日本評論社・1986年）所収）．

住吉　博「法律家業務の紀律維持について（上）（下）―ABA「法律家綱紀執行」モデル規則の要旨―」判例時報1653号24頁，1654号12頁．

David Luban, The Adversary System Excuse, The Ethics of Lawyers, The International Library of Essays in Law and Legal Theory (1983).＝住吉・福田訳／リューバン「アドヴァーサリィ・システムの弁明(1)(2)」比較法雑誌33巻1号（1999年）93頁，2号183頁．

Restatement of the Law Third Law Governing Lawyers Proposed Final Draft (No.1 (March 29, 1996), § 28 LAWYER'S DUTIES TO CLIENT IN GENERAL).

Nathan M. Crystal, An Introduction to Professional Responsibility (Aspen Law & Business, 1998).

Stephen Gillers, Regulation of Lawyers: Problems of Law and Ethics, 5th ed. (Aspen Law & Business, 1998).

Fred C. Zacharias, Foreword: The Quest for a Perfect Code, Georgetown Journal of Legal Ethics, Vol. 11, p. 787.

Geoffrey C. Hazard, Jr., The Future of Legal Ethics, The Yale Law Journal Vol. 100, p. 1239.

Charles W. Wolfram, The Concept of the Law Governing Lawyers, Georgetown Journal of Legal Ethics, Vol. 1, p. 195.

あ と が き

　まず，この編訳に際し，快く相談に与り，許可を与え，多忙の中を特に本書のための序言を書く時間を割いて下さったペパー教授のご厚意に深く感謝を申し述べる．

　中央大学大学院法学研究科博士（後期）課程在学の福田　彩さんには，修士論文作成の基礎となった研究の一部を要約したものを付属論説として寄稿してもらったのみならず，編訳書全体の校正にも協力をお願いすることになった．福田さんの学業が今後も順調に進展することを祈念しつつ，本書が成るについてのお力添えにお礼の言葉を記しておきたい．

　本書の製作についてご尽力下さった日本比較法研究所の皆様，とくに宮岡朋子さん，中央大学出版部の皆様，とくに矢崎英明さん，ご尽力本当にありがとうございました．

　　2000年 6 月10日

　　　　　　　　　　　　　　　　　　　　　　　　　　住　吉　　博

索　引

access to justice　239
access to the law　xxvii
acoustic separation　47
attorney　xxvii
autonomy　191
bounds of the law　4
can a good lawyer also be a good person　233
candor to the court　270
Canons of Professional Ethics　270
confidentiality　270
counseling　iii, xxvii
ethics　260
etiquette　xvi
freedom　191
In re Ryder　84
law　230
law enforcement　40
law in general　267
Lawyer Codes　268
Legal Ethics　276
liberty　191
litigation　230
loyalty　270
Model Code of Judicial Conduct　269
Model Code of Professional Responsibility　271, 272
MODEL RULES for LAWYER DISCIPLINARY ENFORCEMENT　269, 270
Model Rules of Professional Conduct　273
moral dialogue　31
moral philosophy　260
non-law of settlement　81
officer of the court　4
paternalistic role　20
People v. Calt　84

principles of ethics and morality　267
professional standars　267
representation　184
Restatement of the Law Governing Lawyers　v, 267, 268
right and wrong　260
Spaulding v. Zimmerman　103
the law　xxviii
the process jurisprudence　11

ア　行

アガトス　xii
アクセス・ツー・ジャスティス［＝司法もしくは正義を利用すること，手に入れること］』　239
『アスピレイショナル［＝抱負としての］』なガイドライン　162
アドヴァーサリィ・システム　275
アメリカ人にとって『おそらくもっとも重要な価値』　190
アメリカの連邦民事訴訟規則ルール11　xxiii
威圧と操作　209
遺産計画の法律家　1
一般の法　267
依頼者の共同体　214
依頼者の自己決定　198
依頼者の自律　136, 196, 226
依頼者の選択　201
依頼者の対人結合　213
依頼者の代理人　213
インハウス・カウンセル　276
普遍的職業　xvii
影響と権威の間に見られる区別　197
ABAモデル・ルールズのルール1.2(d)　iii

エシックス・オフ・ロイヤーリング　ii
オフィス・ロイヤー　128

カ 行

会社自体の超道徳的役割　251
カウンセラーとしての技能　199
カウンセラー＝法律家の手法　104
カウンセリングとしての対話に従事する道徳上の義務　109
書かれたものとしての実定法規　43
『隠されていた死体』事件　147
家族法の法律家　1
『価値自由』　212
過程の価値　212
過程法学　11
『可聴的分離』　47
カント　xi
管理階層市民性　171
官僚制支配　216
規制的法律　118
規制法　231, 237
義務　xi
狭義の義務論　xvii
共同体　183
共同体及び対人結合　191, 193
共同体重視論者　236
共同体重視論者の見解　185
共同体に基礎を置いた倫理　xxi
ギリシアの倫理　xiv
ギルド立法　160
『禁止』としての法　23
近代社会の個人主義化　xiv
グループ代理　221
経済的な不平等　123
刑事法　237, 239
刑罰的民事制裁　27
契約違背についての助言　8
『契約を破棄する権利』　177
権威と威圧　210
現代の法学教育　133
公共の善　xv
高度に法化された社会　169

功利主義的規準　xv
コード・ステイト　274
個人主義と自律　210
個人と共同体との緊張　165, 189
個人の自由　190
個人の自律　119
個人の自律，平等そして多様性という価値観　111
個人を形成するものとしての共同体　186
『コスト』としての法　23
国家　214
国教禁止条項　259

サ 行

裁判官　195, 215
裁判官倫理　269
ジェネラル・カウンセル　276
『市中で最後の法律家』　158
執行されるものとしての実定法規　43
実体的正義へのアクセス　240
実体法　231
実定法規　xxviii, 2, 179, 219, 229, 242, 266
実定法規に関し法律家が依頼者を教育してよい　89
実定法規の限界内　4, 192
実定法規の権力　192
実定法規のさまざまな手段メカニズム　232
実定法規の知識　231
実定法規の利用　1, 171, 234, 249
実定法規利用の平等という価値　223
実定法規の伝達及び現実化　232
司法研修所調査叢書第4号『米国法曹協会弁護士倫理規範及びその解説──ドゥリンカー氏「法曹倫理」によって──』（司法研修所, 1958）　vii
社会における法律家の第一次の職務機能　231

索　　引　283

社会の『法創造者』　118
ジャスティス　239
社内法律家　130
宗教　259
『自由，自律』のまとまり　191
自由に対する公式制限　167
守秘信頼性　270
所得税申告書　10
自律　183, 188, 219
自律及び平等という道徳的価値
　149, 163
自律の反対側にあるもの　191
信教の自由条項　188, 259
信認代理　184
性格と徳性　187
性格と徳性に基礎を置いた倫理
　xxi
正義　235, 237, 254
正義及び道徳　238
政治的共同体　214
正と不正の諸問題　260
政府　214
政府であるより大きな政治的グループ
　189
狭い意味におけるlaw　230
選択　202, 211, 226
選択と対人的結合　208
専門家の超道徳的な役割　113
専門職業関係の性質　200
専門職業務規範　267
専門職としての法律家の主要職責
　90
操作及び支配　198
相談助言　iii, xxvii, 31, 77
ゾエ・ベアード事件　102
訴訟　230
訴訟における法律家の役割　37

タ　行

第一級市民性　171
第一級市民性モデル　128, 131, 157, 165,
第一級市民身分モデル　115, 121

対人結合　188
対人結合及び共同体　193
『脱専門職化』　126
中間的共同体　216, 222
忠実性　270
超道徳的な倫理上の役割　172
懲罰的損害賠償　29
通常の道徳　163
『包み込まれた自我』　186
定言命法　xi, xii
『低度のリアリズム』　175
デール・メーカー　1
手続的正義　240
デューティ　xii
天職（神命）　xii
伝統的な共同体結合の弱化　208
『道徳上の拒否権』モデル　173
道徳上の権威　139
道徳上の限界の情報源　136
道徳上の責任　244
道徳上の選択権　206
道徳上の対話　xxii, 31
道徳すなわちモラル　xi
道徳的諸伝統　258
道徳哲学　155, 260
道徳にかかわる対話における法律家と
　依頼者　142
道徳面での対話　199, 203, 213, 216, 248
道徳面の責任　266
徳　xiii, 106
徳性　187

ハ　行

陪審買収　9
パターナリズム　172
犯罪行動のために依頼者が用いるであ
　ろう法的助言　9
犯罪実行の援助となるであろう法的情
　報を依頼者に与えることの禁止
　52
不確実な法律家の道徳世界　155
藤井一雄『米国弁護士倫理と懲戒制度』

［司法研究報告書第三輯第二号］（司法研修所，1950）　xvi
『プラグマティックな道具主義』　132
ブラッドリー　xv
プロフェッショナリズムの原理　149
プロフェッショナル・リスポンシビリティ　ii
プロフェッション　115
弁護士業務過誤責任　xx
弁護士倫理　xx
法外の和解　81
法執行　40, 139
「法曹倫理に関する報告書」（『法の支配』32号　47頁）　v
法廷に対する誠実　270
法廷の職員　4
法的手段　241
法的助言にかかわる倫理上の限界　21
法的助言にとっての倫理的境界線　23
法的手続（執行）にかかわる助言　37
法的手続にともなう費用及び遅延についての助言　8
法的目標　241
法的リアリズム　11, 174, 182
法という公共の領域　258
法という公式システム　169
『[法]』という術語の3個の可能な語法　230
法という道具そして法の可能性利用の提供　192
法と経済　14
法と執行との区分　44
法と正義の間にある隔たり　229, 236, 247, 261
法と倫理の分離　11
法の相異なる三つの相　131
法の廃用　15, 34
法は公開情報　73
法は公共材　61
法は万人に利用可能な公共材　117
法律カウンセラー　262
法律家と依頼者の間での道徳面にかかわる対話　254
法律家による影響　198
法律家による相談助言の正当な領域　18
法律家の一部分である対人結合　199
法律家の依頼者に対するパターナリズム　121
法律家の影響　216
法律家の共同体　214
法律家の行動を規制しガイドすることを意図した実定法規　70
法律家の個人的道徳性　153
法律家の裁量　162
法律家の職務機能　230
法律家の助力　119
法律家の自律に基礎を置いた倫理　xxi
法律家の性格　197
法律家の第一次の義務　183
法律家の第一次の仕事　1, 244
法律家の第一次の職責　61, 242
法律家の第一次の任務　226
法律家の忠誠　215
法律家の超道徳的役割　113, 125
法律家の道徳　211
法律家の報酬　161
法律家の役割　6, 14, 215
法律家の役割特定的な倫理　214
法律家の役割と自動車整備工の役割の類比　167
法律家の利用　171
法律家の倫理　183
法律家の倫理上の義務　229
法律家の倫理上の責任　244
法律家の倫理的役割　194
法律家の倫理にかかわる現代の論点　183
法律家役割　3

索　引　285

法律業務の倫理を教える法律家　211
法を強行する官憲　180
ホームズの『悪人』　24, 133
保護者的役割　20

マ 行

メタ倫理［学］　xviii
『持ち場』　xiii
Model Code の構造　272
モデル・ルールズの信頼守秘例外　56

ヤ 行

有能な法律家　233
善い法律家　233
良い法律家は，善い人物　151
要求されていない法的助言　262

ラ 行

リーガル・エシックス　ii
リーガル・プロフェッション　117
リーガル・リアリスト　51
リーガル・リアリズム　40, 132, 135
利害衝突　220
立派な人物は立派な法律家たり得るか　114
リティゲイター　1

リベラルな政治的秩序　212
リューバン　iii, iv, 147, 153, 170, 182, 256
『良心的異議』　162
良心の異議　146
倫理及び道徳　xxviii
倫理学　260
倫理すなわちエシックス　xi
倫理と道徳　x
倫理と道徳の原理　267
倫理と法の分離　xxi
ルールに基礎を置いた倫理　xxi
ロイヤー　xxviii
ロイヤー規制法　267
ロイヤー―クライアント関係における道徳面のリスク　209
ロイヤー・コード　70
ロイヤー懲戒の手続規律　269
ロイヤーの道徳上の責任　245
ロイヤーの倫理にとっての範型　221
ロー・スクールで教え込まれた法に関する支配的見解　132
ロード・ブルームの発言　184

ワ 行

私の持ち場（station）　xv

編訳者紹介

住 吉　博
　　すみ　よし　　ひろし

略　歴
　1935年8月　　大阪市に生まれる
　1962年3月　　中央大学法学部卒業
　1962年4月　　司法修習生（第16期）
　1964年4月　　司法修習終了
　1964年4月　　中央大学法学部助手
　1975年4月　　中央大学法学部教授
　　　　　　　　現在に至る
　1987年度より1992年度まで，司法試験第二次試験考査委員
　Fellow of the Society for Advanced Legal Studies（ロンドン大学）

主要著作
　民事訴訟読本［第二版］正・続（1976年・1977年，法学書院）
　訴訟的救済と判決効（1985年，弘文堂）
　新しい日本の法律家——弁護士と司法書士（1988年，テイハン）
　民事執行・民事保全［手続法入門3］（1992年，法学書院）
　民事訴訟［手続法入門2］（1995年，法学書院）
　民事手続概論［手続法入門1］（1996年，法学書院）
　［全改訂版］民事訴訟法（1998年，東京法経学院出版）
　学生はいかにして法律家となるか（1998年，中央大学出版部）

道徳を超えたところにある法律家の役割　　日本比較法研究所翻訳叢書（43）

2000年7月10日　初版第1刷発行

　　　　　　　　　　　© 編訳者　住　吉　　　博
　　　　　　　　　　　　発行者　辰　川　弘　敬
　＜検印廃止＞　　　　─────────────────
　　　　　　　　　　発行所　中央大学出版部
　　　　　　　　　　　　〒192-0393
　　　　　　　　　　　　東京都八王子市東中野742番地1
　　　　　　　　　　　　電話 0426-74-2351・振替 00180-6-8154

　　　　　　　　　　　　　　　　　大森印刷／法令製本

ISBN4-8057-0344-X

日本比較法研究所翻訳叢書

0	杉山直治郎訳	仏 蘭 西 法 諺	B6判 (品切)
1	F・H・ローソン 小堀憲助他訳	イギリス法の合理性	A5判 1200円
2	B・N・カドーゾ 守屋善輝訳	法 の 成 長	B5判 (品切)
3	B・N・カドーゾ 守屋善輝訳	司法過程の性質	B6判 (品切)
4	B・N・カドーゾ 守屋善輝訳	法律学上の矛盾対立	B6判 700円
5	ヴィノグラドフ 矢田一男他訳	中世ヨーロッパにおけるローマ法	A5判 1100円
6	R・E・メガリ 金子文六他訳	イギリスの弁護士・裁判官	A5判 1200円
7	K・ラーレンツ 神田博司他訳	行為基礎と契約の履行	A5判 (品切)
8	F・H・ローソン 小堀憲助他訳	英米法とヨーロッパ大陸法	A5判 (品切)
9	I・ジュニングス 柳沢義男他訳	イギリス地方行政法原理	A5判 (品切)
10	守屋善輝編	英 米 法 諺	B6判 3000円
11	G・ボーリー他 新井政男他訳	〔新版〕消費者保護	A5判 2800円
12	A・Z・ヤマニー 真田芳憲訳	イスラーム法と現代の諸問題	B6判 900円
13	ワインスタイン 小島武司編訳	裁判所規則制定過程の改革	A5判 1500円
14	カペレッティ 小島武司編訳	裁判・紛争処理の比較研究(上)	A5判 2200円
15	カペレッティ 小島武司他訳	手続保障の比較法的研究	A5判 1600円
16	J・M・ホールデン 高窪利一監訳	英国流通証券法史論	A5判 4500円
17	ゴールドシュティン 渥美東洋監訳	控 え め な 裁 判 所	A5判 1200円
18	カペレッティ 小島武司編訳	裁判・紛争処理の比較研究(下)	A5判 2600円
19	ドゥローブニク他 真田芳憲他訳	法 社 会 学 と 比 較 法	A5判 3000円
20	カペレッティ編 小島・谷口編訳	正義へのアクセスと福祉国家	A5判 4500円
21	P・アーレンス編 小島武司訳	西独民事訴訟法の現在	A5判 2900円

日本比較法研究所翻訳叢書

22	D・ヘーンリッヒ編 桑田 三郎編訳	西ドイツ比較法学の諸問題	A5判 4800円
23	P・ギレス編 小島 武司編訳	西独訴訟制度の課題	A5判 4200円
24	M・アサド 真田 芳憲訳	イスラームの国家と統治の原則	A5判 1942円
25	A・M ブラット 藤本・河合訳	児童救済運動	A5判 2427円
26	M・ローゼンバーグ 小島・大村訳	民事司法の展望	A5判 2233円
27	B・グロスフェルト 山内惟介訳	国際企業法の諸相	A5判 4000円
28	H・U・エーリヒゼン 中西又三訳	西ドイツにおける自治団体	A5判 1600円
29	P・シュロッサー 小島武司編訳	国際民事訴訟の法理	A5判 1100円
30	P・シュロッサー他 小島武司編訳	各国仲裁の法とプラクティス	A5判 1500円
31	P・シュロッサー 小島武司編訳	国際仲裁の法理	A5判 1400円
32	張 晋藩 真田芳憲監修	中国法制史（上）	A5判 3100円
33	W・M・フライエンフェルス 田村五郎編訳	ドイツ現代家族法	A5判 3200円
34	K・F・クロイツァー 山内惟介監修	国際私法・比較法論集	A5判 3500円
35	張 晋藩 真田芳憲監修	中国法制史（下）	A5判 3900円
36	J・レジエ他 山野目章夫他訳	フランス私法講演集	A5判 1500円
37	G・C・ハザード他 小島武司訳	民事司法の国際動向	A5判 1800円
38	オトー・ザンドロック 丸山秀平訳	国際契約法の諸問題	A5判 1400円
39	E・シャーマン 大村雅彦訳	ADRと民事訴訟	A5判 1300円
40	ルイ・ファボルー他 植野妙実子編訳	フランス公法講演集	A5判 3000円
41	S・ウォーカー 藤本哲也編訳	民衆司法――アメリカ刑事司法の歴史	A5判 4000円
42	ウルリッヒ・フーバー他 吉田 豊・勢子編訳	ドイツ不法行為法論文集	A5判 7300円

＊価格は本体価格です。別途消費税が必要です。